B. BRÜGGEMANN-NIEMANN | W. GANDERS | D. HAFERKORN | N. KIRCHBAUMER

QUICKFINDER

HOCHBEET UND GEMÜSEGARTEN

Was mache ich wann?
Der Jahresplaner für reiche Ernte

Von der Hand in den Korb: Selbstversorgung aus dem eigenen Garten macht glücklich.

Aus zarten Pflänzchen eine Mahlzeit wachsen zu sehen, ist Teil des Abenteuers Selbstversorgung.

So üppig kann es aussehen: Hochbeete versprechen reiche Ernte auf kleinem Raum.

Vorwort

Selbstversorgung ist mehr als nur ein Trend!

In einer Welt, in der wir uns vermehrt auf externe Ressourcen verlassen, stärkt das Gärtnern von frischem Gemüse unsere Verbindung zur Natur und zu uns selbst. Mit den Mietgärten von *meine ernte* konnten wir bereits mit mehr als 100.000 Menschen erfahren, dass es beim Gärtnern nicht nur darum geht, zu wissen, woher unsere Nahrung kommt, sondern auch darum, wieder in Interaktion mit der Natur zu treten, wenn wir an der frischen Luft mit den Händen in der Erde graben, dabei krabbelnden Bodenlebewesen begegnen und erleben, wie aus einem Saatkorn eine Mahlzeit heranwächst.
Die Selbstversorgung aus dem Garten ist ein direkter Weg, um ressourceneffizienter zu leben, gesündere Lebensmittel zu genießen und unseren ökologischen Fußabdruck zu verkleinern. Selbstversorgung ist mehr als nur ein Trend – sie ist eine lebensverändernde Entscheidung. Dazu ist nicht immer ein großer Garten nötig. Auch ein Hochbeet ermöglicht reiche Ernte an vielfältigem Gemüse, Kräutern und Beeren, selbst bei begrenztem Platz. Unsere Vision ist, dass sich jeder Mensch ein Stück weit selbstversorgen kann.

Inhalt

Quickfinder

Anbauen und Pflanzen

Anlegen und Planen

Anziehen

Beerensträucher/Obst

Beettypen

Bewässerung

Boden

DIY-Projekte

Düngen

Ernten

Gartenwerkzeug

Gemüse

Gemüsebeet

Gewächshaus

Hochbeet

Hügelbeet

Kartoffeln

Kompost

Kräuter

Lagerung

Mulchen

Pflanzplan

Pflegen

Saatgut

Säen

Salat

Schädlinge

Schutzvorrichtungen für Pflanzen

Der Selbstversorgergarten

Selbstversorgung aus dem eigenen Garten ist eine urmenschliche Erfahrung. Seit unserer Sesshaftwerdung waren in traditionellen landwirtschaftlichen Gesellschaften Hausgärten üblich, um Familien mit frischem Gemüse, Kräutern und Obst zu versorgen. Nach dem Rückgang von Hausgärten während der Industrialisierung wurden im 20. Jahrhundert Selbstversorgergärten zur Bewältigung von Nahrungsmittelknappheit gefördert. In Deutschland entwickelte sich während des Zweiten Weltkriegs die Schrebergartenbewegung, bei der Bürger auf kleinen Parzellen Gemüseanbau betrieben. Ähnliche Bewegungen fanden weltweit statt. In vielen Industrieländern verlor die eigentliche Selbstversorgung mit zunehmender Verstädterung und mit der Globalisierung in vielen Regionen an Bedeutung. Lebensmittel aus allen Teilen der Welt wurden in Supermärkten zugänglich und erschwinglich, die Versorgung aus dem eigenen Garten war nicht mehr notwendig.

Heute erleben wir eine Renaissance des Selbstversorgergartens. Viele erkennen, dass nicht alles, was sie im Supermarkt bekommen, nachhaltig oder gesund ist, sie möchten sich regional ernähren und die Natur wieder hautnah erleben. Gemeinschaftsgärten, Mietgärten, Urban Farming und der Einsatz ökologischer Anbaumethoden sind Teil der Bewegung. Dieses Buch möchte Ihnen das notwendige Wissen vermitteln, niedrigschwellig mit dem eigenen Gemüseanbau in Beet und Hochbeet zu starten und dabei nachhaltige Praktiken kennenzulernen, die Sie sofort umsetzen können.

Und so gelangen Sie zu Ihrem Selbstversorgergarten:

- In einem ausführlichen **Theorieteil** erfahren Sie Grundlegendes zu den Themen Boden, Düngen, Mulchen und Kompostieren. Außerdem stellen wir Ihnen neben dem Hochbeet als weitere Beettypen das Kraterbeet und das Hügelbeet vor. Eine Liste zeigt Ihnen die wichtigsten Gemüsearten, die Sie im Gemüsegarten und Hochbeet anbauen können.
- Der **Quickfinder** führt Sie über Schlagwörter zu den wichtigsten Maßnahmen im Beet und im Hochbeet.
- Im **Praxisteil** nennen wir alle Maßnahmen wie das Anziehen, Anlegen, Pflanzen, Pflegen oder Ernten, die in der betreffenden phänologischen Jahreszeit im Beet und Hochbeet notwendig sind.
- In einem mitwachsenden **Pflanzplan**

stellen wir über vier phänologische Jahreszeiten hinweg exemplarisch eine Bepflanzung im Hochbeet durch das Gartenjahr vor – mit säen oder pflanzen, ernten, neu bepflanzen und wieder ernten.

- **DIY-Projekte** bieten einfache Bauanleitungen für Gärtnerinnen und Gärtner, die gern selbst Hand anlegen möchten, etwa für ein Bewässerungssystem für Hochbeete (Olla), das Anlegen einer Kräuterspirale oder für ein Paletten-Hochbeet.
- **Troubleshooting** – am Ende jeder phänologischen Jahreszeit – liefert Antworten auf Fragen, die in der entsprechenden Jahreszeit schon oft an uns gestellt wurden.
- Der **Serviceteil** enthält neben Register, nützlichen Bezugsquellen und weiterführenden Adressen auch wichtige Tabellen für den Anbau im Beet und Hochbeet.

Etwas Theorie

Sowohl in Ihrem Garten als auch in einem Hochbeet haben Sie die Möglichkeit, eine breite Palette an essbaren Pflanzen anzubauen. In diesem Buch widmen wir uns allem, was im Gemüsebeet und im Hochbeet wächst. Obstbäume werden von daher außen vor bleiben. Die Vielfalt der Sorten, die Sie anbauen können, ist groß. Gemüsepflanzen gehören ebenso dazu wie Kräuter oder Beerensträucher. Auf den nächsten Seiten geben wir Ihnen einen kurzen Überblick über die theoretischen Grundlagen, die nötig sind, damit Ihre Gemüse, Salate und Kräuter gut gedeihen.

Der Boden: Beschaffenheit, Vorbereitung, Verbesserung

Die Struktur des Bodens und seine Zusammensetzung sind für Beete und Hochbeete gleichermaßen relevant. Die Qualität des Bodens hat direkte Auswirkungen auf das Wachstum und die Gesundheit der Pflanzen. Erkunden Sie deshalb die Eigenschaften Ihres Bodens vor der Pflanzzeit, damit Sie ggf. Anpassungen vornehmen können.

→ S. 37, Einen Krümeltest durchführen

Der pH-Wert

Ein wichtiger Aspekt ist der pH-Wert des Bodens, der den Säuregehalt angibt. Ein leicht saurer bis neutraler pH-Wert zwischen 6,0 und 7,0 gilt im Allgemeinen als ideal für die meisten Gemüsearten. Bodentests und pH-Kits, die Sie im Baumarkt oder Gartenfachhandel bekommen, sind hilfreiche Werkzeuge, um den pH-Wert des Bodens zu bestimmen.
Es gibt aber auch **Zeigerpflanzen,** an denen Sie erkennen können, welcher Boden bei Ihnen vorliegt. Kamille und Sauerampfer gedeihen zum Beispiel auf saurem Boden, während Sie Klatschmohn, Wolfsmilch und Taubnesseln auf basischem Boden finden.
Sollte Ihr Boden zu sauer (pH-Wert unter 6,5) oder zu basisch bzw. alkalisch (pH-Wert über 7,5) für den Gemüseanbau sein, können Sie ihn mit einfachen Maßnahmen und Mitteln modifizieren.

- **Einen zu sauren Boden basischer machen:** Pulverisierten Kalkstein oder Dolomitkalk erhalten Sie im Baumarkt. Sie können diese Substrate nach Anleitung auf der Verpackung dem Boden zugeben und damit die Säure im Boden neutralisieren, das heißt, den niedrigen pH-Wert erhöhen. Saurer Boden kann auch mit Natronlauge gegossen werden, um ihn zu neutralisieren. Gehen Sie dabei aber vorsichtig vor, damit der pH-Wert nicht in die andere Richtung umschlägt.
- **Einen zu basischen Boden saurer machen:** Um den pH-Wert zu senken, mischen Sie Schwefel oder Gips aus dem Baumarkt unter Ihren Boden. Achten Sie darauf, das richtige Produkt für Ihre spezifischen Anforderungen zu finden. Schwefel kann verwendet werden, um den pH-Wert eines alkalischen Bodens zu senken, während Gips den Boden lockert, die Wasserinfiltration verbessert und in salzhaltigen Böden Natrium ersetzt, um

die Bodenqualität zu erhöhen. Diese Mittel dürfen Sie auf keinen Fall überdosieren. Sauerstoffhaltige organische Materialien wie Kompost, Mist und verrottetes Laub senken langfristig durch Zersetzung den pH-Wert. Auch Kaffeesatz ist ein guter Bodendünger, der dafür sorgt, dass der Boden saurer wird.
Nicht verwenden sollten Sie den leider immer noch häufig empfohlenen Torf.

Bewässerung

Das Bewässern der Pflanzen gehört zu den wichtigsten regelmäßigen Pflegemaßnahmen. Verschiedene Mittel stehen Ihnen dafür zur Verfügung, um einerseits Kosten zu sparen sowie um andererseits pflanzen- und umweltfreundlich zu wässern.

Gartenschlauch und Handbewässerung

Die einfachste Methode, Beete und Hochbeete zu wässern, ist die Verwendung eines Gartenschlauchs und einer Handbrause. Damit lässt sich Wasser gezielt auf die Gemüsepflanzen richten. Im Handel sind wassersparende Brausen erhältlich, die Sie so einstellen können, dass Sie nah am Wurzelbereich gießen können und kein Spritzwasser an Blätter und Früchte gelangt. Dies ist besonders nützlich, wenn Sie die Wassermenge individuell an die Bedürfnisse der verschiedenen Gemüsearten anpassen möchten.
Auch eine Gießkanne können Sie verwenden. Es gibt sie in verschiedenen Größen. Achten Sie beim Kauf darauf, dass Sie die gefüllte Gießkanne noch gut tragen können. Brause- und Sparaufsätze leisten gute Dienste beim sparsamen und pflanzenschonenden Gießen.

Tropfbewässerung

Tropfbewässerungssysteme sind effiziente und wassersparende Optionen für Gärten jeder Größe und für Hochbeete. Bei diesem System werden kleine Tropfschläuche oder Tropfrohre entlang der Pflanzenreihen verlegt. Über regelmäßig angeordnete kleine Löcher in den Schläuchen oder Rohren gelangt das Wasser direkt an die Wurzeln. Durch eine Tropfbewässerung vermeiden Sie Wasserverschwendung. Manche Tropfsysteme lassen sich auch mittels einer Uhr oder einer App regulieren, was beispielsweise in Urlaubszeiten praktisch ist.

Regenwassernutzung durch Regentonnen oder Zisternen

Umweltfreundlich und kostensparend ist das Gießen mit Regenwasser. Es kann in Regentonnen, Zisternen oder anderen Behältern aufgefangen und dann verwendet werden. Dies ist nicht nur nachhaltig, sondern auch besser für die Pflanzen, da Regenwasser kalkarm und nicht gekühlt ist. Zisternen sind größere, meist unterirdisch installierte Regenwasserbehälter, die in verschiedenen Größen und Materialien erhältlich sind. Ihre Kapazität kann von einigen Hundert Litern bis zu mehreren Tausend Litern reichen. Zisternen können allerdings in der Anschaffung teuer sein – abhängig von ihrer Größe und von dem verwendeten Material. Sie benötigen dafür ausreichend Platz im Garten oder auf dem Grundstück. In manchen Bundesländern ist eine Baugenehmigung für die Installation einer Zisterne zur sogenannten Grauwassernutzung erforderlich.
Ideal wäre es, wenn Regentonnen und Zisternen nah am Fallrohr der Regenrinne stehen.

AUF TORF VERZICHTEN

Aus Gründen des Umweltschutzes sollten Sie auf Torf und torfhaltige Erde im Garten verzichten. Der weltweite Torfabbau führt zu großflächiger Entwässerung und damit zur Zerstörung des empfindlichen Ökosystems Moor. Die Freisetzung von Kohlendioxid aus den entwässerten Mooren trägt zur Klimaerwärmung und zum Treibhauseffekt bei. Darüber hinaus verlieren die Moore ihre wichtige Fähigkeit, Kohlendioxid und Wasser zu speichern, und es geht wertvoller Lebensraum für Pflanzen und Tiere verloren, die an diesen Lebensraum angepasst sind. Alternative Substrate wie Kompost, Kokosfasern oder Rindenmulch sind eine umweltfreundliche und nachhaltige Alternative zu Torf.

Richtig düngen

Um wachsen zu können, verbrauchen die Pflanzen neben Wasser viele Nährstoffe aus dem Boden. Das sind unter anderem Stickstoff, Phosphor und verschiedene Spurenelemente. Die fehlenden Nährstoffe müssen wir dem Boden durch Düngen wieder zurückgeben.

Womit düngen?

In der Natur gibt es keinen Abfall. Alle abgestorbenen Pflanzenreste und organischen Materialien werden im Boden von Insekten, Bakterien und Pilzen zersetzt. Die Abbauprodukte dieser Bodenorganismen stehen den Pflanzen dann wieder als Nahrung zur Verfügung. Weil wir im Gemüsebeet durch das Ernten der Pflanzen diesen natürlichen Nährstoffkreislauf durchbrechen, ist es notwendig, in regelmäßigen Abständen zu düngen.

- **Organische Dünger** bestehen aus natürlichen Materialien wie Kompost, Tiermist, Rasenschnitt, Laub und anderen Pflanzenteilen. Die Nährstoffe im organischen Dünger werden durch Abbauprozesse von Bodenorganismen langsam freigesetzt und verbessern neben dem Nährstoffgehalt auch die Bodenstruktur und die Wasserhaltefähigkeit des Bodens.
Organische Dünger kommen der Natur am nächsten und sollten das Mittel der Wahl im Gemüsegarten sein.
- **Mineralische Dünger** sind synthetische Dünger, die industriell hergestellt oder aus der Natur gewonnen werden. Solche Dünger sind im Handel in Form von Gesteinsmehl oder Pellets erhältlich. Sie enthalten Nährstoffe in konzentrierter und schnell verfügbarer Form. Mineralische Dünger müssen sorgsam dosiert werden. Ihr langfristiger Einsatz kann zu einem Ungleichgewicht an Nährstoffen

ESSENZIELLE PFLANZENNÄHRSTOFFE

Damit Ihre Pflanzen groß und stark werden können, benötigen sie Nährstoffe, die in unterschiedlichen Anteilen im Boden vorhanden sind. Hauptakteure beim Anbau von Gemüse sind Kalium, Phosphor und Stickstoff. Einen Mangel an diesen jeweiligen Nährstoffen können Sie mit etwas Kenntnis schnell erkennen und beheben.

Name	wofür wichtig?	Folgen eines Mangels	Maßnahmen bei Mangel
Stickstoff (N)	- wesentlicher Bestandteil von Proteinen, Enzymen und Chlorophyll, dem grünen Pigment, das für die Fotosynthese wichtig ist - Unterstützung des Blattwachstums und der allgemeinen Entwicklung der Pflanze	- gelbliche Blätter - Minderwuchs der Pflanze	- Zugabe von Kompost oder Mist - Mischkultur mit stickstoffbindenden Pflanzen wie Erbsen, Bohnen oder Klee
Kalium (K)	- wichtig für die Stoffwechselprozesse und den Wasserhaushalt der Pflanze - Förderung der Blütenbildung, Fruchtbildung - Förderung der Widerstandsfähigkeit gegen Krankheiten und Stress **Hinweis:** Fruchtgemüse sind besonders häufig von Kaliummangel betroffen.	- gelbe Blattränder - verkümmerte und weniger aromatische Früchte	- Zugabe von kaliumhaltigem, organischem Material wie Bananenschalen oder Kartoffelschalen in den Kompost - Zugabe von reiner Holzasche in die Erde
Phosphor (P)	- entscheidend bei der Entwicklung von Wurzeln, Blüten und Früchten	- schwache Blütenbildung - schwache Wurzelentwicklung - allgemein langsame Pflanzenentwicklung	- Zugabe von Hornspänen, Hühnermist oder Pferdemist

im Boden und zu einer Versauerung des Bodens führen, weil sich Salze aus dem Dünger im Boden anreichern können. Zudem werden wichtige Bodenorganismen durch den Einsatz von mineralischem Dünger abgebaut.

- **Nährstoffdünger:** In wenigen Fällen können Sie zu einem Nährstoffdünger (→ Tabelle links) greifen, der gezielt für bestimmte Mangelerscheinungen eingesetzt wird. Auch bei Nährstoffdüngern besteht die Gefahr der Überdüngung und Bodenversauerung. Sie sollten nur ausnahmsweise und in Maßen verwendet werden.

WAS DARF NICHT AUF DEN KOMPOST?

Achten Sie darauf, keine kranken oder von Schädlingen befallenen Pflanzenteile auf den Kompost zu geben. So verhindern Sie die Verbreitung von Krankheiten, wenn Sie später den fertigen Kompost in Ihren Beeten ausbringen.

- **Gekochte Speisen** dürfen Sie grundsätzlich auf den Kompost geben, sofern sie nicht stark gewürzt oder gesalzen sind. Fleisch, Fisch, Milchprodukte oder fettige Speisen locken Ratten an und sollten deshalb nicht auf dem Kompost landen.
- **Schalen von Zitrusfrüchten** sind oft mit Pestiziden und Fungiziden behandelt, welche die Mikroorganismen im Kompost hemmen und sich später in den Gemüsepflanzen anreichern können. Seien Sie also sparsam damit und geben Sie nur zerkleinerte Schalen von Bio-Zitrusfrüchten auf den Kompost.

Kompostieren

Ein Komposthaufen ermöglicht Ihnen, Ihre organischen Küchenabfälle wie ungekochte Gemüsereste, Kaffeesatz, Laub und Grasschnitt effizient und umweltfreundlich zu entsorgen. Damit nutzen Sie den Kreislauf von Werden und Vergehen im eigenen Garten optimal. Einen Komposthaufen können Sie zu jeder Jahreszeit aufbauen. Das zeitige Frühjahr oder der Herbst sind jedoch ideal für die Neuanlage eines Komposthaufens. Wenn Sie ihn ab Frühjahr über das Jahr regelmäßig befüllen, können Sie zu Beginn der Gartensaison frischen Kompost auf Ihre Beete geben. Ein voller Kompost, der ab Herbst befüllt wurde, darf bis zu seiner Verwendung abgedeckt ruhen.

Größe des Komposthaufens: Die Größe kann je nach verfügbarem Platz und Ihren Bedürfnissen variieren. In der Regel sollte ein Kompost jedoch mindestens 1 Kubikmeter (1 m³) Volumen haben. Das entspricht den Abmessungen von etwa 1 × 1 × 1 m (Länge × Breite × Höhe). Dieses Maß sorgt dafür, dass sich alle Materialien im Zusammenspiel gut zersetzen können.

Zusammensetzung des Kompostes

Kompost ist ein Rotteprodukt aus organischen Abfällen. Das Substrat, das dabei entsteht, gleicht dem Humus, also der oberen, fruchtbaren Erdschicht des Bodens. Ein Komposthaufen setzt sich aus einer Vielzahl von organischen Materialien zusammen, die in Schichten abgelegt werden. Die Zentimeterangaben rechts nennen die Höhe der Schichten für eine Erstbefüllung des Kompostes. Sie können danach abwechselnd braune und grüne Materialien hinzufügen, während der Komposthaufen sich zersetzt.

Kohlenstoffreiche Materialien (braun):

- zerkleinerte Äste und Zweige: 10–15 cm
- Zeitungspapier und Karton (nicht glänzend, unbedruckt): 2–5 cm
- Laub und Stroh: 10–15 cm

Stickstoffreiche Materialien (grün):

- Küchenabfälle (Gemüse- und Obstabfälle, Kaffeesatz, Teebeutel): 2–5 cm
- Rasenschnitt: 5–10 cm
- Unkraut (nicht blühend oder samenreif) und frische Pflanzenreste (zum Beispiel abgeschnittene Blätter): 2–5 cm

Weitere Materialien, die lose über die anderen Materialien gestreut werden:

- zerkleinerte Eierschalen (zur Erhöhung des Kalziumgehalts)
- Kaffeesatz (als Stickstoffquelle und zur Verbesserung der Belüftung)
- Holzasche (in begrenzten Mengen zur Erhöhung des Kalzium- und Kaliumgehalts)

TIPP!

Kompostreife mit Kresse testen

Unreifer Kompost kann schädlich für Aussaaten sein, weil er zu viele Nährstoffe für sie enthält. Testen Sie die Reife, indem Sie Gartenboden und Kompost im Verhältnis 1:1 mischen und darauf Kresse aussäen. Kresse, die auf diesem Gemisch normal wächst und gesund aussieht, signalisiert, dass der Kompost ausreichend gereift ist. Verzögertes, verformtes oder geringes Wachstum oder ungewöhnliche Farbveränderungen deuten darauf hin, dass der Kompost noch Zeit braucht.

Kompost ist nicht gleich Kompost

Je nachdem, zu welchem Zeitpunkt des Rotteprozesses Sie ihn entnehmen, erhalten Sie unterschiedliche Reifegrade mit verschiedenen Eigenschaften.
Frischkompost können Sie nach etwa drei Monaten entnehmen, in der Regel von der Unterseite oder vom Boden des Komposthaufens. Er enthält noch erkennbare Ausgangsstoffe und ist reich an Nährstoffen. Daher eignet er sich gut zum Mulchen für Starkzehrer und Beerensträucher.
Am Ende des Rotteprozesses, nach etwa sechs bis zwölf Monaten, erhalten Sie klassischen **reifen Kompost.** Er ist dunkel, feinkrümelig und duftet angenehm nach Waldboden. Sie können etwa 3 l pro m^2 Gemüsebeet verwenden.
Wenn Sie länger warten, wird aus dem reifen Kompost **Komposterde.** Die Düngewirkung nimmt ab, aber das Substrat bleibt als Bodenverbesserer geeignet.

Mulchen

Mulchen imitiert die natürliche Bodenbedeckung, die wir in der Natur aus Nadeln, Laub, Moos, Gras, Wildkräutern, Blumen, Sträuchern, Zweigen, Rinde und Ästen finden. Diese organische Schicht führt dem Boden Nährstoffe zu, unterdrückt Unkrautwuchs, fördert die Bodenlebewesen und erhält die Bodenfeuchtigkeit. Zudem verhindert sie, dass die Bodennährstoffe bei Regen und durch Wind und Wetter ausgewaschen werden und der Boden erodiert.
Mulch ist eine bewährte Praxis in alternativen Gartenbaumethoden und wird immer beliebter, besonders im Gemüseanbau. Diese Schicht verhindert das Auswaschen bei Regen und Erosion bei Wind und Wetter, während sie dem Boden Nährstoffe zuführt.
Die Dicke der Mulchschicht richtet sich nach der Höhe der Pflanzen, die Sie mulchen. Generell sollte die Mulchschicht nicht dicker als 10 cm werden. Bodennahe Pflanzen werden dünner gemulcht und sollten keinen direkten Kontakt zur Mulchschicht haben, da die Blätter sonst schimmeln können.

Wie oft mulchen?

Die Häufigkeit des Mulchens hängt davon ab, welches Material Sie dafür verwendet haben und wie die Witterungsbedingungen sind. Besonders im Sommer baut sich die Mulchschicht bei warmen Temperaturen, erhöhter Sonneneinstrahlung, Regen und Bewässerung schneller ab. Beginnen Sie mit dem Mulchen im zeitigen Frühjahr, sobald die Pflanzen gekeimt sind. Da sich das Material mit der Zeit zersetzt, sollten Sie die Mulchschicht regelmäßig prüfen und auffrischen, sobald die Schicht dünner als 5 cm ist oder ungleichmäßig wird.

Wann mulchen?

Die Frage, wann man mulchen sollte, ist einfach zu beantworten: immer! Mulch bildet im Frühjahr eine Barriere gegen das Austreiben unerwünschter Beikräuter, schützt den Boden im Sommer vor Austrocknung und die Pflanzen vor intensiver Sonneneinstrahlung. Im Herbst profitieren manche Gemüsearten oder Beete von einer zusätzlichen isolierenden Mulchschicht.

Womit soll gemulcht werden?

Zum Mulchen können Sie alles verwenden, was während des Jahres im Garten als Abfall anfällt. Manche Materialien können Sie im Ganzen verwenden, andere müssen mit der Schere oder dem Häcksler zerkleinert werden.

- **Gehölzschnitt und Holzhäcksel:** Das Schnittgut von Obstbäumen, Beerensträuchern und die verholzten Teile einiger Kräuter ergeben ein hervorragendes

Mulchmaterial. Im Gemüsebeet sollte Gehölzschnitt nur sparsam angewendet werden, weil er sich nur langsam zersetzt. Sie können den Gehölzschnitt auch häckseln, um die Zersetzung zu beschleunigen. Verwenden Sie am besten älteren Gehölzschnitt, da zu frisches Material zu einer erhöhten Stickstoffbindung führen kann, weil die Mikroorganismen im Boden den Stickstoff aus dem Boden verwenden, um das Mulchmaterial abzubauen. Hierdurch wird das Pflanzenwachstum beeinträchtigt. Achten Sie darauf, dass eine Mulchschicht aus Gehölzschnitt nicht dicker als 5–10 cm ist. Eine zu dicke Schicht kann die Durchlässigkeit des Bodens beeinträchtigen und zu Staunässe führen. Gehölzschnitt und Holzhäcksel eignen sich gut für Pflanzen wie Kartoffeln, Kürbisse und Zwiebeln.

- **Rasenschnitt:** Wer neben seinen Beeten auch einen klassischen Rasen im Garten hat, kann sich vor Rasenschnitt besonders im Frühjahr und Herbst nicht retten. Sie können den Rasenschnitt sehr gut als Mulchschicht auf Ihren Beeten verwenden – vorausgesetzt, es handelt sich um ungedüngten und ungespritzten Rasenschnitt. Das Material sollte vor der Verwendung gut angetrocknet sein, sonst schaffen Sie unfreiwillig ein ideales Schneckendomizil. Lockern Sie den Rasenschnitt mit einer Harke auf, um keine Klumpen auf dem Beet auszubringen. Die Mulchschicht aus Rasenschnitt sollte dünn sein, um Fäulnis und eine Stickstoffzehrung zu vermeiden; 2–5 cm alle vier bis sechs Wochen sind ausreichend (→ Tipp unten).
- **Stroh:** Die getrockneten Halme von Getreide fallen meist nicht im eigenen Garten an, sind aber günstig im Baumarkt oder beim Bauern erhältlich. Stroh ist das klassische Mulchmaterial für Erdbeeren (daher der englische Name »Straw«-berries). Stroh lässt sich aber auch für Tomaten, Paprika, Gurken, Zucchini und Kürbisse verwenden. Hier erfüllt das Material besonders die Funktion des Schutzes der Früchte vor Druckstellen und Schimmel bei Bodenkontakt. Beim Mulchen im Frühjahr hilft Stroh als Schutz gegen kalte Temperaturen. Das Stroh sollte frei von Unkrautsamen sein.
- **Laubmulch:** Stehen Laubbäume im Garten, bietet es sich besonders im Herbst an, das Laub zusammenzuharken und als Mulchschicht zu verwenden. Grundsätzlich ist jedes Laub geeignet, das frei von Krankheiten ist. Laubmulch eignet sich gut für Pflanzen wie Salat, Kohl, Spinat

Das Heu als Mulch zwischen den Bohnen hält Feuchtigkeit im Boden und Unkraut im Zaum.

DARAUF SOLLTEN SIE BEIM MULCHEN ACHTEN

- **Pflanzen nicht zudecken:** Sehr kleine Pflanzen können unter der Mulchschicht ersticken. Warten Sie deshalb mit dem Mulchen, bis die Jungpflanzen hoch genug sind.
- **Stickstoffzehrung vorbeugen:** Besonders Rasenschnitt und Stroh sind Stickstoffzehrer. Sie sollten den Boden deshalb, wenn Sie damit mulchen, zusätzlich über Hornspäne oder Kompost mit Stickstoff versorgen.
- **Mulchschicht regelmäßig kontrollieren:** Regelmäßiges Wenden der Mulchschicht verhindert Schimmel. Außerdem können Sie bei der Gelegenheit nach Schnecken schauen und die ungebetenen Gäste absammeln.
- **Mulchmaterialien abwechseln:** Es ist ratsam, verschiedene Mulchmaterialien abwechselnd zu verwenden. Dadurch vermeiden Sie eine einseitige Ansammlung von Nährstoffen im Boden.
- **Mulchschicht nicht zu dick werden lassen:** Achten Sie darauf, dass Sie es mit Ihrem Beet nicht zu gut meinen. Eine Mulchdecke von bis zu 10 cm ist ausreichend.

und Radieschen. Sollten die Blätter sehr groß sein, empfiehlt es sich, sie vor dem Ausbringen zu zerkleinern. So vermeiden Sie, dass Ihre Mulchschicht waserundurchlässig wird.

- **Kompost:** Kompost verrottet schnell, ist reich an Nährstoffen und kann das ganze Jahr über verwendet werden. Durch die schnelle Zersetzung muss eine Mulchschicht aus Kompost häufiger ersetzt werden als anderes Mulchmaterial.
- **Gründüngung:** Große Abfallblätter von zum Beispiel Rhabarber oder Kohlrabi dürfen Sie nach der Ernte direkt abschneiden und auf das Beet legen. Sie zersetzen sich rasch und geben dem Boden wertvolle Nährstoffe schnell wieder zurück.
- **Rindenmulch:** Die gängigen Holzarten für Rindenmulch sind Eichen-, Buchen-, Fichten- und Kiefernholz. Rindenmulch eignet sich für den Gemüseanbau nur bedingt, da er bei seiner Zersetzung den pH-Wert des Bodens senkt. Beerensträucher wie Johannisbeeren oder Heidelbeeren kommen aber mit einer Schicht aus Rindenmulch gut zurecht, weil sie leicht sauren Boden bevorzugen. Tomatenpflanzen und Paprika vertragen nur ab und an eine Schicht aus Rindenmulch.

Werkzeuge – nützliche Helfer

Gutes Werkzeug ist der Schlüssel für eine effiziente Bewirtschaftung des Gartens. Investieren Sie von Anfang an in hochwertige Qualität bei Ihrer Grundausstattung, damit Sie lange etwas davon haben.

- **Spaten:** Ein hochwertiger Spaten besteht aus robustem und langlebigem Material, wie beispielsweise gehärtetem Stahl. Damit lockern Sie den Boden der Beete und bereiten das Hochbeet vor dem Befüllen vor. Mit einem Spaten graben Sie nicht nur die Erde um, sondern zerschneiden auch Wurzeln oder andere Pflanzenteile. Die Klinge des Spatens sollte deshalb scharf sein und regelmäßig nachgeschärft werden.
Achten Sie darauf, dass Sie den Spatengriff bequem und angenehm empfinden. Er sollte für ermüdungsfreies Arbeiten einen T- oder D-Griff haben. Zudem bieten beide einen besseren Hebel als einfache Griffe. Griffe aus Holz sind umweltfreundlich und müssen regelmäßig geölt werden, während Kunststoffgriffe pflegeleichter sind. Achten Sie auch darauf, dass die Länge des Spatens zu Ihrer Körpergröße passt. Das probieren Sie am besten vor Ort im Fachhandel aus.
- **Schubkarre:** Sie dient zum einfachen Transport von Erde, Kompost und Pflanzenmaterial im Garten. Achten Sie auf eine robuste Wanne aus Metall oder stabilem Kunststoff. Ein Fassungsvermögen von 80–100 l ist in den meisten Gartensituationen ausreichend.
- Eine gute **Gartenschere** brauchen Sie, um Pflanzen zu beschneiden und Gemüse zu ernten. Sie sind in verschiedenen Ausführungen erhältlich.
- **Amboss-Scheren** eignen sich zum Schneiden von dickeren Ästen und Zweigen, da das Schnittgut von einem Scherenschenkel gegen einen festen Amboss gedrückt wird.
- **Bypass-Scheren** funktionieren wie Haushaltsscheren und sind besser geeignet für Arbeiten im Gemüsebeet. Sie schneiden das Pflanzenmaterial glatt ab. Der saubere Schnitt ist wichtig, damit keine Krankheitserreger an den Schnittstellen eindringen können.
Gartenscheren sollten regelmäßig geölt und geschärft werden.
- **Rechen:** Mit einem Rechen glätten und nivellieren Sie die Erde im Beet und Hochbeet, jäten Unkraut, lockern den Boden und verteilen das Saatgut gleichmäßig. Es gibt verschiedene Arten von Rechen, darunter Harke und Kombi-

GERÄTESCHUPPEN

Im Geräteschuppen sind Ihre Gartengeräte vor Wind und Wetter geschützt. Schaufel, Rechen, Spaten und andere Werkzeuge können hier sicher und ordentlich verstaut werden. Auch Saatgut, Pflanzgefäße und Düngemittel finden hier Platz. Der Geräteschuppen sollte sich an einem zentralen Ort im Garten befinden, damit Sie bei der Arbeit kurze Wege haben. Sollten Sie über ein Gewächshaus verfügen, bietet es sich an, den Schuppen daran anliegend zu bauen.

rechen mit unterschiedlichen Zinken und Breiten.

- **Hacke oder Gartenkralle:** Beide Werkzeuge sind nützlich, um den Boden zu lockern, die Oberfläche des Hochbeets sowie das Pflanzgebiet vorzubereiten und den Boden für die Aussaat oder das Einpflanzen von Gemüse vorzubereiten. Die Hacke hat eine breite, scharfe Klinge, die Gartenkralle mehrere Zinken.
- **Handschuhe:** Gute Gartenhandschuhe schützen Ihre Hände vor Schmutz, Dornen, Insektenstichen und Verletzungen. Sie sollten bequem sitzen und Sie bei der Arbeit nicht einschränken. Gartenhandschuhe sind je nach Einsatzgebiet in verschiedenen Materialien erhältlich. Naturkautschuk aus nachhaltiger Waldwirtschaft oder Polyethylen sind eine ökologischere Alternative zu PVC-haltigen Kunststoffen.

Ein ausrangiertes Fenster kann als klappbares Dach für ein Frühbeet verwendet werden.

Schutzvorrichtungen für Ihre Pflanzen

Gegen harsche Wetterbedingungen und ungebetene Gäste nützen verschiedene Netze und Vliese. Achten Sie auf gute Qualität für einen langjährigen Einsatz.

- **Frühbeetaufsatz:** Er ermöglicht es Ihnen, Ihr Beet oder Hochbeet als Frühbeet zu verwenden. Hierfür wird ein Rahmen, der mit einer lichtdurchlässigen Abdeckung aus transparenter Folie oder Plexiglas versehen ist, über das Beet gelegt. So schaffen Sie eine geschützte Umgebung, in der Sie bereits früh in der Saison Pflanzen anziehen können. Unter der Abdeckung wird die Temperatur konstant gehalten, junge Pflanzen sind vor Kälte, Wind und Schädlingen geschützt. So können Sie Ihr Gartenjahr früher beginnen und die Wachstumsperiode verlängern. Frühbeetaufsätze kann man mit etwas handwerklichem Geschick leicht selbst machen.
- **Wachstumsvliese** können Sie auch alternativ über Ihr Beet spannen. Hierfür können Sie mehrere Drahtbögen oder Weidenruten hintereinander in die Erde Ihres Hochbeets stecken und Vliese oder Kulturschutznetze darüberspannen. Befestigen Sie Ringschrauben gegenüberliegend an den Längsseiten des Hochbeets und stecken Sie die Streben durch, bevor Sie sie in der Erde versenken. So hält die Konstruktion besser.

Mit einem Vlies schützen Sie Ihre Kulturen vor Wind und Frost.

- Ein **Kulturschutznetz** ist ein feinmaschiges Netzmaterial, das über die Beete gelegt wird, um sie vor Vögeln, Schmetterlingen (Raupen) oder Käfern (Larven) und anderen Tieren zu schützen. Es ermöglicht gleichzeitig den Wasser-, Luft- und Lichtdurchlass, sodass die Pflanzen wachsen und gedeihen können. Dies ist besonders nützlich in der ökologischen Gartenarbeit, um den Einsatz von Pestiziden zu reduzieren. Die Netze sollten reißfest und maschinenwaschbar sein. **Frostschutzvlies** oder Winterschutzvlies ist ein leichtes Material aus Kunststoff, Hanf, Baumwolle oder Jute, das über Pflanzen gelegt wird, um sie vor Frost und Kälte zu schützen. Es bildet eine isolierende Barriere, die die Wärme speichert und den Pflanzen hilft, niedrige Temperaturen zu überstehen. Es ist luft- und lichtdurchlässig.

GEWÄCHSHAUS UND FRÜHBEET

- Ein Gewächshaus ergänzt Ihre Beete und Hochbeete. Es bietet aufgrund der besonderen Verhältnisse von Licht, Luftfeuchtigkeit und Wärme gute Bedingungen für die Anzucht von wärmeliebenden Pflanzen wie Tomaten oder Paprika. Außerdem ist im Gewächshaus die Anbauperiode verlängert, sodass die Pflanzen schneller reifen und sich mehr Sorten im gleichen Zeitraum kultivieren lassen.
→ S. 197, Ein Gewächshaus im Garten
- Ein Frühbeet ist ein niedriges Gewächshaus mit einem Deckel, der gelüftet werden kann. In einem Frühbeet können Sie Pflanzen frühzeitig im Jahr anziehen, da es eine wärmere und geschützte Umgebung bietet. Es sollte in unmittelbarer Nähe zu Ihren Hauptbeeten liegen. Das erleichtert den späteren Umzug der Setzlinge aus dem Frühbeet in das Gemüsebeet.

Das Gemüsebeet

Beete anlegen können Sie eigentlich in jedem Garten, egal wie er ausgerichtet ist.

Die Lage des Gemüsebeets

Es gibt aber einige Dinge, die Sie beachten sollten, um Ihre Gemüsepflanzen glücklich zu machen. Die meisten Gemüsesorten lieben die Sonne und die Wärme, deshalb sollte der Standort weder von Bäumen noch von Häusern beschattet werden. Zudem kann das herabfallende Laub im Herbst die Pflanzen im Beet zu stark bedecken.
Die Beete sollten in Nord-Süd-Ausrichtung angelegt sein. Dabei verlaufen die Beetreihen von Osten nach Westen, wodurch sie von der meisten Sonne profitieren. Legen Sie Ihre Beete nicht direkt entlang von Zäunen oder Wänden an, denn das macht die Pflege und Ernte kompliziert, weil das Beet nicht von allen Seiten zugänglich ist.
Größe des Gemüsebeets: 1,20 × 3 m gelten als Grundmaß für ein Gemüsebeet. Die Breite sollte nicht vergrößert werden, sonst lässt sich die Beetmitte schlecht bearbeiten, die Länge können Sie nach Bedarf anpassen. Feste Wege mit 80 cm Breite zwischen den Beeten ermöglichen es Ihnen, Ihr Beet bequem mit einer Schubkarre zu erreichen.

Das Hochbeet

Hochbeete sind eine attraktive Option für GärtnerInnen mit begrenzter Gartenfläche oder für solche, die eine bessere Kontrolle über den Boden wünschen, zum Beispiel, weil sie die richtigen Standort- und Bodenbedingungen zum Gemüseanbau nicht in ihrem Garten vorfinden. Besonderheiten im Aufbau und in der Befüllung des Beets machen es möglich, neue Sorten und Anbaumethoden zu entdecken und mit einer effektiven Fruchtfolge zu experimentieren.
Die optimale Größe: Ähnlich wie im Freiland sollte das Hochbeet nicht breiter als etwa 120 cm sein, da es sonst schwierig werden könnte, jeden Bereich des Hochbeets zu bearbeiten. Hinsichtlich der Länge haben Sie prinzipiell alle Freiheiten. Neben dem vorhandenen Platz sollten Sie dabei auch die Verfügbarkeit des Füllmaterials in Ihre Planung einbeziehen. Die optimale Arbeitshöhe für ein Hochbeet beträgt in der Regel etwa 80–100 cm, abhängig von Ihrer eigenen Körpergröße. Wenn Sie gemeinsam mit Kindern gärtnern möchten, sollten Sie Ihr Hochbeet entsprechend niedriger gestalten oder überlegen, wie Sie eine standsichere Stufe integrieren können, damit auch die Kleinen das Gemüse bequem beim Wachsen beobachten können.
Standort: Das Hochbeet sollte vor starken Winden und Extremwetter geschützt sein, um höhere Gemüsepflanzen vor dem Abknicken und alle Pflanzen vor übermäßiger Wasserverdunstung zu bewahren. Mindestens sechs Stunden Sonne pro Tag sind ideal für Gemüsepflanzen. Stellen Sie es – wenn möglich – in der Nähe eines Wasseranschlusses und Ihrer Küche auf, um Pflege und Ernte zu erleichtern. Besonders Kräuter- und Naschhochbeete sind in Küchennähe praktisch.

Erdverbundenes oder vom Untergrund getrenntes Hochbeet

- Auf freien Flächen im Garten können Sie ein Hochbeet direkt auf dem Boden aufstellen. Das ist günstig, damit Mikroorganismen und Regenwürmer von unten Zugang in das Beet haben.
- Auf versiegeltem Boden kann es sinnvoll sein, das Beet so zu bauen, dass es keinen direkten Kontakt zum Untergrund hat. Damit vermeiden Sie Verrotten, falls das Hochbeet aus Holz besteht, und ein Ausschwemmen der Erde. Stellen Sie das Hochbeet zum Beispiel auf eine Europalette oder auf Dachlatten. Den Boden des Beets kleiden Sie mit Unkrautvlies aus, damit die Erde im Beet gehalten wird und überschüssiges Wasser abfließen kann.

Aufbau des Hochbeets: Auf die inneren Werte kommt es an

Im Gegensatz zum Gemüsebeet im Garten müssen Sie ein Hochbeet zuerst mit geeigneten Materialien füllen, bevor es ans Pflanzen geht. Damit das Beet seine vielfältigen Funktionen erfüllen kann, ist die richtige Materialauswahl und der Aufbau der Schichten das A & O. Dadurch spielen sich im Inneren eines Hochbeets ähnliche Umsetzungsprozesse ab wie in einem Kompost.

Schicht für Schicht das Hochbeet befüllen: Damit letztlich Wärme und Nährstoffe freigesetzt werden können, besteht die Füllung des Hochbeets aus vier Schichten, von der jede etwa 20–30 cm hoch ist. Da viel Material nötig ist, sollten Sie mit dem Sammeln für die Füllung im Herbst starten, wenn Bäume und Sträucher zurückgeschnitten werden.

1. Schicht Baum- und Strauchschnitt: Bedecken Sie den Boden mit zerkleinertem Baum- und Strauchschnitt, den Sie gut festtreten und andrücken sollten. Diese Schicht bildet zum einen eine gute Drainage, zum anderen verrottet sie nur langsam.

2. Schicht Pflanzenreste, Laub und Rasenschnitt: Nun schichten Sie Pflanzenreste, Laub und Rasenschnitt auf. Auch Stroh kann in Maßen verwendet werden. Dieses Material muss ebenfalls gut festgetreten werden, damit der Inhalt später nicht zu stark absackt.

3. Schicht Kompost: Über die zweite Schicht kommt nun das Herz des Hochbeets: eine Schicht aus nährstoffreichem, reifem Kompost (→ S. 22).

VORBEREITUNG DES HOCHBEETS FÜR DIE PFLANZPLÄNE

Auf den Seiten 54/55, 86/87, 122/123 und 156/157 stellen wir Ihnen vier Pflanzpläne für ein Hochbeet vor, die Sie vom Vorfrühling bis zum Winter begleiten. Hier finden Sie alle Informationen, die Sie zum Vorbereiten dieses Hochbeets brauchen. Beginnen Sie damit im Vorfrühling.

- Die Pflanzpläne sind für ein Hochbeet mit den Abmessungen 1 × 2 m ausgelegt, das Hochbeet kann jedoch auch flexibel in zwei separate Beete mit jeweils 1 × 1 m aufgeteilt werden.
- Die Länge einer Beetreihe beträgt in beiden Varianten jeweils 1 m.
- Jeder Pflanzplan bezieht sich auf insgesamt acht Saatreihen mit spezifischen Abständen, die Sie im Vorfrühling festlegen. Markieren Sie die acht Saatreihen wie folgt: Beginnen Sie mit der ersten Reihe etwa 10 cm vom Rand entfernt. Der Abstand zur zweiten Reihe beträgt 30 cm. Halten Sie dann folgende Reihenabstände ein: 30 cm, 20 cm, 20 cm, 20 cm, 30 cm, 30 cm sowie wieder einen Abstand zum Rand von 10 cm.
- Markieren Sie jede Reihe mit einer Juteschnur oder Ähnlichem, damit Sie später nicht durcheinanderkommen.
- Die Bepflanzung beginnt im Vorfrühling. Die Besonderheit besteht darin, dass die Flächen im Beet nach der Ernte erneut bepflanzt werden. Dadurch begleitet Sie das Beet bis zum Winter.
- Einige Gemüsepflanzen verbleiben im Beet, werden nach und nach geerntet und wachsen immer weiter nach. So können Sie fortlaufend immer wieder etwas ernten.
- Die Auswahl der Gemüsearten ist vielfältig. Wenn Ihnen ein Gemüse nicht zusagt oder Sie es nicht vertragen, dann finden Sie jeweils in der Tabelle auf der gleichen Seite alternative Sorten.

4. Schicht Gartenerde: Die letzte Schicht und den Abschluss des Hochbeets bildet Gartenerde. Geeignet ist eine Mischung aus Mutterboden und Kokosfasern oder Blumenerde aus dem Fachhandel. Achten Sie darauf, torffreie Erde zu verwenden (→ S. 19).

Achtung: In den ersten Tagen nach dem Befüllen, speziell nach Regenfällen, kann die Erde noch einmal kräftig absacken. Behalten Sie daher ausreichend Erde als Reserve, damit Sie das Beet wieder mit neuer Erde auffüllen können.

Gießen nicht vergessen

Ein Vorteil von Hochbeeten ist, dass sie sich schneller erwärmen und sich daher die Anbausaison verlängert. Allerdings bedeutet das begrenzte Volumen auch eine schnellere Verdunstung. Daher müssen Sie bei Hochbeeten öfter zur Gießkanne greifen.

Für eine gleichmäßige Wasserversorgung können Sie ein Bewässerungssystem installieren oder Ollas in Ihrem Hochbeet platzieren.

→ S. 138, DIY-Projekt Eine Olla bauen

Vorteile von Hochbeeten

Hochbeete zeichnen sich durch ihre erhöhte Bauweise aus, die eine verbesserte Drainage und Wärmeisolierung ermöglicht. Sie sind ideal für den Anbau von Gemüse, Erdbeeren oder Kräutern.

- **Günstiges Mikroklima:** Durch das wärmere Klima im Inneren des Hochbeets wachsen die Pflanzen schneller und lassen sich früher setzen oder säen und ernten als im Freiland. Dadurch ergibt sich eine längere Vegetationszeit als im Freiland und Sie können mehr Pflanzen auf gleichem Raum anbauen.
- **Natürliche Düngung:** Aufgrund des schichtweisen Aufbaus verrotten die Materialien nach und nach und setzen die Nährstoffe kontinuierlich im Hochbeet frei. Daher benötigen Sie weniger Düngemittel.
- **Schädlingsresistenz und Unkrautkontrolle:** Im Hochbeet treten Schädlinge wie Schnecken oder Nematoden deutlich seltener auf als im Erdbeet. Auch Unkraut wächst durch die erhöhte Bauweise weniger, wodurch die Pflege und Unkrautbekämpfung erleichtert wird.
- **Variabler Einsatz:** Hochbeete können auf ungenutzten oder für den Gemüseanbau ungeeigneten Flächen wie Steinböden, Terrassen oder Einfahrten platziert werden.
- **Ergonomie:** Durch die erhöhte Bauweise werden Rücken und Knie geschont. Kinder können auf Augenhöhe gärtnern.
- **Dekoratives Element:** Ob als Gliederung verschiedener Gartenräume, als lockere Abgrenzung zu den Nachbarn oder um den Balkon oder die Terrasse nutzbar zu begrünen – Hochbeete können auch eine optische Funktion haben.

Das Hochbeet – ein Eyecatcher im Garten

Neben ihrer Funktionalität bieten Hochbeete auch die Chance, Ihren Garten räumlich zu gestalten. Positionieren Sie das Hochbeet so, dass es von verschiedenen Blickwinkeln im Garten sichtbar ist. Dadurch wird das Gemüse-Hochbeet zu einem dekorativen Element, das immer wieder Blicke einfängt und rund ums Jahr attraktiv wirkt.

Um das Hochbeet ästhetisch in den Garten zu integrieren, sollten Sie sich zu den verwendeten Materialien ein paar Gedanken machen. Im Handel sind Hochbeete aus Stein, Metall, Holz oder Kunststoff erhältlich.

→ S. 85, Hochbeet-Einfassungen

Auch mit der Form lässt sich spielen. Rechteckige oder quadratische Beete wirken aufgeräumt und zeitlos, während sich

DAS BEET ERNEUERN: VERFLIXTES SIEBTES JAHR

Nach etwa fünf bis sieben Jahren sollten Sie Ihrem Hochbeet eine vollständig neue Befüllung gönnen, da die Erde im Lauf der Zeit durch die Umsetzungsprozesse im Hochbeet absackt und Nährstoffe verbraucht werden. Die alte Füllung kann gut als Gartenerde verwendet und verteilt werden. Dies ist auch eine gute Gelegenheit, eventuelle Renovierungsarbeiten an Ihrem Hochbeet durchzuführen.

runde oder geschwungene Formen organisch in die Gartenumgebung fügen. Selbst mit Farben können Sie experimentieren. Natürliche, erdige Farbtöne wirken harmonisch, während helle und bunte Farben interessante Akzente setzen. Und nicht zuletzt bietet die Bepflanzung des Hochbeets das ganze Jahr über einen Augenschmaus. Bunter Mangold, mehrfarbige Möhren, vielfarbige Tomaten oder purpurne Kohlsorten sind ansprechend.

Besondere Beettypen

Kraterbeete und Hügelbeete sind zwei bewährte Beettypen mit langer Tradition, die nicht zuletzt wegen der Auswirkungen des Klimawandels und eines verstärkten ökologischen Denkens wieder in den Fokus von landwirtschaftlichen Betrieben und privaten Gemüsegärtnern gerückt sind.

Das Kraterbeet

Kraterbeete haben sich in trockenen Regionen mit begrenztem Wasserangebot und hoher Verdunstung bewährt. Ursprünglich in warmen Klimazonen wie Lanzarote und Peru entwickelt, finden Kraterbeete auch in Hausgärten in Afrika Anwendung. Die Permakultur-Bewegung hat diese Methode auch für unsere Breitengrade angepasst, wo sie angesichts der steigenden Temperaturen und der immer intensiver werdenden Sonneneinstrahlung eine lohnende Innovation darstellen.

Die Vorteile des Kraterbeets

Kraterbeete sind runde, trichterförmig angelegte Beete.

- Obwohl sie im Durchmesser viel Platz benötigen, bieten sie durch ihre dreidimensionale Anlage mehr Beetfläche. Durch die geschickte Nutzung von Licht, Wind und Sonneneinstrahlung sind eine vielfältigere Sortenauswahl und potenziell höhere Erträge möglich. In Kraterbeeten können Sie Pflanzen mit unterschiedlichen Standortansprüchen auf kleinem Raum anbauen.
- Die ansteigenden Wände des Kraterbeets schützen die Pflanzen vor starken Winden, verhindern so das Austrocknen des Bodens und sorgen für eine natürliche Kühlung bei heißem Wetter durch Verdunstungskälte.

Die ansteigenden Wände des Kraterbeets bieten verschiedenen Pflanzen optimale Bedingungen.

- Durch die Trichterform sammelt sich in der Senke des Kraters über den Sickereffekt Feuchtigkeit durch Regen, Bewässerung und nächtliche Kondensation.
- Trittsteine im Kraterbeet erlauben einen guten Zugang zum Jäten, Gießen und zu anderen Pflegearbeiten. Gleichzeitig speichern die Steine die Sonnenwärme und geben sie in den Abendstunden und nachts ab. Diese gleichmäßige Wärmeverteilung kommt südlichen Gemüsepflanzen zugute und verlängert die Anbau- und Erntezeit für viele Sorten. In den oberen Zonen des Beets können Pflanzen eingesetzt werden, die weniger Feuchtigkeit benötigen.

Das Hügelbeet – warme Füße für Ihr Gemüse

Hügelbeete sind eine Alternative zum Hochbeet und erzeugen ähnliche Effekte auf Ihre Gemüsepflanzen. Der Aufbau eines Hügelbeets ähnelt dem eines Hochbeets. Auch hier werden trockene Äste und Zweige, verrottendes organisches Material oder fertiger Kompost und Erde aufgeschichtet. Allerdings ist beim Hügelbeet keine feste Einfassung erforderlich. Hügelbeete fügen sich organisch in die Gartengestaltung ein und sind deshalb auch ein ästhetischer Gewinn. In der Permakultur werden für Hügelbeete nur Materialien verwendet, die im Garten vorhanden sind, wie Schnittgut, Grünabfall, Laub, Rasenschnitt und Kompost.

→ S. 60, Ein Hügelbeet anlegen

Hügelbeete versorgen unterschiedliche Gemüse mit einem Kern aus Kompost.

Vorteile des Hügelbeets

- **Wärme im Beet:** Ein Vorteil ist die Erwärmung des Beets durch die Zersetzung organischen Materials. Dadurch werden nicht nur harsche Fröste abgefangen, sondern auch die Durchschnittstemperatur des Beets über das Jahr erhöht. Das verlängert die Anbauperiode nach vorn und hinten um zwei bis drei Wochen. Besonders im Frühjahr profitiert das Hügelbeet von den senkrecht auf die Seiten einfallenden Sonnenstrahlen, die das Beet schneller erwärmen.
- **Mehr und ganzjährige Anbaufläche:** Durch die hügelige Struktur des Beets entsteht mehr Anbaufläche für Ihre Gemüsepflanzen. Weil das Beet wärmer und fruchtbarer ist als Erdbeete, können Sie es ganzjährig nutzen. Hügelbeete vertragen eine dichte Bepflanzung, weil sie so nährstoffreich sind. Durch die dichte Bepflanzung hält sich außerdem die Feuchtigkeit besser im Boden.
- **Weniger Düngen:** Düngergaben entfallen im Hügelbeet durch den nährstoffreichen Kompostkern, Ihre Ernte fällt üppiger aus als in einem herkömmlichen Beet. Damit schaffen Sie eine nachhaltige Anbaumethode in Ihrem Garten.
- **Weniger Staunässe und Überschwemmungen:** Die Verrottung im Kern des Hügelbeets hält den Unterbau des Beets stets locker, sodass überschüssiges Wasser gut abfließen kann. Starker Regen versickert schneller. Zudem sind Pflanzen in einem Hügelbeet besser vor Überschwemmungen geschützt.
- **Weniger Pflanzenkrankheiten:** Hügelbeete versorgen Ihre Gemüsepflanzen langfristig mit genügend Nährstoffen, um sie widerstandsfähig zu halten. Außerdem erlaubt die hügelige Form eine gleichmäßige Sonneneinstrahlung und Luftzirkulation. Das wirkt einem Befall mit häufigen Pilzerkrankungen entgegen. Hügelbeete können nach und nach erneuert werden, um ihre Fruchtbarkeit zu erhalten. Wenn Sie merken, dass die Produktivität nachlässt, fügen Sie neue organische Materialien hinzu. Eine Erneuerung ist aber in der Regel nicht jährlich, sondern nur alle paar Jahre erforderlich.

Was können Sie anbauen?

Nun haben Sie einen kurzen Überblick erhalten über die »graue Theorie«, die dem Gärtnern zugrunde liegt. Sie ist die Voraussetzung, dass Sie sowohl im Gemüsebeet im Garten als auch im Hochbeet vieles anpflanzen können.

Gemüse und Salate: Das Spektrum reicht von Fruchtgemüsen wie Tomaten, Paprika und Auberginen über Wurzelgemüse und Kartoffeln, Zwiebelgewächse, Bohnen und Kohlpflanzen bis hin zur Vielfalt der Salate. Ein Naschgarten aus Erdbeeren und unterschiedlichen Beerensträuchern sowie Weintrauben ist eine reizvolle Ergänzung zu Gemüse und Kräutern. Aber auch neu hinzugezogene Gemüsearten finden ihren Platz im heimischen Garten: Der Klimawandel bringt trotz all seiner Herausforderungen im Garten unerwartete Vorteile mit sich und lässt auch in unseren Breitengraden exotischere Pflanzen wachsen, etwa Artischocken, Süßkartoffeln oder Okraschoten.

Kräuter: Aromatisch duftende Kräuter im Garten anzubauen, bringt Freude. Die meisten Arten sind genügsam und wachsen gut in nährstoffarmer Erde, benötigen wenig Pflege und mögen Sonne. Regelmäßiges Ernten fördert ihr Wachstum. Frische Stängel und Blätter können Sie sofort in der Küche verwenden oder für später trocknen und aufbewahren. Mediterrane Kräuter wie Thymian, Salbei, Oregano und Rosmarin gedeihen unter den richtigen Bedingungen genauso wie die feuchtigkeitsliebenden Arten Minze, Melisse und Basilikum. Um Platz zu sparen, können Sie Kräuter wie Petersilie,

GEMÜSE FÜR DEN EIGENANBAU

Gemüsekategorie	was gehört dazu?	Anbau im Hochbeet	Besonderheiten
Blattgemüse	Chicorée, Kopfsalat, Feldsalat, Spinat	geeignet für Hochbeete mit leichtem Schatten	reich an Vitaminen und Chlorophyll, wenig Kalorien
Blütengemüse	Artischocken, Blumenkohl, Brokkoli	möglich im Hochbeet, wenn genügend Platz für Wurzeln vorhanden ist	reich an Kalzium, Karotin und anderen Nährstoffen
Fruchtgemüse	Tomaten, Paprika, Zucchini, Auberginen	geeignet für Hochbeete mit guter Sonneneinstrahlung	hoher Wassergehalt, reich an Vitamin C und K
Kohlgemüse	Kohlrabi, Grünkohl, Weißkohl	Kohlgemüse gedeiht gut in Hochbeeten, auch im Winter	enthalten Senföle und sind vitaminreich
Knollengemüse	Rüben, Kohlrabi, Ingwer, Topinambur	geeignet für Hochbeete mit ausreichender Tiefe	stärkehaltig und ertragreich
Sprossengemüse	Kresse, Bockshornklee, Alfalfa, Radieschen	ideal für den Anbau im Hochbeet das ganze Jahr über	hohe Nährstoffdichte im Sprossenstadium
Stielgemüse	Rhabarber, Stangensellerie	für Hochbeete geeignet, wenn genügend Platz vorhanden ist	Verzehr des Blattstiels
Wurzelgemüse	Möhren, Pastinaken, Petersilienwurzeln	geeignet für Hochbeete mit ausreichender Tiefe	Basis für pflanzliche Ernährung
Zwiebelgemüse	Küchenzwiebeln, Schalotten, Knoblauch	geeignet für Hochbeete, besonders als Zwischenpflanzung	
Lauchgemüse	Bärlauch, Lauchzwiebeln, Lauch	einfach im Hochbeet anzubauen	Verzehr der Schäfte oder Blätter
Hülsenfrüchte	Buschbohnen, Stangenbohnen, Erbsen	geeignet für Hochbeete mit Rankenstützen	hoher Proteingehalt, gute Stickstoffbindung

Schnittlauch, Bohnenkraut, Dill, Fenchel oder Basilikum problemlos zwischen Ihre Gemüsereihen pflanzen. Gestaffelte Beete oder eine Kräuterspirale helfen bei der Organisation, wenn Sie gern viele Kräuter anpflanzen möchten. Auch Hochbeete eignen sich gut für den Kräuteranbau. Die meisten Kräuter wachsen als Stauden mehrjährig. Sie müssen lediglich zur Überwinterung oder Verjüngung zurückgeschnitten werden und treiben dann im nächsten Frühjahr wieder aus. Im Mikroklima des Hochbeets können manche Arten, die im Erdbeet den Winter nicht überstehen würden, verbleiben.

→ S. 209, Tabelle Saatkalender Kräuter

→ S. 102, DIY-Projekt Bau einer Kräuterspirale

Beerensträucher: Auch sie sind eine lohnende Ergänzung im Beet und Hochbeet. Mehrjährige Erdbeeren und Beerensträucher können im Beet stehen bleiben und erfreuen mit wenig Pflegeaufwand jahrelang. Für den begrenzten Platz im Hochbeet gibt es eine Auswahl an kompakt wachsenden Beerensträuchern. Das gilt besonders für rankende Sorten, damit Sie zum Ernten nicht auf die Leiter steigen müssen.

→ S. 53, Tabelle Geeignete Beerensträucher für das Hochbeet

Praxisteil

Die Natur folgt einer inneren Uhr, die von der Tageslänge bestimmt wird. Vom Licht hängen der Blattaustrieb, die Blüten- und Fruchtbildung, die Reife der Früchte und die Laubfärbung ab. Diese Phänomene beobachtet die Phänologie und nutzt sie mithilfe bestimmter Zeigerpflanzen: Sie betrachtet deren Blüte, den beginnenden Blattaustrieb, die Fruchtreife und den Laubfall und ordnet sie phänologischen Monaten zu. Im Gemüsegarten können wir diese von den kalendarischen Monaten losgelösten zehn phänologischen Monate nutzen, um die Aussaat, Pflanzung und Ernte unserer Kulturpflanzen mit der Natur zu synchronisieren.

Jedes Kapitel ist untergliedert in verschiedene Arbeitsbereiche, die wieder unterschiedlichen Arbeitsschritten zugeordnet sind. Diese sind jeweils mit spezifischen Icons gekennzeichnet.

Allgemeine Gartenarbeiten

Zirkel: Bevor Sie etwas in die Tat umsetzen, müssen Sie planen. Dazu gehört genauso das Anlegen eines Beets wie auch eine Rückschau am Ende des Gartenjahres.
Gießkanne: Das Gießen und Wässern Ihrer Beete ist eine zentrale Aufgabe im Gemüsegarten. Unter dem Gießkannensymbol finden Sie alles Wichtige dazu.
Erdhaufen mit Schaufel: Mit diesem Icon sind alle Arbeiten rund um den Boden gekennzeichnet, wie Düngen, Mulchen oder Kompostieren.

Säen und Vorziehen

Samentütchen: Aussaat gut, alles gut. Hier erfahren Sie alles Notwendige zum Säen von Gemüsearten, Salaten und Kräutern, wie die Saattiefe und den Reihenabstand.
Blumentopf: Hier erfahren Sie, wann es sinnvoll ist, Pflanzen bereits im Haus vorzuziehen, um sie später schon als Jungpflanzen ins Freiland zu setzen.

Pflanzen, Pflegen und Ernten

Schaufel: Wann können Sie welche Gemüsepflanze ins Gartenbeet setzen? Was müssen Sie dabei beachten? Unter dem Schaufel-Icon finden Sie die entsprechenden Informationen.
Schere: Hier erfahren Sie alles Notwendige, wie Sie Ihre Gemüse- und Salatpflanzen, aber auch Beerensträucher pflegen müssen, um zu einer reichen Ernte zu kommen.
Apfelkorb: Dieses Icon führt Sie zum Lohn aller Arbeit, zum Ernten der Gemüsearten, Salate und Kräuter. Darüber hinaus bieten wir auch Informationen, wie Sie Ihre Ernte lagern oder verarbeiten können. Immer wieder erfahren Sie, welchen Gesundheitswert die Gemüse und Kräuter haben.

Hochbeet

Hochbeet: Die besonderen Bedingungen des Hochbeets erfordern manche angepasste Pflanz- und Pflegemaßnahme. Unter diesem Icon geht es deshalb nur um das Hochbeet. Sie erfahren alles Wichtige über die Anlage eines Hochbeets, die Bearbeitung, Bepflanzung und das Gärtnern im Hochbeet.

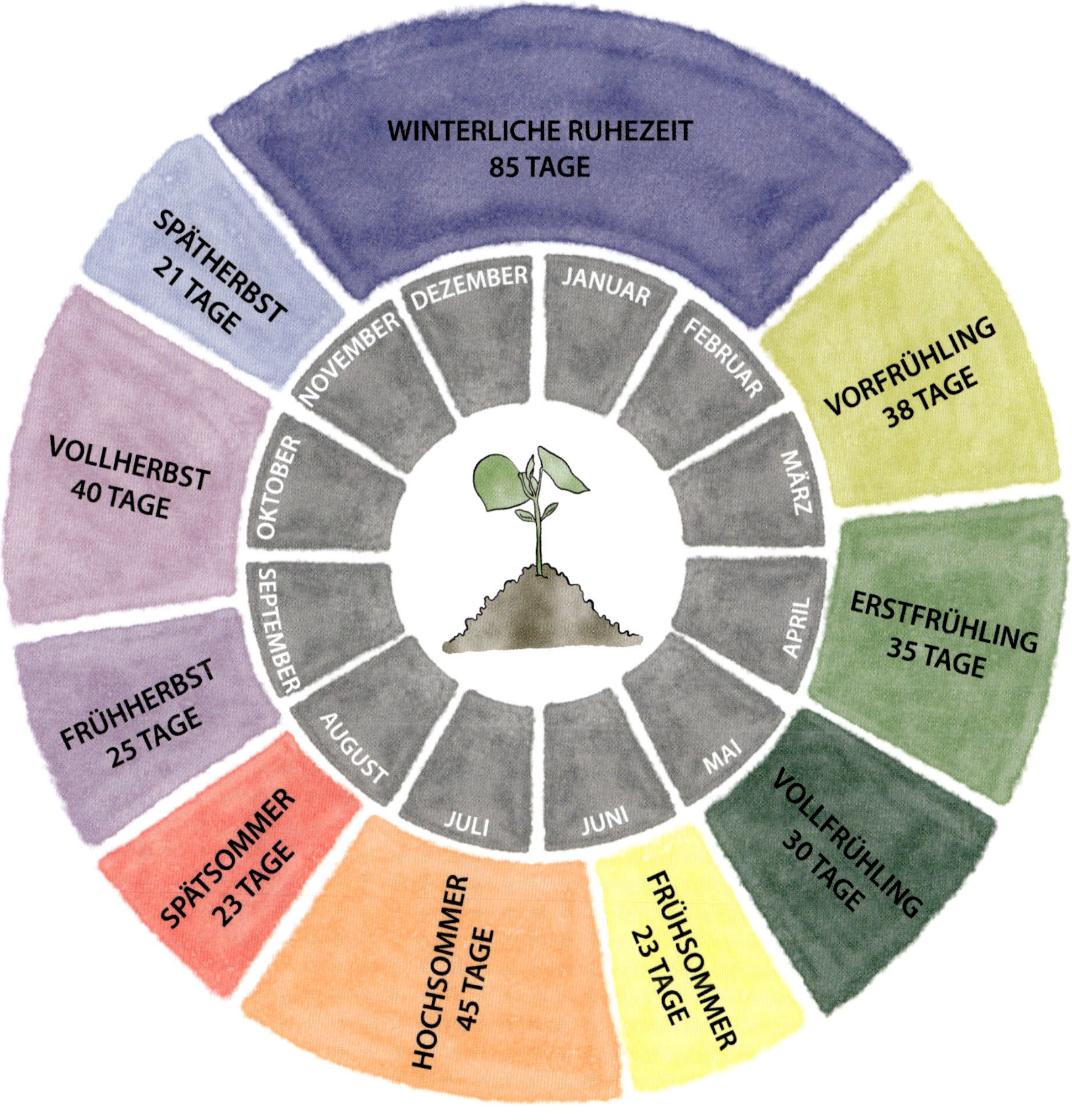
WINTERLICHE RUHEZEIT
85 TAGE
VORFRÜHLING
38 TAGE
ERSTFRÜHLING
35 TAGE
VOLLFRÜHLING
30 TAGE
FRÜHSOMMER
23 TAGE
HOCHSOMMER
45 TAGE
SPÄTSOMMER
23 TAGE
FRÜHHERBST
25 TAGE
VOLLHERBST
40 TAGE
SPÄTHERBST
21 TAGE
JANUAR
FEBRUAR
MÄRZ
APRIL
MAI
JUNI
JULI
AUGUST
SEPTEMBER
OKTOBER
NOVEMBER
DEZEMBER

VORFRÜHLING

Der Vorfrühling gibt mit dem erwachenden Gesang der Singvögel den Auftakt zum Gartenjahr. An den Sträuchern erscheinen jetzt die Kätzchen der Haselblüten, zarte Bodenblüher wie Winterlinge und Krokusse schmücken die ansonsten noch kargen Gärten und Wälder. Der Vorfrühling ist die Zeit der Vorfreude und der Vorbereitung auf das Gartenjahr. Sie können jetzt schon erste Gartenpläne in die Tat umsetzen, das Hochbeet und die Beete vorbereiten sowie eine Auswahl an Gemüse vorziehen.

Einen Komposthaufen anlegen

Kompost ist ein idealer Dünger und Bodenverbesserer, den Sie ganz einfach und kostenlos in Ihrem eigenen Garten erhalten können.

Ein Komposthaufen ermöglicht Ihnen, Ihre organischen Küchenabfälle wie ungekochte Gemüsereste, Kaffeesatz, Laub und Grasschnitt effizient und umweltfreundlich zu entsorgen und damit den Kreislauf von Werden und Vergehen im eigenen Garten optimal zu nutzen. Einen Komposthaufen können Sie zu jeder Jahreszeit anlegen. Das zeitige Frühjahr ist jedoch ideal dafür. Wenn Sie ihn das Jahr über regelmäßig befüllen, können Sie zu Beginn der nächsten Gartensaison frischen Kompost auf Ihre Beete geben.

Welche Nährstoffe enthält fertiger Kompost? Das hängt von den Ausgangsmaterialien ab, die in den Kompost einfließen. Typischerweise enthält Kompost Stickstoff, Phosphor, Kalium sowie Mikronährstoffe wie Eisen, Mangan, Zink, Kupfer und Bor in geringen Mengen, zudem organische Substanzen wie Humin- und Fulvinsäuren, die die Bodenstruktur verbessern und die Wasserretention fördern.

Größe des Komposthaufens: Ein Kompost sollte eine Grundfläche von 1–4 m² haben, damit Sie Ihren Gemüsegarten damit versorgen und ihn gleichzeitig funktional erhalten können. Ein zu großer Kompost kann schwierig zu wenden oder zu pflegen sein, außerdem kann es dann passieren, dass die Zersetzungsprozesse ungleichmäßig verlaufen oder das Substrat fault und Sie keinen reifen Kompost erhalten.

So gehen Sie vor

1 | **Der richtige Standort:** Wählen Sie einen schattigen bis halbschattigen Bereich in Ihrem Garten. Schatten verhindert, dass Ihr Kompost austrocknet und dadurch die Umsetzungsprozesse zum Stillstand kommen. Starke Sonneneinstrahlung fördert außerdem Geruchsbildung. Der Kompost sollte mit einer Schubkarre leicht zugänglich sein, damit Sie den Kompost gut befüllen, wässern, wenden, entnehmen und zu Ihren Beeten bringen können.

2 | **Den Standort vorbereiten:** Messen Sie die gewünschte Fläche mit Holzpflöcken und Schnüren ab. Entfernen Sie ähnlich wie beim Anlegen eines Beets Unkraut, Gras oder andere Pflanzen von der Fläche, auf der später Ihr Kompost stehen soll. Lockern Sie die Fläche leicht mit einer Grabegabel. Ein Gitter aus feinmaschigem Hasendraht verhindert das Einwandern von Wühlmäusen in den Kompost und erlaubt eine bessere Luftzirkulation von unten.

3 | **Den Komposthaufen errichten:** Beginnen Sie mit einer Schicht aus grobem Material wie Ästen oder Zweigen am Boden des Komposthaufens. Dadurch gewährleisten Sie eine gute Durchlüftung und Drainage. Staunässe kann im Kompost zu Fäulnis führen. Über diese Schicht legen Sie eine Schicht aus trockenem Laub oder zerkleinerten Ästen. Sollte davon im Vorfrühling noch nicht genug angefallen sein, können Sie stattdessen auch Stroh, Rasenschnitt oder zerkleinerte Stängel (zum Beispiel aus dem Kräuterbeet) verwenden. Alle diese Materialien enthalten Stickstoff und Kohlenstoff, die später Ihren Pflanzen zugutekommen. Schichten Sie auf diese Schicht frische Küchenabfälle. Idealerweise sollte jede Schicht im Kompost 5–15 cm dick

TIPP!

Damit nichts aus dem Rahmen fällt: Kompost einfassen

Eine Umrandung für den Kompost ist nicht zwingend. Sie kann als Rahmen dienen, damit der Haufen ordentlicher aussieht und nicht ausufert. Sollte Ihr Kompost in der Nähe von Gehwegen, Beeten oder dem Haus liegen, kann eine Umrandung nützlich sein. Umrandungen für den Kompost sollten luftdurchlässig sein. Eine Ausnahme bilden fertige Schnellkomposter aus Kunststoff, die Sie kaufen können. Mögliche Materialien für die Kompostumrandung sind Holzbretter, Steine, Zäune oder Konstruktionen aus Hasel- oder Weidenruten.

sein. Damit gewährleisten Sie eine gute Belüftung und Feuchtigkeitsverteilung.

4 | **Den Komposthaufen fortführen:** Im Lauf des Jahres geben Sie fortlaufend abwechselnd eine Schicht Asthäcksel, Laub oder Stroh und eine Schicht frische Küchenabfälle und Rasenschnitt auf den Komposthaufen. Durch den Zersetzungsprozess durch die Mikroorganismen im Inneren des Kompostes erwärmt sich der Haufen auf 40–70 °C. An diesem Temperaturspektrum können Sie erkennen, dass Ihr Komposthaufen funktioniert. Im Handel können Sie Kompostthermometer kaufen, um die Temperatur zu prüfen.

Feuchtigkeit und Belüftung regulieren

Kompost sollte gleichmäßig feucht, aber nicht staunass sein. Wässern Sie in den Sommermonaten bei Trockenheit den Kompost regelmäßig. Wenn Sie den Kompost alle paar Wochen wenden, sorgen Sie für eine gute Belüftung und Durchmischung der Materialien und beschleunigen den Zersetzungsprozess.

Wann ist der Kompost fertig?

Fertiger Kompost riecht wie frische Gartenerde, ist dunkel und krümelig. Sie sollten darin von den ursprünglichen Materialien nichts mehr erkennen können. Der Reifezeitpunkt des Kompostes ist meist nach sechs bis zwölf Monaten erreicht.

Einen Krümeltest durchführen

Ein Krümeltest gibt Ihnen Auskunft, welche Art von Boden bei Ihnen vorliegt.

Formen Sie eine Handvoll Erde zu einer Wurst. Wenn das problemlos gelingt und Sie eine feste, klebrige Wurst erhalten, handelt es sich um Tonboden. Sandige Böden krümeln und halten nicht zusammen. Feste und nicht klebrige Erde deutet auf Lehmböden hin.

Der beste Gartenboden für den Gemüsegarten ist humusreich und locker. Humus ist dunkelbraun bis schwarz, locker und feinkrümelig. Pflanzenfasern und anderes organisches Material sind darin zu erkennen. Humusreicher Boden entsteht durch den Zerfall von Blättern, Zweigen, Stroh, toten Insekten und anderen organischen Materialien. Im Humus ist eine Fülle von Nährstoffen enthalten, die für das Wachstum von Gemüsepflanzen notwendig sind. Darüber hinaus hat humusreicher Boden eine gute Wasserhaltekapazität. Durch seine lockere Struktur wird der Boden gut durchlüftet, was Bodenorganismen und Pflanzen zugutekommt. Außerdem kann sich das Wurzelsystem in humusreichem Boden besser verzweigen. Lehmige Böden können Sie mit einigen Schaufeln Sand oder Kalk abmagern. Sandigen Böden können Sie Kompost und Mutterboden zugeben, um ihn schwerer und nährstoffreicher zu machen.

Beete und Kompost belüften

Im Vorfrühling vertragen Beete und Kompost frischen Wind und sind danach bereit für erste Saaten.

Über Herbst und Winter kann die Oberfläche von Kompost und bestehenden Beeten ausgetrocknet sein. Im Frühling, bevor Sie die ersten Saaten ins Beet bringen, ist es deshalb Zeit, den Boden und den Kompost zu belüften, um ihn einerseits für das kommende Wurzelwerk zu lockern und andererseits Sauerstoff und Feuchtigkeit in den Boden zu bringen. Die Beete tief umzugraben, ist dafür nicht nötig. Sie würden dabei das fragile Zusammenspiel aus lichtbedürftigen und lichtfeindlichen sowie sauerstoffliebenden und sauerstoffmeidenden Bodenorganismen durcheinanderbringen und das Kapillarsystem des Bodens zerstören. Stattdessen wird der Boden nur etwa 30 cm tief gelockert, ohne ihn zu wenden.

Entfernen Sie zunächst Gründüngerreste und Mulch mit einer Harke und lüften Sie anschließend Kompost und Beete, indem Sie mit einer Grabegabel bis zum Ansatz des Stiels in den Boden stoßen und dort vor- und zurückbewegen. Verfahren Sie so, indem Sie alle 10 cm durch das Beet gehen. Entfernen Sie bei dieser Gelegenheit gleich alle aufkeimenden Unkräuter, Wurzelreste sowie Steine. Glätten Sie die Oberfläche anschließend mit einer Harke.

Ein erstes Beet anlegen

Der Vorfrühling ist eine gute Zeit, um Beete frisch anzulegen.

Sollten Sie gerade erst in den Gemüseanbau einsteigen, empfiehlt es sich, klein anzufangen, damit Ihnen die Arbeit später nicht buchstäblich über den Kopf wächst. Mit der Zeit gewinnen Sie an Erfahrung dazu und können Ihre Selbstversorgerprojekte ausweiten.
Das sollten Sie bei der Anlage eines Beetes beachten:

- **Standortwahl:** Die meisten Gemüsepflanzen wünschen sich einen sonnigen, windgeschützten Standort, um gut wachsen und Früchte ausbilden zu können. Die Lage des Gemüsebeets sollte sich deshalb nach dem Lichteinfall richten. Optimal ist eine Nord-Süd-Ausrichtung, damit die Pflanzreihen über die gesamte Saison genug Sonne einfangen können. Beete im Halbschatten oder gar im Schatten sind bei geschickter Sortenauswahl aber auch möglich.
- **Boden:** Lockerer, humoser, mittelschwerer Boden ist richtig für die meisten Gemüsepflanzen.
- **Beetmaße:** Reguläre Beete im Freiland sollten nicht breiter als 1,20 m angelegt werden und möglichst frei stehen, damit sie von allen Seiten aus gut bearbeitet werden können. Der Länge sind keine Grenzen gesetzt. Üblich sind Beete von ungefähr 3 m Länge.

So gehen Sie vor

1 | **Abstecken:** Stecken Sie Ihre Beetfläche mithilfe von Pflöcken und Schnüren ab, um eine gerade Kante zu erhalten.

2 | **Grassoden abheben:** Durchstechen Sie nach und nach in kleinen Abschnitten mit einem scharfen Spaten die Rasenfläche und schälen Sie die Grassoden vom Boden ab. Die Soden können zu einem Haufen aufgeschichtet und kompostiert werden.

3 | **Umgraben:** Graben Sie den Boden unter den Soden spatentief um und entfernen Sie Steine, Wurzeln und andere Fremdkörper aus dem Boden. Die Steine können Sie für den Bau einer igel-, insekten- und amphibienfreundlichen Trockenmauer oder für die Drainageschicht einer Kräuterspirale (→ S. 102) verwenden.

4 | **Beeteinfassung anlegen:** Beeteinfassungen sind einerseits eine optische Grenze des Beets zu anderen Bereichen des Gartens, andererseits halten sie Erde im Beet und dienen als Fahrwege für die Schubkarre und für Sie als Trittflächen beim Bearbeiten der Beete. Beeteinfassungen bestehen klassischerweise aus Natursteinen oder Betonsteinplatten, es lassen sich aber je nach Geschmack auch beispielsweise Bahnschwellen verwenden. Um mit einer Schubkarre bequem zwischen den Beeten durchfahren zu können, sollten die Beete ca. 80 cm Abstand voneinander haben.

5 | **Pflanzplan erstellen:** Nach dem Abstecken und Umgraben darf das Beet einige Zeit bis zur Bepflanzung ruhen. Nutzen Sie diese Wartezeit

LICHTBEDARF VERSCHIEDENER GEMÜSEARTEN

Vollsonnig	6 Stunden Sonne/Tag	Fruchtgemüse, Mais, Melonen
Sonnig	4 Stunden Sonne/Tag	Bohnen, Erbsen, Brokkoli, Kohl, Zwiebeln, Lauch, Rettich, Steckrüben, Rüben
Halbschattig	4 Stunden Sonne/Tag, davon zwei am Morgen, zwei am Abend	Schnittlauch, Pimpinelle, Dill, Minze, Petersilie, Sauerampfer, Bärlauch, Beeren, Kohlsorten, Rote Bete, Salate, Mangold, Pastinaken, Lauch, Zwiebeln
Lichtschattig	Wechsel aus Licht und Schatten, z. B. unter einem Baum	Wurzelgemüse, Zwiebeln, Kohlrabi, Salate, Spinat, Rhabarber, Bohnenarten, Erbsen
Schattig	dauernd im Schatten	Blattgemüse und Salate, Kohlarten, Radieschen, Möhren

und erstellen Sie einen Pflanzplan mit den Gemüsepflanzen, die Sie sich für Ihr Beet wünschen. Welche Pflanzen Sie konkret auswählen, richtet sich nach den Ansprüchen der individuellen Sorten an Platz und Nährstoffe sowie danach, wie sich die Kulturen miteinander vertragen und wann sie gepflanzt und geerntet werden können. Grundsätzlich können Sie davon ausgehen, acht bis zwölf verschiedene Gemüsesorten in einem Beet mit den Maßen 1,20 × 3 m unterbringen zu können. Nützlich ist es, die ausgewählten Pflanzen in eine Skizze einzutragen. So behalten Sie die ganze Saison über den Überblick.

→ S. 204, Tabelle Mischkultur

Umgraben ist harte Arbeit: Gehen Sie abschnittsweise vor, um es sich leichter zu machen.

Gut starten mit Tiefwurzelbewässerung

Die sogenannte Tiefwurzelbewässerung ist eine Technik, die schon beim Auspflanzen den Jungpflanzen von beispielsweise Gurken, Zucchini, Kürbissen oder Kohl hilft, tiefer in den Boden zu wurzeln.

Die Tiefwurzelbewässerung wird auch Lochbewässerung genannt.
Beginnen Sie dafür beim Vorbereiten der Fläche damit, das ausgehobene Pflanzloch reichlich mit Wasser zu füllen und es versickern zu lassen. Setzen Sie dann die Pflanze in das Loch und füllen Sie es mit feuchter Erde auf. Drücken Sie alles gut an und formen Sie einen Gießrand. Wässern Sie nun erneut ausgiebig im Inneren des Gießrands in der Nähe der Pflanze. Gießen Sie in den nächsten drei Wochen etwa zweimal pro Woche ca. 2–5 l Wasser je nach Pflanzenart. Nach den ersten drei Wochen sollten Sie die Bewässerungsmenge und -häufigkeit reduzieren, um die Pflanzen dazu anzuregen, per Wurzelwachstum tiefer im Boden nach Wasser zu suchen.
Achtung: Diese Art der Pflanzenerziehung eignet sich in erster Linie für tiefwurzelnde Gemüsepflanzen. Solche, die schnell heranwachsen oder flache Wurzelsysteme haben, profitieren weniger von einer Tiefwurzelbewässerung. Dies sind zum Beispiel Salate, Spinat, Radieschen oder Zwiebeln.

Beerensträucher schneiden

Es gibt nichts Schöneres, als im Sommer durch den Garten zu streifen und sonnenwarme Beeren zu naschen. Mit einem Rückschnitt im Vorfrühling erhöhen Sie den Ertrag.

Im Vorfrühling ruht das Wachstum von Beerensträuchern noch und Sie können die Zeit nutzen, um diese Pflanzen zurückzuschneiden, bevor die Pflanzensäfte in Bewegung kommen.

- Sommerhimbeeren schneiden Sie im Vorfrühling auf 15–20 cm über dem Boden zurück.
- Entfernen Sie jetzt im Vorfrühling abgestorbene, kranke oder beschädigte Zweige von Johannisbeeren und Stachelbeeren, um den Wuchs von jüngeren, produktiveren Trieben anzuregen.
- Auch Heidelbeeren können einen Rückschnitt vertragen. Im Vorfrühling, wenn das Wachstum der Beerensträucher ruht, ist ein guter Zeitpunkt, alte, schwache oder kranke Triebe zu entfernen. Schneiden Sie Heidelbeeren auf etwa ein Drittel bis die Hälfte ihrer Höhe zurück, um das Wachstum neuer Triebe zu fördern und die Luftzirkulation zu verbessern. Entfernen Sie auch kreuzende Zweige, um den Strauch im Ganzen zu lüften.

Hinweis: Herbsthimbeeren und Brombeeren haben einen unterschiedlichen Wuchszyklus und werden daher im Vorfrühling in der Regel nicht beschnitten.

Saatgut richtig auswählen

Saatgut gut – alles gut. Eine erfolgreiche Ernte beginnt nämlich mit dem Saatgut. Es ist alljährlich ein kleines Wunder, aus den winzigen Körnern eine ganze Mahlzeit heranwachsen zu sehen.

Die Qual der Wahl – welches Saatgut ist das richtige?

Das Saatgut für die kommende Pflanzsaison auszusuchen, gehört sicherlich zu den aufregendsten Tätigkeiten im Vorfrühling. Die Auswahl an neuen Züchtungen und alten Sorten im Online-Fachhandel, vor Ort, im Baumarkt und in Fachgeschäften ist so groß, dass man sich oft schwer für die passenden Sorten entscheiden kann. Wenn Sie sich jenseits Ihrer Vorlieben und Ihrer Bedingungen im Garten nicht entscheiden können, welche Sorten die richtigen für Ihren Garten sind, fragen Sie doch bei Nachbarn und Gärtnerinnen mit einem ähnlichen Gartenstandort nach Anregungen. Es macht Spaß, sich ein wenig durch das Angebot zu probieren und Neues kennenzulernen. Saatbänder und Saatscheiben, in welche das Saatgut schon im richtigen Pflanzabstand angeordnet ist, erleichtern die Aussaat besonders von feinem Saatgut. Wenn Sie von Ihren Pflanzen später selbst Saatgut gewinnen möchten, sollten Sie darauf achten, Saatgut in zertifizierter Bio-Qualität zu wählen. Es lohnt sich, ein Notizbuch zu führen, in dem Sie notieren, welche Sorten sich im Vorjahr in Ihrem Garten bewährt haben. Saatgut aus dem vorangegangenen Jahr können Sie problemlos in der folgenden Saison wieder verwenden. Schauen Sie auf den Samentüten nach dem empfohlenen Aussaatzeitpunkt und greifen Sie gezielt zu den Sorten, die für den spezifischen Zeitraum und das Klima Ihrer Region geeignet sind.

Schon aus einer Handvoll Samen kann die Ernte für eine ganze Saison heranwachsen.

WAS BEDEUTEN »SAMENFEST« UND »F1«?

- Als samenfest gekennzeichnetes Saatgut ermöglicht Ihnen, aus den Samen, die Sie aus den Pflanzen gewinnen, neue Pflanzen derselben Sorte mit den gleichen Eigenschaften zu ziehen.
- F1-Hybride hingegen sind das Ergebnis einer Kreuzung von speziell ausgewählten Elternpflanzen und zeigen in der ersten Generation verbesserte Eigenschaften im Hinblick auf Krankheitstoleranz oder gute Erträge. Das Saatgut aus solchen F1-Hybriden ist allerdings mitunter steril oder kann unvorhersehbare und schlechtere Variationen in den nachfolgenden Generationen aufweisen.

Es lohnt sich also, zu samenfesten Sorten zu greifen und eigenes Saatgut zu gewinnen. Ein Tausch mit befreundeten Gärtnerinnen und Gärtnern bringt Vielfalt in den Garten und erhält regionale Sorten.

Möchten Sie ökologisch gärtnern?

Zertifiziertes Bio-Saatgut stellt sicher, dass ökologische Standards bei der Saatgutproduktion eingehalten wurden und das Saatgut keine chemische Behandlung wie zum Beispiel das Beizen erhalten hat.

Auf Resistenzen achten

Manches Saatgut wurde durch Züchtung und Selektion so optimiert, dass es gegen sortentypische Erkrankungen und Schädlinge resistent ist. So gibt es zum Beispiel Tomaten, die immun gegen Kraut- und Braunfäule sind, Buschbohnen, denen das Bohnenmosaikvirus nichts ausmacht, oder Spinat, der immun gegen den Falschen Mehltau ist. Solche Sorten ersparen Frust und sorgen für bessere Ernteerfolge.

Anziehen auf der Fensterbank

Von Februar bis Mitte März sind die Tagestemperaturen für die meisten Fruchtgemüse noch zu niedrig, um direkt ins ungeschützte Freiland ausgesät zu werden. Zudem sind bis etwa Mitte Mai Nachtfröste üblich, die Keimlingen und Jungpflanzen zusetzen können.

Jetzt im Vorfrühling steht deshalb die Voranzucht im Haus von Gemüsen mit langer Kulturdauer im Vordergrund. Bereiten Sie Tomaten, Paprika, Chili und Auberginen auf der Fensterbank eine gute Kinderstube. Ab März können zusätzlich Kohlgemüse, Sellerie und Salate im Haus angezogen werden. So sind die Pflanzen später besser gegen Krankheiten und Schädlinge gerüstet und Sie verlängern die Saison um einige Wochen.

Wahl des Behälters

Pflanzbehälter zur Anzucht sollten groß genug sein, um den Wurzeln Platz zum Wachsen zu lassen und um genug Nährstoffe für die Jungpflanze bereitzuhalten. Als Faustregel gilt: Je größer der Samen, desto größer der Anzuchttopf. Geeignet sind Anzuchtbehälter aus Kunststoff, Kautschuk, Ton, gepressten Kokosfasern, Zellulose oder selbst gemachte Behälter aus Zeitungspapier oder ausgedienten Toilettenpapier- oder Küchenrollen. Behälter aus Kunststoff, Ton und Kautschuk können mit Essigwasser desinfiziert und immer wieder verwendet werden, während Töpfe aus Kokosfasern oder Zellulose direkt in die Erde gepflanzt werden, wo sie nach und nach verrotten. Wenn Sie Anzuchtbehälter oder Töpfe aus dem Vorjahr verwenden, achten Sie darauf, dass sie keine Erdreste mehr enthalten, waschen Sie die Behälter mit Seifenlauge und spülen Sie sie mit etwas Essigwasser aus. Damit werden Bakterien und Schimmelsporen entfernt, die sich sonst auf Ihre Pflanzen übertragen könnten. Die Behälter sollten auf der Unterseite mit Drainagelöchern versehen sein, damit später keine Staunässe auftritt. Denken Sie daran, alle Pflanzbehälter sorgfältig zu beschriften, um den Überblick über Ihre Anzuchten nicht zu verlieren.

→ S. 42, Tabelle Der richtige Anzuchtbehälter für jeden Zweck

Wahl des Substrats

Herkömmliche Blumenerde aus dem Baumarkt enthält meist zu viele Nährstoffe. Gartenerde hingegen ist zu schwer und dicht, um den feinen Anfangswurzeln der Jungpflanzen ein gutes Wachstum zu ermöglichen. Im Handel ist nährstoffarme, fein krümelige und von Unkrautsamen freie Anzuchterde erhältlich. Sie können solche Erde aber auch aus einem Teil Sand, einem Teil Humus und einem Teil gesiebter Gartenerde selbst mischen. Spielsand (Baumarkt) ist geeignet.

Wenn die Tomatenpflänzchen so groß geworden sind, sollten sie in größere Behälter umsiedeln.

TIPP!

Maulwurfserde

Ein Geheimtipp für die Pflanzenanzucht ist die Erde von Maulwurfshügeln. Diese Erde stammt aus tieferen Bodenschichten und ist von daher weitgehend frei von Unkrautsamen. Außerdem hat der Maulwurf die Erde bei seinen Grabarbeiten optimal für die Anzucht gelockert. Halten Sie Ausschau nach dem »schwarzen Gold« auf Ihrem Rasen oder auf Wiesen und heben Sie sie mit einer Schaufel vorsichtig ab. Achtung: Maulwürfe stehen unter Naturschutz und dürfen nicht getötet werden.

DER RICHTIGE ANZUCHTBEHÄLTER FÜR JEDEN ZWECK

Anzuchtbehälter	Maße (Durchmesser × Höhe/ Länge × Breite)	Beschreibung	Anzuchtbeispiele für Pflanzen
Anzuchttöpfe	5 × 5 bis 10 × 10 cm	kleine Einzeltöpfe aus Kunststoff oder biologisch abbaubarem Material für Sämlinge	Tomaten, Paprika, Basilikum, Zucchini
Anzuchtschalen	30 × 20 bis 50 × 30 cm	flache rechteckige Behälter mit zahlreichen kleinen Aussparungen für die Aussaat der Samen	Blumen, Kohl, Brokkoli, Salat
Anzuchtwannen	40 × 25 bis 60 × 40 cm	breite, flache Behälter, die Platz für mehrere Sämlinge bieten, oft mit einem Deckel für optimales Keimklima	Kräuter, Radieschen, Spinat, Lauch
Presstöpfe aus Kokosfasern	verschiedene Größen erhältlich	biologisch abbaubare Töpfe aus Kokosfasern, die direkt in die Erde gepflanzt werden können	Blumen, Erdbeeren, Chili, Auberginen
Mini-Gewächshaus	20 × 20 bis 50 × 30 cm	kleines Gewächshaus mit transparenter Abdeckung, das die Feuchtigkeit und Temperatur reguliert; ideal für die Anzucht	Gurken, Melonen, Kürbis, Blumen
Eierschale	einzeln etwa 5 cm hoch	leere Eierschale kann als natürlicher Anzuchttopf dienen; sie kann in die Erde gesetzt werden	Kresse, Petersilie, Schnittlauch
Wiederverwendbare Behälter	unterschiedliche Größen	Dazu gehören Kunststoffschalen, Joghurtbecher und andere recycelte Container, die mehrfach verwendet werden können	Bohnen, Erbsen, Rucola, Rüben
Biodegradable Töpfe	verschiedene Größen verfügbar	biologisch abbaubare Töpfe aus Materialien wie Maisstärke oder Holz, die in die Erde gepflanzt werden können	Möhren, Sellerie, Blumenkohl
Kokosquelltöpfe	verschiedene Größen verfügbar	Töpfe aus gepressten Kokosfasern, die Samen keimen lassen und später in die Erde gepflanzt werden können	Bohnen, Mais, Zucchinipflanzen

Richtig aussäen

Eine richtige Aussaat ist der erste Schritt zum Ernteerfolg. Da es draußen noch zu kalt ist, nutzen Sie die Fensterbank.

Füllen Sie dazu zunächst die Aussaaterde in die sauberen Anzuchtbehälter und drücken Sie sie sanft mit der Hand an, um eine ebene Oberfläche zu erhalten. Geben Sie dann die Saatkörner in die Erde. Sie können ohne Bedenken mehrere Samen in denselben Anzuchtbehälter geben und eine Auslese der Sprösslinge vornehmen, sobald sie gekeimt sind. Der Abstand zwischen den Samen im Topf sollte ungefähr bei der drei- bis sechsfachen Korngröße liegen. Auf der Samentüte finden Sie Informationen darüber, ob die Saat mit Erde bedeckt werden muss oder nicht.

- Sogenannte **Lichtkeimer** liegen offen auf der Erde.

- **Dunkelkeimer** werden mit einer etwa doppelt samendicken Schicht aus Erde bedeckt.

Befeuchten Sie die Saat regelmäßig mit einer Sprühflasche oder Ballbrause. Perforierte Plastikfolie, die über die Töpfe gespannt wird, sorgt für ein günstiges, feucht-warmes Mikroklima. Um Schimmel zu vermeiden, lüften Sie die Folie täglich für einige Stunden. Alternativ können Sie dafür im Handel erhältliche, wieder verwertbare Hauben verwenden.

→ S. 44, Aussäen im Freiland

Wahl des Standorts

Um auszutreiben, brauchen die Samen viel Licht und Wärme. Ausnahme Dunkelkeimer: Sie benötigen keine direkte Sonneneinstrahlung. Die meisten Samen keimen bei ca. 20 °C. Die Anzuchtbehälter sollten deshalb an einem sonnigen, warmen Ort aufgestellt werden. Fensterbänke in einem ost- oder westseitigen Raum sind am besten geeignet. Direkte Sonneneinstrahlung sollten Sie etwa ab April vermeiden, weil die Intensität des Sonnenlichts die zarten Keimlinge verbrennen kann. Sie können spezielle Pflanzlampen verwenden, wenn Ihnen im Haus nicht genug helle Plätze zur Verfügung stehen. Geeignet sind alle Leuchten mit dem Aufdruck 1A, 1B oder der Temperaturangabe 5.000 Kelvin.

Richtig pikieren

Manche Samen sind so fein, dass es nicht möglich ist, sie einzeln oder im richtigen Abstand auszusäen. In diesem Fall müssen die Jungpflanzen später vereinzelt und umgepflanzt werden. Oder Sie mischen die Samen mit Sand und säen dann aus.

Beim Pikieren ist es wichtig, die empfindlichen feinen Wurzeln nicht zu verletzen. Spezielle im Handel erhältliche Pikierstäbe können dabei nützlich sein, es tut aber auch der abgerundete Stiel eines Löffels, das Ende eines Bleistiftes oder Ähnliches. Wählen Sie von mehreren, im gleichen Anzuchtbehälter wachsenden Keimlingen die stärksten aus, wenn sich die ersten beiden Blätter, die sogenannten Keimblätter, gezeigt haben. Lockern Sie zum Pikieren die Erde neben der Pflanze vorsichtig mit dem Pikierstab und ziehen Sie den Stängel sanft in Bodennähe aus der Erde. Lange Wurzeln können Sie mit einer Schere auf 1,5 cm einkürzen. Dadurch wird die Pflanze zur Bildung von mehr Seitentrieben angeregt, wodurch die Pflanze später stabiler in der Erde steht. Setzen Sie den Keimling dann in einen vorbereiteten größeren Pflanzbehälter und achten Sie darauf, dass die Wurzeln senkrecht und nicht abgeknickt in der Erde stehen.

→ S. 56, Spezifische Lichtbedingungen
→ S. 64, Die Beete bepflanzen

Ein Pikierstab hilft, die Jungpflanzen zu entnehmen, ohne die feinen Wurzeln zu verletzen.

Aussäen im Freiland

Voraussetzung für eine gelungene Aussaat ins Beet ist ein lockerer, feinkrümeliger und gleichmäßiger Boden. Eine solche Bodenstruktur erlaubt die Aufnahme von Wasser und erleichtert den Wurzeln das Wachstum.

Vor dem Säen lockern Sie den Boden mit einer Hacke oder Grabegabel, zerteilen größere Erdbrocken und arbeiten Kompost oder einen anderen organischen Dünger ein. Glätten Sie dann die Erde mit einem Rechen.

Aussaat in Reihen

Gerade Reihen im Gemüsegarten sind nicht nur optisch schöner, sie erleichtern auch die Pflege und optimieren die Raumnutzung. Sie ermöglichen effizienteres Gärtnern, bessere Sonnennutzung und die Luftzirkulation zwischen den Pflanzen.
Ziehen Sie zunächst eine Rille. Sie können dazu entweder Ihre Hand oder den Stiel eines Gartenwerkzeugs, die Seite einer Handschaufel oder Ähnliches verwenden. Die Tiefe der Rille sollte den Angaben auf der Saatgutverpackung entsprechen. Verteilen Sie nun das Saatgut fortlaufend in gleichmäßigen Abständen wie auf der Verpackung angegeben und einzeln in der Rille.
Feines Saatgut wie das von Möhren lässt sich nicht Stück für Stück säen. Stattdessen können Sie es mit etwas Sand vermischen und die Mischung in einer dünnen Bahn in die Rille geben. Später vereinzeln Sie zu dichte Keimlinge dann auf sinnvolle Abstände.
Schieben Sie nun vorsichtig Erde über das Saatgut, um es vor Wind und Wetter und vor Vögeln zu schützen, und bewässern Sie dann die Saatreihen. Während der Keimungsphase sollte der Boden regelmäßig feucht gehalten werden. Achten Sie gleichzeitig darauf, dass Sie nicht zu viel Wasser verwenden, damit das Saatgut nicht weggespült werden kann. Spezielle Aufsätze für die Gießkanne ermöglichen sparsames und gezieltes Gießen.

Wässern Sie das Saatloch vor dem Säen gut. So bleibt die Saat feucht und kann gut aufgehen.

Vögel können mit ihren scharfen Augen das Saatgut auch unter einer dünnen Erdschicht ausmachen. Wenn Sie Krähen oder Elstern in Ihrem Garten haben, sollten Sie Ihre Aussaaten zusätzlich mit einem Kulturschutznetz schützen.

Horstsaat

Große Samen wie die von Bohnen oder Erbsen können Sie in Horsten ausbringen. Legen Sie dazu die Saat zu Gruppen à drei Stück in die Erde und bedecken Sie sie wie oben beschrieben. Sobald die Jungpflanzen zwei oder drei echte Blätter entwickelt haben, können Sie sie auf den richtigen Pflanzabstand vereinzeln. Diese Methode eignet sich auch für die Anzucht in Schalen und Ähnlichem im Haus.

TIPP!

Jungpflanzen ins Freiland setzen

Um Zeit zu sparen und etwas früher ernten zu können, lassen sich vorgezogene Jungpflanzen schon im Vorfrühling ins Beet setzen. Jungpflanzen haben im Vergleich zur Aussaat einen Wachstumsvorsprung und Misserfolge bei der Keimung werden umgangen. Kohlrabi, Spinat, Mangold, Salate und Rettich sind im Vorfrühling im Handel häufig als Jungpflanzen erhältlich. Sie sind kältefest und wachsen auch bei kühlem Wetter. Wichtig ist es, die Pflanzungen mit einem Wärmevlies vor rauen Temperaturen zu schützen.

Kälteresistentes Gemüse säen im Freien

Kälteresistente Sorten dürfen Sie schon jetzt im Vorfrühling in den Boden bringen. Voraussetzung ist ein gut vorbereiteter Boden. Bei sehr kalten Temperaturen schützen Sie die Saaten mit einem Wärmevlies.

- **Erbsen:** Reihenabstand 40 cm, vereinzeln auf 1 cm; anhäufeln, wenn die Pflanzen 10 cm hoch geworden sind. Stellen Sie den Pflanzen ein Rankgitter zur Verfügung.

→ S. 66, Rankgitter und Rankhilfen

- **Frühkartoffeln:** Sie haben eine kürzere Wachstumsdauer als späte Sorten. Frühkartoffeln benötigen einen lockeren, humosen Boden. Die Pflanztiefe beträgt in der Regel 10 cm und der Reihenabstand 60 cm.
- **Möhren:** Säen Sie Möhren in Reihen mit 30 cm Abstand. Vereinzeln Sie die Jungpflanzen später auf 2 cm. Eine zweiwöchentlich versetzte Aussaat ermöglicht fortlaufende Ernte. Möhrensamen sind sehr fein. Das Vermischen der Samen mit Sand oder Aussaatbänder vereinfachen die Aussaat.
- **Feldsalat:** Reihenabstand 25 cm, vereinzeln auf 25–30 cm. Feldsalat ist kälteresistent und kann auch im Herbst und Winter angebaut werden.
- **Kohlrabi:** Säen Sie die Samen in Reihen mit etwa 30 cm Abstand. Die genaue Pflanzdichte hängt von der gewünschten Größe der Knollen ab. Lichten Sie die Keimlinge entsprechend aus.
- **Mangold:** Dieses Blattgemüse ist mehrjährig und kann sowohl im Ganzen als auch blattweise von außen nach innen über einen langen Zeitraum geerntet werden. Der Reihenabstand und auch der Pflanzabstand sollten bei 30 cm gehalten werden.
- **Spinat:** Er sollte in Reihen von 30–40 cm Abstand mit einem Pflanzabstand von 20 cm angebaut werden; Saattiefe 1–2 cm. Spinat kann wie Mangold blattweise sowie im Ganzen geerntet werden.
- **Radieschen:** Sie können mit einem Reihenabstand von 10–15 cm angebaut werden. Halten Sie einen Abstand von etwa 2–5 cm pro Saatkorn ein. Die genaue Pflanztiefe kann je nach Sorte variieren, in der Regel liegt sie bei 1 cm. Für Radieschen sind Saatbänder besonders praktisch.
- **Rettich:** Rettich sollte in Reihen mit einem Abstand von etwa 15–20 cm gesät werden. Zwischen den Samen sollten Sie 5–10 cm Platz lassen.
- **Zwiebeln:** Zwiebeln können in Reihen mit einem Abstand von 15–20 cm angebaut werden. Beim Pflanzen sollte zwischen den Zwiebelpflanzen etwa 10 cm Abstand eingehalten werden. Zwiebeln können Sie im Vorfrühling aus Samen ziehen oder als kleine Steckzwiebeln kaufen, die mit der Spitze nach oben in den Boden gelegt werden. Bedecken Sie die Spitze nicht mit Erde.

Saatbänder bringen das Saatgut auf den richtigen Abstand. Sie sind für viele Sorten erhältlich.

So liegen sie richtig: Ziehen Sie eine Rille und legen Sie das Saatgut Stück für Stück ein.

Beerensträucher pflanzen

Eine schöne Ergänzung zu Kräutern und Gemüsen im Garten sind Beerensträucher. Einmal gepflanzt, sind sie pflegeleicht und machen viele Jahre Freude.

Die meisten Beerensträucher stammen ursprünglich aus dem Unterholz von lichten Laubwäldern, weshalb sie auch bei uns im Garten mit einem frischen Boden im Halbschatten am besten zurechtkommen. Eine Schicht Rasenschnitt als Mulch, um die Feuchtigkeit im Boden zu halten und Unkraut zu unterdrücken, tut allen Beerenarten gut.
Sie können Beerensträucher einzeln pflanzen, in Form einer »essbaren Hecke« reizvoll Gartenbereiche voneinander abtrennen oder mit Beerensträuchern einen Sichtschutz in der Nähe eines Sitzbereichs anlegen. Dann müssen Sie nur die Hand ausstrecken, um einen beerigen Nachtisch zu ernten.
Beerensträucher treiben früh im Jahr aus, deshalb ist der Vorfrühling günstig für eine Neupflanzung.
Beerensträucher werden gern von Mehltau befallen, außerdem saugen Wanzen und Käfer gern an den Früchten und Blättern. Im Handel finden Sie gegen solche Krankheiten und Schädlinge weitgehend resistente Sorten. Mit einer arttypischen Pflanzung können Sie Ernteausfällen ebenfalls vorbeugen.

Johannisbeeren

Johannisbeeren zu setzen ist reizvoll, besonders wenn Sie sich für alle erhältlichen Farben entscheiden. Es gibt rote, weiße und schwarze Beeren, die alle ähnlich schmecken und zusammen eine dekorative Wirkung haben. Johannisbeersträucher wachsen ausladend und buschig und tragen zuverlässig über zehn bis fünfzehn Jahre, wenn sie regelmäßig im Sommer nach der Ernte oder im Spätwinter ausgelichtet werden. Achten Sie wegen der Breite der Sträucher auf einen Pflanzabstand von 1,5–2 m.
Johannisbeeren sollten tief gesetzt werden. Orientieren Sie sich an dem Pflanzhorizont, den die Pflanze in der Baumschule hatte, und setzen Sie sie 10 cm tiefer in den Boden, um das Wachstum des Strauchs anzuregen. Geben Sie eine Schaufel Kompost, mit Gartenerde gemischt, in das Pflanzloch.

Jostabeere

Jostabeeren sind eine stachellose Kreuzung aus Stachelbeeren und Johannisbeeren. Sie sind schwarz, größer als Johannisbeeren und kleiner als Stachelbeeren und schmecken süß-sauer und aromatisch. Die Pflanze kombiniert die guten Eigenschaften beider Kreuzungseltern und ist deshalb überaus robust gegen beerentypische Krankheiten und Schädlinge. Jostabeeren stellen ähnliche Ansprüche an Licht und Boden wie Stachelbeeren und Johannisbeeren. Tiefgründiger, humoser Boden und ein Platz im Halbschatten sind genau richtig für die Jostabeere.

Stachelbeeren

Für viele Gärtner ist dieser Beerenklassiker aus Omas Garten mit Nostalgie verknüpft. Die Früchte der Stachelbeeren sind berüchtigt für ihren sauren Geschmack und ihr besonderes Aroma.
Ob frisch gesüßt als Dessert, auf dem Tortenboden oder mit Sahne als Kompott – Stachelbeeren anzupflanzen lohnt sich immer. Es gibt sie mit roten oder weißen Früchten und mittlerweile auch stachellos. Auch Stachelbeeren entwickeln sich zu buschigen Sträuchern.
Sie begnügen sich mit jedem Gartenboden, der vor der Pflanzung gut gelockert werden sollte. Halten Sie einen Pflanzabstand von 1–1,5 m ein.

Himbeeren

Sonniger mögen es Himbeeren, allerdings wachsen sie auch im Halbschatten gut. Sie gedeihen auf jedem Boden, nur Staunässe vertragen sie nicht. Es gibt weltweit mehrere Hundert Himbeersorten in vielen Farben, Größen und Formen. Ob Sie sich für weiße, pinke, gelbe oder gar schwarze Sorten entscheiden, bleibt Ihren persönlichen Vorlieben überlassen.
Man unterscheidet je nach Erntezeitpunkt übergeordnet zwei Sorten von Himbeeren: Sommer- und Herbsthimbeeren. Diese unterscheiden sich nicht

in Standort oder Pflegeansprüchen, sondern nach der Erntezeit. Wenn Sie beide Sorten pflanzen, können Sie von Mitte Juni bis in den Spätherbst hinein Himbeeren ernten. Himbeeren wachsen an weitgehend unverzweigten Ruten, die Sie mit einem Rankgitter oder mit Stäben abstützen sollten.

Brombeeren

Wenn sich wilde Brombeeren im Garten ansiedeln, können sie schnell zur wuchernden Plage werden. Sie wachsen rasch und ihre Früchte enthalten große Kerne und sind zudem sauer. Die Beeren von Zuchtsorten schmecken weitaus süßer, sind großbeerig und saftig und die Pflanzen sind auch stachellos erhältlich. Brombeeren mögen einen Platz an der Sonne und stehen gut neben Himbeeren. Die Pflanzen ranken bis zu 1,80 m, weshalb Sie sie mit einem Spalier stützen sollten.

Heidelbeeren

Heidelbeeren sind auf sauren Boden angewiesen, den sie in ihrem natürlichen Habitat – Wälder, Heidelandschaften, Moorgebiete und offene Waldlichtungen in Nadelmischwäldern – vorfinden. Saure Böden haben einen niedrigen pH-Wert, den normale Gartenerde naturgemäß nicht bietet. Heidelbeeren anzubauen ist ein besonderes Erlebnis.

Pflanzen Sie den Wurzelballen in eine weite Grube von 40 cm Tiefe und 1 m Durchmesser, die Sie mit Teichfolie auslegen. Für eine gute Drainage sollten Sie die Folie mehrmals durchstechen und mit Kies ausstreuen. Torfhaltige Erde ist berechtigterweise umstritten. Wenn Sie darauf also verzichten möchten, mischen Sie unter normale Gartenerde Kiefernnadelmulch und Sand und etwas Kompost und geben Sie die Mischung in das Pflanzloch. Im Handel können Sie speziellen Moorbeetdünger kaufen, mit dem Sie die Pflanze regelmäßig düngen.

Das Pflanzloch sollte doppelt so breit wie der Wurzelballen und nicht tiefer sein.

Jetzt sollten Sie die Pflanzung gut festtreten. Formen Sie einen Gießwall.

Großzügiges Wässern begünstigt das gute Anwachsen des jungen Strauches.

Pflanzen setzen

Auf los wird's grün! Wenn Sie jetzt ungeduldig mit Gummistiefeln in den Startlöchern stehen, gibt es gute Neuigkeiten. Die ersten Jungpflanzen stehen bereit.

Sie müssen nicht länger abwarten, bis Sie erstes Grün in den Beeten sehen. Wenn Sie keine eigenen Anzuchten aus dem Haus zur Verfügung haben, sind Brokkoli, Kohlrabi und Salat im Vorfrühling im Handel als Jungpflanzen erhältlich und dürfen direkt ins Beet gesetzt werden. Die Pflanzen sind bedingt frostfest. Lockern Sie den Boden vor dem Pflanzen gut und gießen Sie die Pflanzen im Wurzelbereich mit Wasser an. Decken Sie sie in kalten Nächten mit einem Frostschutzvlies ab. Brokkolipflanzen sollten etwa 50–60 cm voneinander entfernt gesetzt werden, Kohlrabi braucht zwischen den Pflanzen 25–30 cm Platz. Steckzwiebeln sowie Knoblauch werden in Reihen von 15–20 cm Abstand gesetzt.

Übrigens: Brokkoli gilt als das gesündeste Gemüse. Sein hoher Anteil an Vitamin C, Vitamin K und Folsäure macht ihn zu einem wahren Vitamin-Booster. Zusätzlich enthält die Pflanze den sekundären Pflanzenstoff Sulforaphan, der zellschützend wirkt und antioxidative Abwehrmechanismen des Körpers in Gang setzt.

Und schon kann's losgehen. Junger Kohlrabi lässt sich bereits früh im Jahr ins Beet setzen.

Wintergemüse ernten

Der Vorfrühling ist kein klassischer Erntemonat. Bei geschickter Aussaat im Herbst lassen sich aber jetzt immer noch knackige und aromatische Wintergemüse ernten. Viele schmecken nach dem Frost sogar noch besser.

Zu den winterharten Gemüsen zählen Kohlsorten wie Grünkohl oder Rosenkohl, aber auch Feldsalat, Rhabarber und Spinat. Winterharte Kräuter sind Petersilie oder Schnittlauch.

Sie alle dürfen über die kalten Monate hinweg im Beet stehen bleiben, sodass Sie schon früh im Jahr gesundes Grün aus dem Beet ernten können. Kohlsorten sind reich an den Vitaminen A, C, E und K sowie an Eisen und halten damit während der noch kalten, dunklen Tage Ihr Immunsystem fit.

Übrigens: Der Mythos vom besonders eisenhaltigen Spinat ist zwar schon vom Tisch, dennoch ist das Blattgemüse überaus gesund. Sie können Spinat roh oder gekocht essen. Roher Spinat beinhaltet mehr Vitamin C und einige B-Vitamine, während im gekochten Spinat weniger Oxalsäure vorkommt, die die Aufnahme von Mineralstoffen im Körper beeinträchtigen kann.

Alle Kohlsorten halten im Winter gesund.

Kartoffelschädlinge bekämpfen

Kartoffeln sind nahrhaft und gesund. Das haben auch zahlreiche Vertreter der Tierwelt erkannt und machen uns um die leckeren Knollen Konkurrenz. Pestizide auszubringen muss nicht sein.

Machen Sie sich mit den Schädlingen vertraut, noch bevor Sie die Kartoffeln ins Freiland setzen.

Kartoffelkäfer

Ein hübsch gestreifter Käfer, dessen Nachwuchs großen Appetit auf die Blätter der Pflanze hat. Kartoffelkäfer können großen Schaden anrichten. Während der Kartoffelkäferplagen im 19. Jahrhundert wurden die Käfer zur Bekämpfung abgesammelt. Diese Methode ist auch heute im heimischen Garten am effektivsten. Zusätzlich ist es hilfreich, Nützlinge wie Laufkäfer, Zauneidechsen und Erdkröten anzusiedeln. Pflanzen Sie Kartoffeln nicht länger als drei Jahre im selben Beet an, um den Lebenszyklus des Käfers zu unterbrechen. Auch Spritzmittel auf der Basis von Neemöl können helfen.

Drahtwürmer

Das sind die Larven verschiedener Käferarten, die sich von den Wurzeln und Knollen der Kartoffeln ernähren. Regelmäßiges Hacken schafft eine feindliche Umgebung für die Gelege. Natürliche Feinde von Drahtwürmern sind Nematoden, Laufkäfer und Vögel. Eine naturnahe Gartenumgebung hilft, solche Tiere anzusiedeln. Sie können Drahtwürmern auch Fallen stellen, indem Sie Kartoffelstücke im Beet auslegen und die befallenen Stücke regelmäßig einsammeln. Frühe Kartoffelsorten bleiben häufiger von Drahtwürmern verschont.

Wühlmäuse

Sie graben weit verzweigte Tunnelsysteme und bedienen sich unterirdisch an den nahrhaften Wurzeln und Knollen. Wer keine mutige und jagdfreudige Katze hat, kann Lebendfallen aufstellen oder versuchen, die Nager mit einem Ultraschallgerät zu vergrämen.

Resistente Kartoffelsorten pflanzen

Einige Kartoffelsorten zeigen eine natürliche Resistenz gegenüber bestimmten Schädlingen und Krankheiten. Beispiele für Kartoffelsorten mit einer erhöhten Resistenz gegenüber dem Kartoffelkäfer sind 'Elba' und 'La Ratte'. 'Sarpo Mira' ist eine Sorte, die für ihre Widerstandsfähigkeit gegenüber verschiedenen Krankheiten wie der Kraut- und Knollenfäule bekannt ist.

Mischkulturen mit Kartoffeln

Ringelblumen, Bohnen oder Kapuzinerkresse können als Beipflanzung zu Kartoffeln dazu beitragen, Kartoffeln gesund zu halten.

Schön, aber lästig: Kartoffelkäfer auf Streife.

Kleine Löcher zeugen von Drahtwürmern.

Großer Appetit: Wühlmäuse mögen Kartoffeln.

Das Hochbeet vorbereiten

Bevor es losgehen kann, sollten Sie die Erde eines bestehenden Hochbeets nach dem Winter auflockern.

Diese Maßnahme ist wichtig, denn in der lockeren Erde können sich die Wurzeln der Bepflanzung später besser ausbreiten. Bei dieser Gelegenheit bietet es sich an, das bereits sprießende Unkraut samt Wurzeln zu entfernen.

Den Boden lockern

Lockern Sie die Erde aus dem Vorjahr mit einer kurzstieligen Grabegabel. Füllen Sie bei Bedarf Pflanzerde nach und harken Sie die Oberfläche, sodass sie feinkrümelig und eben ist.

Das Hochbeet auffüllen

Wenn das Beet über die vergangene Saison abgesackt ist, können Sie es entweder im Herbst oder jetzt auch noch im Vorfrühling mit Komposterde auffüllen. Tragen Sie dazu die oberste Schicht der Hochbeetbefüllung ca. 5 cm ab, lockern Sie den Boden darunter mit einer Grabegabel und füllen Sie feuchten, aber nicht nassen Kompost in die Zwischenschicht ein. Auch Rasenschnitt darf in diese Schicht eingebracht werden. Verteilen Sie danach die zuvor abgetragene Erde wieder gleichmäßig über die Fläche des Hochbeets.

Kräuter im Hochbeet säen

Kräuter im Hochbeet zu säen, ist überaus reizvoll. Sie bringen Abwechslung und Aroma in Speisen und Getränke und lassen sich frisch verwenden, trocknen und aufbewahren.

Viele Kräuter verzeihen die eine oder andere Gießlücke, weil sie nicht viel Wasser brauchen. Ein besonderes Plus der Kräuter ist, dass sie, zwischen die Gemüsereihen gesät, das Wachstum mancher Sorten begünstigen und sie vor Schädlingen schützen können. Die wärmeren Temperaturen ermöglichen die direkte Aussaat dieser Kräuter ohne Voranzucht. Bei knackigen Nachtfrösten schützen Sie das Beet mit einem Wärmevlies.

- **Dill:** Der Klassiker im Gurkensalat ist guter Nachbar für Kohlgewächse. Dill passt auch gut neben Möhren und Gurken.
- **Basilikum:** Die zarten Blätter ergänzen perfekt Tomaten, Paprika und Bohnen. Weniger günstig ist Basilikum neben Sellerie oder anderen Kräutern.
- **Kresse:** Fast jede Gärtnerkarriere hat mit einer Schachtel Kresse angefangen. Das frisch-scharfe Kraut peppt belegte Brote und Salate auf und begünstigt das Gedeihen von Radieschen, Salaten, Spinat und Kohl.
- **Schnittknoblauch** ist eine milde Knoblauchalternative, von der die grünen Halme geerntet werden. Bei guter Pflege wächst der Schnittknoblauch immer weiter nach und Sie können mehrere Jahre davon ernten. Er harmoniert im Beet gut mit Tomaten, Erdbeeren, Möhren und Radieschen.
- **Kapuzinerkresse** ist eine ausgezeichnete Begleitpflanze für Tomaten, Kohl, Gurken, Zucchini und Radieschen. Obendrein zieht sie schwarze Blattläuse an, die dadurch von Ihren Bohnenpflanzen abgelenkt werden. Die Blüten, Blätter und Samen der Kapuzinerkresse sind essbar.
- **Pimpinelle:** Die Blätter und Stängel der Pflanze werden als Gewürz oder Salatbeigabe verwendet. In der Frankfurter Grünen Soße ist sie unverzichtbarer Bestandteil. Pimpinelle schmeckt frisch säuerlich und gedeiht gut neben Roter Bete, Salat und Zwiebeln. Auch bei Rhabarber ist sie gut aufgehoben.

→ S. 209, Tabelle Saatkalender Kräuter

Hochbeete ergeben hervorragende Kräuterbeete und eignen sich auch für wärmeliebende Arten.

Aussaat im Hochbeet

Geschickt ist es, im Vorfrühling schnell wachsende Gemüsesorten auszusäen, die auch Kälte gut vertragen. Wenn Sie diese Sorten später abgeerntet haben, ist im Hochbeet wieder der Platz für weitere Kulturen.

Im Vorfrühling ernten Sie aus dem Hochbeet die letzten Wintergemüse, dann können Sie mit der Neupflanzung von Grund auf beginnen. Es ist nützlich, schon jetzt einen Pflanzplan für das ganze Jahr anzulegen, auf dem Sie verzeichnen, welche Sorten die abgeernteten Reihen rund ums Jahr fortlaufend ersetzen können. Beetplanungs-Apps und im Handel erhältliche Pläne unterstützen Sie bei der Organisation Ihres Hochbeets.

→ S. 27, Info Vorbereitung des Hochbeets für die Pflanzpläne

→ S. 54/55, 86/87, 122/123, 156/157, Pflanzpläne für ein Hochbeet

- **Frühjahrssalate** wie Rucola, Feldsalat, Mangold, Spinat, Eichblattsalat oder 'Lollo Rossa' wachsen schnell und liefern vitaminreiches Grün im Vorfrühling. Es dauert sechs bis zehn Wochen, bis Sie diese Sorten blattweise von außen her ernten können. Sie können die Pflanzen aber auch groß werden lassen und später im Ganzen entnehmen.
- **Radieschen** sind gut geeignet für den Anbau im Hochbeet im Vorfrühling. Saatbänder sind hier besonders praktisch, damit Sie die relativ kleine Fläche eines Hochbeets gut planen können. Radieschen benötigen nicht viel Platz und können gut zwischen die Frühjahrssalate gesät werden. Sie sind nach etwa 20 bis 30 Tagen erntereif.
- **Frühjahrskohlrabi** sind besonders zart und können im Hochbeet nach acht bis zehn Wochen geerntet werden.
- **Möhren** können wunderbar im Hochbeet wachsen. Es gibt im Handel auch Zwergsorten oder schneller reifende Sorten, die weniger Platz benötigen. Diese können im Vorfrühling das erste Mal und dann zeitversetzt immer wieder gesät werden, damit Sie das ganze Jahr Möhren ernten können. Es dauert etwa 20 Wochen, bis die Möhren erntereif sind.
- **Frühlingszwiebeln** sind eine gute Vorkultur im Hochbeet, die Sie im Vorfrühling aussäen können. Sie können schon acht bis zwölf Wochen nach der Aussaat geerntet werden.
- **Erdbeerjungpflanzen** sind eine schöne Ergänzung im Hochbeet und können jetzt gesetzt werden. Weil Erdbeeren dauerhaft bis zu drei Jahre im Beet verbleiben können, ist es am besten, eine spezielle Erdbeerzone einzuräumen. Diese Zone sollte sich idealerweise an der sonnigsten Stelle des Beets befinden, da Erdbeeren viel Sonne brauchen.
Erdbeeren bilden Ausläufer und breiten sich deshalb gern im Hochbeet aus. Entfernen Sie regelmäßig unerwünschte Ausläufer, um das zu vermeiden.

Sorgfalt schon bei der Aussaat spart später Arbeit und Ernteausfälle.

FRÜHE AUSSAAT UND WÄRMEVORTEILE FÜR IHRE PFLANZEN

Hochbeete sind aufgrund der isolierenden Seitenwände und ihrer speziellen, humusreichen Befüllung wärmer als Beete im Freiland. Das schützt die Bepflanzung vor Nachtfrösten im Frühjahr und bietet die Möglichkeit, schon im Vorfrühling mit der Aussaat draußen zu beginnen. Sogar mediterrane Fruchtgemüse wie Paprika, Chili, Auberginen und Tomaten können direkt ins Hochbeet gesät werden, wenn Sie die Saaten mit einem Frühbeetaufsatz abdecken (→ S. 25).

Bewässerung planen im Hochbeet

In einem Hochbeet kommt der Bewässerung eine besondere Rolle zu. Planen Sie schon jetzt im Vorfrühling dafür.

Der Aufbau des Hochbeets hat zur Folge, dass der Boden mehr Luftkontakt bekommt, Wasser schneller abfließt und sich das Beet schneller erwärmt. Außerdem können die Pflanzen nur begrenzt aus tieferen Bodenschichten schöpfen. Daher ist eine Bewässerung wichtig. Gießen Sie sparsam, denn im Hochbeet kann es leichter zu Staunässe kommen. Wie im Freiland sollten Sie die Pflanzen morgens oder abends gießen, wenn die Sonneneinstrahlung nicht so hoch ist.
Feuchtigkeitsprüfung: Um Staunässe einerseits und Austrocknung andererseits zu vermeiden, prüfen Sie mit dem Finger oder einem trockenen Holzstab, ob die Erde tiefgründig feucht genug ist. Wenn der Stab in 5 cm Tiefe trocken bleibt, ist es Zeit zum Gießen.
Praktisch ist es, wenn das Beet in direkter Nähe zu einer Wasserquelle liegt.

Womit im Hochbeet gießen?

Sie können mit der Gießkanne, mit einem Schlauch oder mit einer automatischen Bewässerungsanlage gießen.

- **Gießkanne:** Sie ist aus Kunststoff oder Metall erhältlich, meist in der Größe von 5 l oder 10 l. Eine Gießkanne ermöglicht eine gezielte Bewässerung der Pflanzenwurzeln.
Es ist nützlich, gleich mehrere Gießkannen bereitzuhalten und diese nach dem Gießen wieder befüllt im Schatten aufzubewahren. So wird eiskaltes Wasser aus der Leitung erwärmt und damit verträglicher für die Pflanzen. Brauseaufsätze eignen sich für Saaten, zielgerichteter und pflanzenschonender gießt man aber ohne Brause. Im Handel bekommen Sie Sparaufsätze, die das Wasser zu einem weicheren Strahl zerstäuben und gleichzeitig Spritzwasser verhindern.
- **Gartenschlauch:** Das Gießen mit dem Wasserschlauch hat den Vorteil, dass Sie keine Kannen schleppen müssen. Auch für Gartenschläuche gibt es Brauseaufsätze. Mit einem Schlauch mit einem solchen Aufsatz können Sie eine größere Fläche abdecken.
Achten Sie darauf, bei dem gleichen System zu bleiben bezüglich des Zubehörs, damit alle Teile kompatibel sind.
- **Automatische Bewässerungsanlagen und Drip-Systeme:** Um Zeit zu sparen und die Arbeit zu erleichtern, können Sie eine automatische Bewässerungsanlage, wie Tropfbewässerung oder Schlauchsysteme, installieren. Tropfsysteme kann man individuell anbringen oder ein fertiges System für Hochbeete erwerben. Solche Anlagen werden mit Zeitschaltuhren oder Feuchtigkeitssensoren gesteuert

Drip-Systeme werden zwischen die Reihen gelegt und geben Wasser tröpfchenweise ab.

und bestehen aus mehreren Komponenten. Die Steuerungseinheit, das Hauptgerät, ermöglicht es Ihnen, Zeitpläne und Bewässerungseinstellungen vorzunehmen. Das Wasser wird dann über Bewässerungsdüsen, Schläuche oder Sprühköpfe im Beet verteilt. Einige Modelle sind mit Feuchtigkeitssensoren ausgestattet und gießen immer dann, wenn es nötig ist. Das ist auch praktisch, wenn Sie im Urlaub sind und niemand gießen kann. Möchten Sie ein automatisches Bewässerungssystem betreiben, prüfen Sie zuerst, ob eine Wasserquelle wie ein Wasserhahn oder eine Regentonne sowie ein Stromanschluss in der Nähe des Hochbeets sind. Wenn Sie im Urlaub sind, sind Modelle praktisch, die Sie über Ihr Smartphone oder einen PC steuern können.

→ S. 138, DIY-Projekt Eine Olla bauen

GEEIGNETE BEERENSTRÄUCHERSORTEN FÜR DAS HOCHBEET

Beerenart	geeignete Sorten fürs Hochbeet	Anforderung an den Boden	Wuchsform/Pflanzoptionen
Blaubeeren,	'Top Hat'	saurer Boden, pH-Wert 4,0–5,0	in größeren Gefäßen ins Hochbeet setzen
Heidelbeeren	'Bluecrop'	saurer Boden, pH-Wert 4,5–5,5	für größere Hochbeete geeignet
Brombeeren	'Baby Dwarf', 'Black Satin'	leicht saurer Boden, pH-Wert 5,5–6,5	wachsen buschig oder kletternd; kletternde Sorten brauchen ein Rankgitter
Himbeeren	'Ruby Beauty', 'Baby Dwarf'	leicht saurer Boden, pH-Wert 5,6–6,2	wachsen kletternd, brauchen unterstützende Stangen oder Gitter
Johannisbeeren	'Red Lake'	leicht saurer Boden, pH-Wert 6,0–6,5	strauchartig wachsend, nur für große Hochbeete, Standort Mitte oder Seiten
Schwarze Johannisbeeren	'Ben Lomond'	leicht saurer Boden, pH-Wert 5,5–6,5	strauchartig wachsend, nur für große Hochbeete, Standort Mitte oder Seiten
Stachelbeeren	'Hinnonmäki Yellow'	leicht saurer Boden, pH-Wert 6,0–6,5	strauchartig wachsend, nur für große Hochbeete

Beerensträucher pflanzen im Hochbeet

Mit stattlichen Wuchshöhen zwischen 60 cm und 2 m bieten sich Beerensträucher für das Hochbeet nicht auf den ersten Blick an. Wer auf die süßen Naschfrüchte nicht verzichten möchte, wird bei speziellen Sorten fündig.

Die lockere Erde und die gute Drainage im Hochbeet bieten grundsätzlich gute Bedingungen für Beerensträucher. Sie können ein attraktives Gestaltungselement sein. Eine schwindelfreie Ernte ist garantiert, wenn Sie zu Zwergsorten greifen. Diese Sorten bilden kürzere Ranken, die Sie bequem erreichen können. Für etwas höhere Sorten verwenden Sie eine Trittleiter. Brombeeren wie 'Baby Dwarf' sind etwa 60–90 cm hoch, während 'Black Satin' bis zu 180 cm hoch werden kann. Himbeersorten wie 'Ruby Beauty' und 'Baby Dwarf' sind in der Regel 60–90 cm hoch. Johannisbeeren, sowohl rote als auch schwarze Sorten wie 'Red Lake' und 'Ben Lomond', und die Stachelbeersorte 'Hinnonmäki Yellow' wachsen strauchartig und erreichen Höhen von 100–130 cm.

Stachelbeeren sind ein Beerenklassiker, der sich in große Hochbeete setzen lässt.

Das Hochbeet im Vor- und Erstfrühling

Mit diesem vielseitigen Beetplan und dem im vorliegenden Buch erworbenen Grundwissen starten Sie auch als Gartenanfänger ganz unkompliziert den eigenen Gemüseanbau im Hochbeet.

Die Illustration zeigt das Beet Mitte Erstfrühling, etwa vier Wochen nach Pflanzung und Aussaat.

Mit der Bepflanzung legen Sie los, sobald der Boden frostfrei und so weit abgetrocknet ist, dass er sich gut bearbeiten lässt. Bei kühlem Wetter oder in höheren Lagen, in denen kühle Winde oder Nachtfröste auch noch im späten Frühjahr zu erwarten sind, schützen Sie Ihre Erstbepflanzung mit einem Frühbeetkasten oder einem Kulturschutznetz.

→ S. 27, Info: Vorbereitung des Hochbeets für die Pflanzpläne

- Markieren Sie acht Aussaatreihen, damit später nichts durcheinanderkommen kann.
- Jetzt im Vorfrühling säen oder pflanzen Sie in allen Pflanzreihen, wie in der Tabelle rechts zu sehen ist.

So gehen Sie vor

1 | Säen Sie **Rote Bete** – Saattiefe bei Direktsaat 2–3 cm – oder pflanzen Sie neun Jungpflanzen. Der Zukauf vorgezogener Jungpflanzen von Roter Bete bietet einen gewissen Wachstums- und Erntevorsprung. Alternativ können Sie die Roten Beten im Vorfrühling schon selbst in kleinen Töpfen vorziehen und sechs Wochen später pflanzen.

2 | Säen Sie **Pflücksalat,** Saattiefe: 1 cm.

3 | Säen Sie **Möhren,** Saattiefe: 1–2 cm, Abstand zwischen den Samen sollte 2–3 cm sein. Die Pflanzen sollten ab Vollfrühling vereinzelt werden, sofern Sie kein Saatband verwenden (→ S. 68).

4 | Säen Sie **Lauchzwiebeln,** Saattiefe: 1–2 cm.

5 | Pflanzen Sie **Steckzwiebeln,** aber nur so tief, dass die Spitze gerade noch zu sehen ist.

6 | Säen Sie **Rucola,** Saattiefe: 1 cm.

7 | Säen Sie **Radieschen,** Saattiefe: 1 cm.

8 | Säen Sie **Kohlrabi** direkt aus, Saattiefe bei Direktsaat: 2 cm. Oder pflanzen Sie fünf Jungpflanzen. Der Zukauf vorgezogener Jungpflanzen bietet einen gewissen Wachstums- und Erntevorsprung. Alternativ können Sie die Kohlrabi im Vorfrühling aber schon in kleinen Töpfen vorziehen und sechs Wochen später pflanzen.

Anzucht für die weitere Bepflanzung im Jahr:

- Zu Beginn des Vorfrühlings sollten Sie **Paprika** vorziehen, da sie eine längere Anzuchtdauer von zehn bis zwölf Wochen im Warmen brauchen.
- Mit den schnell wachsenden **Tomaten** (Anzuchtdauer sechs bis acht Wochen) und **Gurken** (Anzuchtdauer nur zwei bis drei Wochen) warten Sie besser bis zum Erstfrühling, ehe sie Mitte Mai ausgepflanzt werden.

BEPFLANZUNG IM ERSTFRÜHLING

Reihe	Gemüse	Sorte	Bemerkung	Alternative
1	**Rote Bete**	'Ägyptische Plattrunde', 'Rote Kugel 2'	Saatgut kaufen, Direktsaat ins Beet **oder** 9 Jungpflanzen zukaufen	Mairübe
2	**Pflücksalat**	'Lollo Bionda', 'Misticanza'-Mischung	Saatgut kaufen, Direktsaat ins Beet	Spinat
3	**Möhren**	'Milan', 'Fynn'	frühe Sorte wählen, Saatgut kaufen, Direktsaat ins Beet	Kopfsalat, 4 Jungpflanzen zukaufen
4	**Lauchzwiebeln**	'Ishikura Long White', 'Red Apache'	Saatgut kaufen, Direktsaat ins Beet	Pak Choi
5	**Steckzwiebeln**	Zwiebel 'Stuttgarter Riesen'	1 Tüte Steckzwiebeln kaufen	Fenchel, 5 Jungpflanzen zukaufen
6	**Rucola**	Wilde Rauke *(Rucola selvatica)*, Salatrauke *(Rucola coltivata)*	Saatgut kaufen, Direktsaat ins Beet	Pflücksalat
7	**Radieschen**	'Cerry Belle', 'Rudi'	Saatgut kaufen, Direktsaat ins Beet	Gartenkresse
8	**Kohlrabi**	'Superschmelz'	Saatgut kaufen, Direktsaat ins Beet **oder** 5 Jungpflanzen zukaufen	Erbsen

TIPP!

Selbst vorziehen oder Jungpflanzen kaufen?

Vorgezogene Jungpflanzen zu kaufen, bietet den Vorteil, dass Sie sich Zeit und mögliche Misserfolge bei der Keimung sparen. Zudem ermöglichen Jungpflanzen schnellere Ernten, wenn Sie etwa Salatblätter als Babyleaves oder die Blätter von Roter Bete ernten. Jungpflanzen punkten zwar in Sachen Wachstumsvorsprung, sind aber etwas teurer als Saatgut. Zusätzlich müssen Sie in das Equipment für Ihren Gemüsepflanzen-Kindergarten investieren. Es entstehen Kosten für Anzuchtschalen, Jungpflanzensubstrat und das Saatgut selbst. Kaufen Sie Jungpflanzen in der Gärtnerei oder beim Bio-Bauern. So sind die Pflanzen gut an die örtlichen Bedingungen angepasst und Sie erhalten zuverlässig die richtigen Sorten.

Troubleshooting

Anzucht gut, alles gut. Wenn Sie Ihren Gemüsepflanzen eine gute Kinderstube bereiten, kann fast nichts mehr schiefgehen. Die meisten Probleme ergeben sich aus einem falschen Maß an Wasser, Licht und Nährstoffen. Auch sollte das Saatgut frisch sein.

? | Warum bilden meine Setzlinge lange, blasse Triebe?

Durch zu wenig Licht und zu warme Temperaturen bilden einige Pflanzen lange und schwache, oft blasse Triebe aus. Man nennt das »vergeilen«. Die Triebe können abknicken und verkümmern. Entfernen Sie sehr schwache Triebe. Die anderen können Sie pikieren und in andere Anzuchtbehälter tiefer in die Erde setzen, um ihnen Stabilität zu geben. Wenn die Erde bis unter die Keimblätter reicht, können die Pflanzen weitere Seitenwurzeln bilden. Um ein Vergeilen der Triebe zu verhindern, sollten die Pflanzen so hell wie möglich und in passender Anzuchterde stehen.

? | Welche Bedeutung hat weißer oder grauer Belag auf der Erde?

Hier handelt es sich wahrscheinlich um Schimmel. Schimmelsporen lieben Feuchtigkeit. Verwenden Sie deshalb bevorzugt Erde, die in geschlossenen Räumen gelagert wurde. Das gilt auch für die Aufbewahrung zu Hause. Trockene, geschlossene Garagen und Keller eignen sich für die Lagerung von Anzuchterde am besten. Verbrauchen Sie die Erde nach dem Öffnen zügig. Verwenden Sie stets saubere Anzuchtbehälter, die Sie von Erde aus dem Vorjahr befreit und mit Essigwasser ausgewaschen haben. Auch neu gekaufte Anzuchtschalen sollten mit etwas Essigwasser abgewaschen werden. Lüften Sie die Saat regelmäßig und entfernen Sie Abdeckungen nach dem Keimen. Gießen Sie stets in Maßen, um Staunässe zu vermeiden.

? | Ich habe viel ausgesät, aber es keimt kaum etwas. Was habe ich falsch gemacht?

Wenn Sie viele Samen gesät haben, aber nur wenige davon austreiben, spricht man von einer geringen **Keimrate.** Diese kann unterschiedliche Ursachen haben. Richten Sie sich zunächst immer nach den Angaben zu den Aussaatbedingungen auf der Verpackung des Herstellers.

- **Zu viel oder zu wenig Feuchtigkeit:** Die meisten Samen benötigen genügend Feuchtigkeit, um keimen zu können. Wenn Ihre Anzuchtbehälter zu feucht oder zu trocken sind, kann dies die Keimrate beeinträchtigen. Zu nasse Erde kann zudem schimmeln, was dem Saatgut schadet. Befeuchten Sie die Anzuchttöpfe mit einer Sprühflasche oder einer Ballonspritze. Die Erde sollte stets feucht, aber nicht nass sein. Alle Anzuchtbehälter aus wasserundurchlässigen Materialien sollten Drainagelöcher aufweisen.
- **Alter des Saatguts:** Wenn die Samen zu alt sind, keimen sie möglicherweise schlechter oder gar nicht. Die meisten Samen halten sich an einem dunklen, kühlen Ort zwei bis drei Jahre. Das Haltbarkeitsdatum des Saatguts ist auf der Verpackung aufgedruckt. Samen, die Sie selbst gewonnen haben, sollten Sie bis zur Verwendung trocken, kühl und dunkel aufbewahren und sicherheitshalber im nächsten Jahr verbrauchen.
- **Spezifische Lichtbedingungen:** Lichtkeimer benötigen zum Austreiben direktes Licht, während Dunkelkeimer im Dunklen ausgelöst durch die richtigen Temperaturen keimen. Wenn Lichtkeimer mit Erde bedeckt werden, kann das verhindern, dass die Samen austreiben. Überprüfen Sie auf der Verpackung, dass Sie die richtigen Lichtbedingungen für Ihre spezifischen Samen bereitstellen.

- **Krankheiten und Schädlinge:** Schädlinge wie Bakterien oder Insekten können die Keimrate ebenfalls beeinträchtigen oder Ihre Keimlinge verkümmern lassen. Arbeiten Sie deshalb immer mit sauberen Werkzeugen und Anzuchtbehältern. Im Handel erhältliche Gelbfallen sind klebrige Sticker, die in die Töpfe gesteckt werden und die Schadinsekten abfangen, ehe sie sich in großer Zahl vermehren können. Achten Sie auch auf eine gute Raumbelüftung. Dadurch können sich Bakterien und Insekten sowie Schimmelsporen schlechter ausbreiten. Trauermücken, die sich gern über die feinen Wurzeln von Jungpflanzen hermachen, können Sie vorbeugen, indem Sie die Anzuchterde auf einem Backblech im Backofen bei 180 °C für dreißig Minuten erhitzen. Bei der Aussaat sollte die Erde abgekühlt sein. Gegen Trauermücken helfen einige Tropfen Neemöl im Gießwasser.

? | Die Blätter der Jungpflanzen kräuseln sich und welken. Manche sind auch gelblich oder bräunlich und trocken. Was ist der Grund?

Jungpflanzen, die ab April direktem Sonnenlicht oder warmer Heizungsluft ausgesetzt sind, können Verbrennungen und Hitzeschäden an den Blättern erleiden. Stellen Sie die Anzuchtbehälter nicht zu nah am Fenster auf und schirmen Sie sie an heißen Tagen mit Rollos oder Jalousien vom Sonnenlicht ab. Warme Heizungen schaffen oft ein ungünstiges, trockenes Raumklima. Wenn die Luftfeuchtigkeit zu niedrig ist, können die Blätter der Jungpflanzen ebenfalls austrocknen oder verbrennen. Eine Möglichkeit, das Raumklima zu verbessern, besteht darin, eine Schale mit Wasser zur Verdunstung neben der Pflanze aufzustellen. Hierdurch erhöhen Sie die Luftfeuchtigkeit im Raum und verhindern das Austrocknen der Blätter.

SO FÜHREN SIE EINE KEIMPROBE DURCH

Wenn Sie eigenes oder geschenktes Saatgut verwenden und die Übersicht verloren haben, wie alt die Körner nun wirklich sind, ist es hilfreich, eine Keimprobe durchzuführen. Die Keimprobe zeigt Ihnen, wie keimfähig Ihr Saatgut tatsächlich ist, und verhindert, dass Sie unnötig Saatgut ausbringen.

Legen Sie dazu eine Anzahl Saatkörner auf ein angefeuchtetes Papiertuch in eine flache Schale. Lichtkeimer stellen Sie in die Nähe einer Fensterbank, Dunkelkeimer an einen dunklen Ort, wie zum Beispiel in den Küchenschrank. Je nach Sorte entsprechend der angegebenen Keimdauer können Sie anschließend auswerten, ob die Saat noch gut keimfähig ist. Die Keimrate berechnen Sie mit der folgenden Formel:

(Gekeimte Samen dividiert durch gesäte Samen) x 100 = Keimrate.

Anhand des ermittelten Wertes können Sie Ihre Saat aussäen:

Keimrate nach Formel	Anzahl der Samen pro Pflanzstelle
75–100	2
50–74	3
50–74	4
0–24	5–8

? | Ich habe die Keimlinge gut gedüngt und trotzdem werden die Blätter spröde und kräuseln sich abwärts. Was habe ich falsch gemacht?

Braune oder gelbliche, trockene, sich kräuselnde Blätter können ein Hinweis auf ein Verbrennen der Pflanzenwurzeln sein, welches durch Überdüngung hervorgerufen wird. Keimlinge und Jungpflanzen benötigen anfangs normalerweise keinen Dünger. Vermeiden Sie also Düngergaben an der Jungpflanze und verwenden Sie spezielle, nährstoffarme Anzuchterde.

ERSTFRÜHLING

Die leuchtend gelben, blühfreudigen Forsythien sind neben den heimischen Veilchen und Buschwindröschen die Zeigerpflanzen für den Erstfrühling. Kirschen, Pflaumen und Birnen entfalten ebenfalls ihre hübschen Blüten. Die ersten warmen Sonnenstrahlen locken nicht nur uns Menschen aus dem Haus, sondern erwecken auch Blattläuse, Schnecken und Unkräuter zu neuem Leben. Es gibt viele einfache und natürliche Wege, diese Mitbewerber im Gemüsegarten im Zaum zu halten.

Ein Hügelbeet anlegen

Anfangs müssen Sie in Ihr Hügelbeet ein wenig Arbeit investieren, die sich aber durch den guten Ertrag schnell bezahlt macht. Angelegt werden Hügelbeete in Nord-Süd-Richtung, um die Sonneneinstrahlung gut auszunutzen.

Der runde Aufbau ergibt auf dem Hügelbeet ganz von selbst verschiedene Pflanzzonen.

Wie lang Sie Ihr Hügelbeet gestalten, bleibt Ihnen überlassen. Als Richtwert gilt eine Länge von etwa 3 m bei einer Breite von 1,20 m. Das Beet sollte nach dem Aufbau der verschiedenen Schichten nicht höher als 1 m sein. So können Sie es von allen Seiten gut bepflanzen, gießen, jäten und beernten.

→ S. 29, Das Hügelbeet

So gehen Sie vor

1 | Markieren Sie die Fläche oder stecken Sie sie ab.

2 | Dann graben Sie den Boden oder Rasen 40 cm tief aus und bringen feinmaschigen Hasendraht als Schutz vor Wühlmäusen aus.

3 | Legen Sie eine dicke Schicht aus grob gehäckselten Ästen und Zweigen in der Mitte des Beets aus. Verwenden Sie auch Grassoden oder Grünabfälle.

4 | Fügen Sie eine Schicht aus Laub oder Stroh hinzu und befeuchten Sie diese leicht mit Wasser.

5 | Verteilen Sie eine Schicht groben Kompost von 15–25 cm Dicke und formen Sie den Hügel mit einer Schaufel.

6 | Formen Sie eine schmale Rinne auf dem Kamm des Beets als Gießwall, um das Wasser in das Innere des Hügels zu leiten.

7 | Pflanzen Sie Fruchtgemüse wie Tomaten und Paprika in der obersten Zone und darunter Zucchini, Kürbis sowie schattenverträgliche Pflanzen wie Salat, Fenchel oder Kohlrabi.

8 | Mulchen Sie regelmäßig mit Rasenschnitt oder Laub, um das Austrocknen der Randzonen zu verhindern.

9 | Im Hochsommer ist eine dicke Mulchschicht besonders wichtig. Zusätzlich können Sie auch Ollas als Wasserspender in den Kamm des Hügelbeets einbringen.

→ S. 138, DIY-Projekt Eine Olla bauen

TIPP!

Verkehrte Welt: Fruchtfolge im Hügelbeet

In Hügelbeeten sollten Sie ähnlich wie in Hochbeeten eine gewissen Pflanzfolge beachten, damit die Nährstoffe darin optimal ausgenutzt werden können. Die optimale Fruchtfolge im Hügelbeet läuft »rückwärts«. Das bedeutet, dass Sie stark zehrende Pflanzen wie zum Beispiel Kürbisse im ersten Jahr pflanzen. Wenn diese die ersten Nährstoffe verbraucht haben, kommen Mittelzehrer wie Gurken oder Buschbohnen und danach Schwachzehrer wie Zwiebeln oder Salate zum Zuge.

Die Bewässerung planen

Wenn der Erstfrühling regenreich ist, tränkt das den Boden und füllt die Grundwasserspeicher auf, was später Ihren Pflanzen zugutekommt.

Sammeln Sie schon jetzt Wasser und planen Sie die Bewässerung für die kommenden, warmen Monate.
Regentonnen, Container oder gar eine Zisterne sorgen für die Versorgung mit Wasser über den Sommer. Automatische Drip-Systeme, die fortlaufend Wasser an die Pflanzen abgeben, sind vermeintlich praktisch, führen aber zu viel Wasserverlust, weil das Wasser aus den oberen Bodenschichten schnell verdunstet, bevor es an die tieferen Wurzeln gelangt.

→ S. 22, Mulchen
→ S. 19, Bewässerung

SPARSAM GIESSEN

Gießen Sie insgesamt nicht so oft, dann aber reichlich und vermeiden Sie konstante Überwässerung, nicht nur wegen der Staunässe. Die großzügigen Gießintervalle regen die Pflanze an, auf der Suche nach Wasser noch tiefere Wurzeln zu bilden. Es ist dabei wichtig, dicht an der Pflanze zu gießen. So folgen die Wurzeln dem Weg des Wassers nach unten und es geht kein Wasser ungenutzt oberflächlich in die Breite verloren, wo es verdunstet.

Sparen Sie Wasser von Anfang an

In den Zeiten des Klimawandels mit immer trockener werdenden Sommern ist es auch im heimischen Gemüsegarten wichtig, Gießwasser einzusparen.

Oft bleibt die Regentonne den Hochsommer über leer, wenn die Pflanzen Wassergaben am nötigsten haben. Wenn Sie Ihre Pflanzen von Anfang an zur Genügsamkeit erziehen und ihnen günstige Bodenvoraussetzungen schaffen, können Sie später viel Gießwasser und Arbeit einsparen.

Gute Voraussetzungen für die Wurzeln schaffen

Ein tief reichendes Wurzelsystem lässt die Pflanzen Wasser in den tieferen, feuchteren Bodenschichten finden und Sie müssen später weniger gießen. Beginnen Sie deshalb bei der Anzucht mit der Erziehung zur Genügsamkeit. Setzen Sie die Saat dazu gleich zu Beginn in großzügig bemessene Anzuchtbehälter, um den Wurzeln genug Platz einzuräumen. Das gilt besonders für größere, schnell wachsende Pflanzen wie Gurken, Zucchini und Kürbisse. Sobald die Pflanzen vier bis sechs Blattpaare gebildet haben, sollten Sie sie in noch größere Behälter umpflanzen. So hat das feine Wurzelsystem von Anfang an ausreichend Platz, um sich nach unten zu entfalten.

Achten Sie darauf, dass das Substrat in den Anzuchtbehältern locker und feinkrümelig ist. Das gilt auch für den Boden im Garten nach dem Auspflanzen, damit es den Wurzeln möglich ist, in die tieferen, feuchteren Erdschichten vorzudringen. Dadurch können sich die Pflanzen auch bei warmem Wetter aus der Tiefe mit Wasser versorgen und trocknen nicht so schnell aus.

→ S. 43, Richtig pikieren
→ S. 39, Gut starten mit Tiefwurzelbewässerung

Den Boden vorbereiten

Kompostgaben im Beet sorgen nicht nur für eine gute Nährstoffversorgung, sie erhöhen auch die Wasserhaltefähigkeit des Bodens. Lockern Sie über die Saison hinweg den Boden zwischen den Reihen mit einer Gartenkralle oder einer Hacke, um fest gewordene Erde aufzubrechen, zu lockern und Feuchtigkeit freizusetzen. Erfahrene Gärtnerinnen und Gärtner sagen: »Einmal hacken spart zweimal gießen.«

Vermeiden Sie Überdüngen

Übermäßige Düngung und zu gut gemeinte Kompostgaben machen Pflanzen durstig. Halten Sie sich an die empfohlenen Mengen, um ein übermäßiges Wachstum des Blattwerks bei Fruchtgemüsen zu vermeiden, da dies zu einem erhöhten Wasserbedarf führt. Auch Unkraut gedeiht auf üppig gedüngten Beeten besser.

→ S. 20, Richtig düngen

Anziehen auf der Fensterbank

Im Erstfrühling geht es weiter mit den Aussaaten im Haus. Jetzt stehen Kohlgemüse und Salate im Vordergrund.

Auch für weitere Voranzuchten von wärmeliebenden Chili, Zucchini und Kürbissen ist im Haus noch Zeit bis Mitte April. Zuckermais, Gurke und Melone keimen ebenfalls in Töpfen auf der Fensterbank. Kohlgemüse anzubauen, hat viele Vorteile. Sie können gekocht, geschmort, gedünstet, fermentiert oder roh genossen werden. Salate bringen ebenfalls Vielfalt auf den Teller. Probieren Sie sich durch das bunte Angebot der knackigen Blätter und holen Sie den Frühling auf den Teller.

- **Kohlgemüse:** Brokkoli, Blumenkohl und Kohlrabi werden klassischerweise nicht direkt ins Freiland gesät, sondern im Haus vorgezogen. Das verschafft den Pflanzen einen kleinen Vorsprung gegen Schnecken und die gefräßigen Raupen des Kohlweißlings. Kohlgemüse keimen am besten bei moderaten Temperaturen zwischen 15 °C und 20 °C.
- **Sellerie:** Ob Stangensellerie oder Knollensellerie – beide sind unverzichtbare Basics in der Küche und können jetzt im Erstfrühling in Anzuchtschalen gesät werden.
- **Lauch/Porree:** Zwei Namen für ein und dasselbe Zwiebelgewächs. Sechs bis acht Wochen nach der Anzucht im Haus dürfen die feinen Halme langsam an die Außenbedingungen gewöhnt werden, bevor sie endgültig ins Beet gepflanzt werden.

→ S. 80, Voranzuchten an draußen gewöhnen

- **Salate:** Auch Salate können Sie im Erstfrühling im Haus vorziehen. Probieren Sie sich doch einmal durch das Angebot der vielen Salatsorten. Dunkelroter Lollo Rossa, knackiger Frisée oder feingefiederter japanischer Mizuna-Salat bringen Abwechslung und Farbe auf den Beilagenteller.

In den praktischen Eierkartons können die Kartoffeln mit Licht gut Keime austreiben.

Kartoffeln zum Anbau vorbereiten

Ob Pell-, Salz- oder Bratkartoffeln, Pommes oder Chips – pro Kopf genießen die Deutschen rund 56 kg Kartoffeln im Jahr. Etwa zehn Quadratmeter Beetfläche benötigen Sie, um diese Menge Kartoffeln selbst anzubauen. Das geht ganz leicht.

Kartoffelpflanzen werden nicht aus Samen gezogen, sondern treiben aus den Knollen, also den eigentlichen Kartoffeln aus. Man verwendet dazu Saatkartoffeln, die im Baumarkt oder im Fachhandel erhältlich sind, je nachdem, welche Sorte Sie sich wünschen. Die Saatkartoffeln sollten gesund und unbeschädigt sein sowie keine Krankheiten zeigen.

Zum Keimen anregen: Ein bis zwei Monate vor dem geplanten Auspflanztermin legen Sie die Saatkartoffeln an einen hellen, gut belüfteten Ort, wo sie zum Keimen angeregt werden. In direktem Sonnenlicht sollten die Knollen nicht liegen, weil das Licht den zarten Keimen schaden kann. Größere Saatkartoffeln können Sie mit einem scharfen Messer zerteilen. Achten Sie darauf, dass alle Kartoffelstücke die sogenannten »Augen« enthalten, aus denen später der Keim austreibt. Die Schnittflächen sollten Sie gut abtrocknen lassen. Das versiegelt die Oberfläche und schützt die Saatkartoffel vor Krankheiten.

→ S. 83, Kartoffeln pflanzen

Gemüse säen im Freiland

Langsam verdichten sich die Saatreihen im Beet und mehr und mehr Sorten füllen es. Ob zarte Blattgemüse, knackige Hülsenfrüchte oder aromatische Frühlingskräuter – das kann sich säen lassen!

- **Radieschen, Möhren, Kohlrabi, Spinat, Feldsalat und Mangold:** Diese Sorten kennen Sie schon aus dem Vorfrühling. Sie lassen sich auch jetzt noch unter den gleichen Bedingungen aussäen. Durch eine zweiwöchentlich versetzte Aussaat können Sie diese Gemüse über viele Wochen ernten.

→ S. 54/55, Das Hochbeet im Vor- und Erstfrühling

- **Chicorée** wird mit einem Reihenabstand von etwa 30–40 cm angebaut. Vereinzeln Sie die Sämlinge später auf einen Abstand von ungefähr 20–30 cm.

→ S. 183, Chicorée kultivieren

- **Rettich** sollte in Reihen im Abstand von etwa 15–20 cm gesät werden. Zwischen den Saatkörnern sollten Sie Platz von 5–10 cm lassen, je nachdem, wie dick Sie sich die Wurzeln wünschen.
- **Erbsen** können in einem Reihenabstand von etwa 40 cm ausgesät werden. Vereinzeln Sie die Jungpflanzen später auf 5–10 cm. Stellen Sie den Pflanzen ein Rankgitter zur Verfügung.

→ S. 66, Rankgitter und Rankhilfen

- **Rote Bete:** Die Saat von Roter Bete sollte in Reihen mit einem Abstand von 30 cm erfolgen. Vereinzeln können Sie die Sämlinge später auf etwa 10–15 cm Abstand.
- **Buschbohnen:** Sie dürfen jetzt direkt ins Freiland mit einem Reihenabstand von 40–50 cm und einem Pflanzabstand von 10–15 cm gesät werden. Um die Schwarze Bohnenblattlaus zu vergrämen, können Sie Bohnenkraut zwischen den Reihen säen.
- **Kopfsalat und Pflücksalat:** Die Salate säen Sie in einem Abstand von 25–30 cm. Vereinzeln Sie die Sämlinge später auf etwa 20–25 cm.
- **Dill, Petersilie, Schnittlauch:** Diese Kräuterklassiker dürfen jetzt ins Beet gesät werden. Halten Sie einen Pflanzabstand von 20–30 cm ein.

Sie können auch mit dem Spatenstiel eine Rille ziehen. Beachten Sie die Saattiefe pro Sorte.

Legen Sie das Saatgut sorgfältig Stück für Stück ein. Eine Ausnahme bilden feine Saaten.

Verschließen Sie die Saatrille vorsichtig über der Aussaat. Das geht am besten von Hand.

Die Beete bepflanzen

Der Erstfrühling ist der Pflanzmonat schlechthin. Wenn Sie im Vormonat Ihre Beete geplant haben, können Sie nun mit dem Säen und Pflanzen loslegen.

Wenn es schnell gehen soll, können Sie auch jetzt im Erstfrühling mit Jungpflanzen starten. Der kleine Vorsprung erlaubt eine etwas frühere Ernte, sofern die Pflanzen geschützt sind.
Mit dem Erstfrühling beginnt die Hochsaison für das Pflanzen von Gemüse. Nachdem Sie Ihre Beetplanung im Vormonat abgeschlossen haben, können Sie nun voller Vorfreude die jungen Kohl- und Salatpflanzen sowie die vorgezogenen Hülsenfrüchte in die vorbereiteten Beete setzen. Es ist wichtig, die Frostrisikogrenze Mitte Mai zu berücksichtigen. Achten Sie auf ausreichend großen Abstand zwischen den Pflanzen – etwa 50–60 cm für Brokkoli und 25–30 cm für Kohlrabi. Dies gibt den Pflanzen Raum zum Wachsen und beugt Pflanzenkrankheiten vor.
Ein gut vorbereiteter Boden ist der Schlüssel für kräftige Jungpflanzen. Lockern Sie den Boden, bevor Sie mit dem Einpflanzen loslegen, und entfernen Sie aufkeimende Unkräuter samt Wurzel. Falls notwendig, schützen Sie Ihre zarten Setzlinge mithilfe von Kulturschutznetzen und Vliesen.

Erdbeeren pflanzen

Erdbeeren sind eine gute Quelle für Antioxidanzien und sie enthalten mehr Vitamin C als Orangen. Wenn sie richtig gepflegt werden, liefern sie bis zu fünf Jahre lang aromatische Früchte.

Erdbeeren wachsen auf humusreichem und lockerem Boden und werden umso süßer, je mehr Sonne sie bekommen. Sie können aus unzähligen Erdbeersorten wählen. Sogar weiße und gelbe Sorten sind erhältlich. 'Senga Sengana', 'Mieze Schindler' und 'Honeye' sind klassische ertragreiche Sorten mit mittelgroßen bis großen, aromatischen Früchten. Wenn Sie zu sogenannten Monatserdbeeren greifen, können Sie von Juni bis September die immer wieder heranreifenden Früchte genießen. Erdbeerjungpflanzen im Haus aus Samen vorzuziehen, ist zwar möglich, gelingsicherer ist es aber, die Jungpflanzen im Fachhandel zu kaufen. Vielleicht kennen Sie eine befreundete Gärtnerin oder einen befreundeten Gärtner, der Ihnen im Herbst gern Ableger zukommen lässt, die Sie in Töpfen für das Folgejahr heranziehen können.
Auch **Walderdbeeren** können Sie im Garten pflanzen. Sie können gut als Bodendecker an einem schattigen oder halbschattigen Ort verwendet werden. Walderdbeeren sind pflegeleicht, benötigen aber regelmäßige Feuchtigkeit.

Vom Herz der Erdbeerpflanze geht das Wachstum aus. Es sollte nicht bedeckt werden.

TIPP!

In fünf Schritten zum Erdbeerglück

Schritt 1: Markieren Sie die Pflanzreihen und graben Sie Pflanzlöcher von 15 cm Tiefe und einem Abstand von 30 cm. Füllen Sie die Löcher mit Wasser.

Schritt 2: Ist das Wasser versickert, können Sie die Jungpflanzen mit dem Herz der Pflanze knapp über der Erdoberfläche einsetzen.

Schritt 3: Füllen Sie das Pflanzloch auf, drücken die Erde sorgfältig an und wässern gut im Wurzelbereich.

Schritt 4: Den Boden um die Pflanzen mulchen Sie mit Stroh oder Heu, damit die reifenden Erdbeeren nicht auf dem Boden zu liegen kommen und faulen.

Schritt 5: Über die ganze Saison sollten Sie das Beet unkrautfrei halten, regelmäßig gießen und faulende Früchte entfernen. Mit organischem Dünger alle sechs bis acht Wochen düngen. Reife Erdbeeren zupfen Sie vom Stiel ab oder schneiden sie ab.

Möhren und Radieschen ausdünnen

Möhren und Radieschen sind eine tolle Rohkost, mit der Sie im besten Sinne von der Hand in den Mund leben. Die feine Saat muss nach der Keimung ausgedünnt werden.

Wenn Sie schon im Vorfrühling Möhren und Radieschen gesät haben, können Sie diese Pflanzen jetzt durch Ausdünnen auf den richtigen Pflanzabstand bringen. Ein ausreichend großer Abstand zwischen den Pflanzen sorgt für kräftiges und gesundes Wachstum durch weniger Konkurrenz. Den geeigneten Pflanzenabstand finden Sie in der Regel auf den Saatguttütchen.

Durch Ausdünnen bringen Sie die zarten jungen Möhren vorsichtig auf Abstand.

Kälteresistentes Gemüse pflanzen

Sie müssen sich nicht auf die eigenen Voranzuchten aus dem Haus verlassen. Früher zu säen, bedeutet nicht unbedingt, früher zu ernten.

Die Witterung kann Ihnen einen Strich durch die Rechnung machen, es sei denn, Sie verwenden einen Kälteschutz in Form von Vliesen und Folien. Später gesetzte Pflanzen holen bei günstiger Witterung an Wachstum auf.
Nicht alle Gemüsepflanzen vertragen eisige Temperaturen, aber Kohlgewächse, Salat, Fenchel, Zwiebeln, Knoblauch, Spinat, Mangold, Kohlrabi und Erbsen können Sie jetzt schon direkt ins Beet pflanzen. Verwenden Sie dazu Jungpflanzen aus dem Handel oder Ende des Monats Ihre selbst gezogenen Setzlinge.
Wenn Sie Ihre eigenen Setzlinge verwenden, sollten Sie sicherstellen, dass sie ausreichend abgehärtet sind, bevor Sie sie ins Freiland setzen. Härten Sie Ihre Setzlinge ab, indem Sie sie schrittweise über eine Woche hinweg täglich immer etwas länger draußen platzieren.

→ S. 80, Voranzuchten an draußen gewöhnen

Spinat, Mangold, Erbsen sowie verschiedene Salate können nach dem letzten Frost auch direkt ins Freiland ausgesät werden.

Letztes Gemüse aus dem Vorjahr ernten

Der Erstfrühling ist kein klassischer Erntemonat. Trotzdem können Sie immer noch im eigenen Garten ernten!

Feldsalat, Endivien, Grünkohl, Rettich, Schnittlauch, Kresse und Mangold sind kälteresistent und können auch bei frostigen Temperaturen – gegebenenfalls etwas geschützt – im Freiland stehen bleiben, bis sie geerntet werden. Diese kälteresistenten Gemüsesorten bieten eine willkommene Möglichkeit, frisches Grün auch noch im Erstfrühling zu ernten.

Selbst wenn die Erntemenge möglicherweise nicht so üppig ausfällt wie in wärmeren Monaten, können Sie dennoch selbst angebautes Gemüse aus dem eigenen Garten im frühen Frühjahr genießen.
Übrigens: Kälteresistentes Gemüse fördert eine aktivere Bodenbiologie, weil diese Pflanzen unter niedrigen Temperaturen mit den mikrobiellen Gemeinschaften im Boden interagieren. Diese Interaktion verbessert die Freisetzung von Nährstoffen im Boden und fördert eine gesunde Bodenumgebung. Der Anbau solcher Pflanzen trägt also dazu bei, dass der Boden in Ihren Beeten fruchtbarer wird.

Rankgitter und Rankhilfen für rankende Gemüsepflanzen

Rankende und ausladende Pflanzen wie Bohnen, Gurken, Erbsen und Kürbisse brauchen für ihr Wachstum eine Kletterhilfe, um einerseits die Triebe der Pflanzen nach oben zu führen und andererseits die Pflanzen zu stützen, wenn sie Früchte gebildet haben. Das Schaffen vertikaler Strukturen von Spalieren und Rankgittern spart im Beet obendrein Platz.

- **Rankgerüste** sind ideal für Pflanzen wie Himbeeren, Brombeeren und Weinreben, da sie vertikalen Halt bieten und das Ernten der Früchte erleichtern. Pflanzen, die sich nicht selbst festhalten, wie Brombeeren oder Himbeeren, können Sie mit Kabelbindern oder Juteschnur am Gerüst befestigen.

- **Spaliergitter** sind vielseitig und können für verschiedene Kletterpflanzen und Gemüsearten verwendet werden, darunter Gurken, Erbsen, Bohnen und Kürbisse. Sie sind aus verschiedenen Materialien erhältlich, wie Kunststoff, Metall und Holz. Achten Sie beim Kauf auf eine hochwertige Verarbeitung und bei Holz aus nachhaltigem und zertifiziertem Anbau.

Tomatenkäfige: Diese meist runden Käfige eignen sich besonders für Tomatenpflanzen. Sie bieten Unterstützung und helfen den Tomatenpflanzen, sich aufrecht zu halten. Ranken und Zweige lassen sich an den Streben des Käfigs festbinden.

Ranknetze, im Idealfall aus Pflanzenfasern, können für kletternde Pflanzen wie Tomaten, Gurken, Bohnen oder Erbsen verwendet werden. Die Netze werden an einem Rahmen befestigt und durch die Beetreihen gespannt.

Bohnenstangen haben eine lange Tradition im Gemüseanbau. Die langen, stabilen Stangen oder Pfähle werden in den Boden gesteckt und dienen als vertikale Rankhilfe für die Pflanzen. Sie bestehen oft aus Holz, Metall oder Bambusstäben und sind in der Regel etwa 1,5–2 m hoch. Platziert werden sie in Gruppen, etwa in Form eines Tipis, oder in Reihen. Bohnen winden sich von selbst um die Stangen. Nach der Ernte können die Stangen wiederverwendet werden.

Obelisken sind pyramidenförmige Strukturen, meist aus Kunststoff oder Metall. Obelisken werden häufig in Ziergärten verwendet, können im Nutzgarten aber auch gut für Kletterpflanzen wie Buschbohnen, Kapuzinerkresse und Zucchini eingesetzt werden. Besonders Zwergsorten können daran gut entlangwachsen.

Rankgitter für Kräuter: Kleine Rankgitter oder Gitterzäune können für kletternde oder buschig wachsende Kräuter wie Rankendes Basilikum, Kapuzinerkresse oder Bohnenkraut in Hoch- und Kräuterbeeten verwendet werden.

Aussaat im Hochbeet

Für das Hochbeet eignen sich besonders Sorten mit kurzer Kulturdauer, um das meiste aus dem kleinen Platzangebot herauszuholen.

Im Hochbeet bieten sich zahlreiche Möglichkeiten für die Aussaat verschiedener Gemüsesorten.

Salate, darunter Kopfsalat, Romanasalat und Endivien, gedeihen besonders gut in diesem erhöhten Anbauumfeld. Die gut durchlässige Erde des Hochbeets begünstigt ihr Wachstum. Achten Sie darauf, ausreichend Abstand zwischen den Reihen zu lassen, um genügend Platz für die Köpfe zu gewährleisten.

Radieschen sind eine der beliebtesten Frühjahrssorten und eignen sich besonders für Naschbeete. Mit einem Reihenabstand von etwa 10–15 cm und einer Saattiefe von 1–2 cm können Sie sie leicht anpflanzen. Radieschen wachsen schnell, wobei das Hochbeet mit der erhöhten Bodentemperatur noch bessere Bedingungen bietet als das Freiland.

Kohlrabi, der botanisch eine Kreuzung aus Kohl und Rübe ist, benötigt ausreichend Platz, daher sollten Sie einen Reihenabstand von etwa 25–30 cm einhalten. Pflanzen Sie die Samen etwa 1–2 cm tief und achten Sie darauf, die jungen Keimlinge später zu vereinzeln.

Erbsen sind eine ideale Hülsenfrucht für das Hochbeet. Die jungen Schoten können Sie sogar roh essen und die weißen oder violetten Blüten sind eine wahre Augenweide. Mit einem Reihenabstand von etwa 40 cm und einem Pflanzabstand von 5–10 cm liegen Sie richtig. Verwenden Sie ein Rankgitter, um den kletternden Erbsenranken Halt zu geben.

→ S. 66, Rankgitter und Rankhilfen

Spinat ist ein weiterer Gemüseklassiker, der sich gut für das Hochbeet eignet. Ein Reihenabstand von 25–30 cm und eine Saattiefe von 1–2 cm sind richtig. Spinat ist schnellwüchsig und kann mehrmals im Jahr gepflanzt werden. Eine versetzte Ernte sorgt für eine Versorgung nahezu das gesamte Jahr über.

Brokkoli und **Blumenkohl** gehören zu den etwas anspruchsvolleren Pflanzen, aber sie können durchaus ebenfalls im Hochbeet gedeihen. Achten Sie auf ausreichend Platz zwischen den Pflanzen von 40 (Brokkoli) bzw. 50 × 50 cm. In der Wachstumsphase ab Ende des Frühsommers können Sie mit Brennnesseljauche nachdüngen.

Um **Sellerie und Fenchel** erfolgreich in einem Hochbeet anzupflanzen, sollte der Boden mindestens 30–40 cm tief sein. Beide Pflanzen bilden tiefe Wurzelsysteme aus. Deshalb sollte der Boden locker und gut durchlässig sein. Sellerie und Fenchel bringen kräftige Aromen in eine Vielzahl von Gerichten und als Sologemüse mediterranes Flair auf den Tisch. Sellerie ist der Grundstock für Gemüsebrühen und Fonds.

SAATBÄNDER UND SAATSCHEIBEN

Saatbänder und Saatscheiben sind praktische Hilfsmittel, die Ihnen die Aussaat erleichtern. Besonders bei feinem Saatgut wie dem von Möhren oder Radieschen sparen Sie damit einige Arbeit beim Auspflanzen und Pflegen der Aussaat. Weil die Samen in das Vlies eingebettet sind, ist auch ein gewisser Schutz vor Vogelfraß geboten.

- **Saatbänder** sind schmale Streifen aus Papier oder Vlies, auf denen die Samen schon in gleichmäßigen Abständen platziert sind. Die Bänder werden in der nötigen Tiefe in die Pflanzrille gelegt und mit Erde bedeckt. Wenn Sie sich beim Ausbringen der Saatbänder an den Rändern des Hochbeets orientieren, erhalten Sie gerade Reihen, was Ihnen später die Unterscheidung von Jungpflanzen und Unkräutern erleichtert.
- **Saatscheiben** funktionieren ähnlich wie Saatbänder. Sie sind aber rund und können unterschiedliche Größen haben. Saatscheiben eignen sich besonders für größere Saaten, wie die von Sonnenblumen oder Ringelblumen.
  Die im Handel erhältlichen Saatscheiben für Kräutertöpfe sind auch im Hochbeet praktisch. Sie müssen nur auf die Erde aufgelegt werden und bilden dann Kräuterinseln von zum Beispiel Dill, Schnittlauch, Basilikum oder Petersilie.

→ S. 198, DIY-Projekt Saatbänder selbst machen

Geeignetes Gemüse pflanzen im Hochbeet

In einem Hochbeet können Sie grundsätzlich alles anbauen, was Sie auch in einem Flachbeet im Garten pflanzen würden.

Je nachdem, ob Sie das Beet zur Grundversorgung oder lieber als Naschbeet für eine unmittelbare Ernte nutzen möchten, bieten sich viele Sorten an:

- **Stangenbohnen** wachsen zu hoch für den Anbau im Hochbeet. Wer auf Bohnen nicht verzichten möchte, kann zu **Buschbohnen** greifen.
- **Erbsen** sind rankende Pflanzen, die eine Kletterhilfe benötigen. Erbsen sind zwar selbstbefruchtend, ihre weißen oder violetten Blüten locken aber zahlreiche Bestäuberinsekten in den Garten. Durch den vertikalen Wuchs der Erbsen haben Sie unterhalb mehr Platz im Beet.
- Andere rankende und kletternde Pflanzen wie **Kürbisse** oder **Gurken** benötigen eine stabile Kletterhilfe und sind ebenfalls gut für das Hochbeet geeignet.
- Knollengemüse wie **Rote Bete**, **Kohlrabi**, **Mairüben** und **Knollenfenchel** darf dicht gesetzt werden und ist deshalb ideal für das Hochbeet.
- Salate und andere Blattgemüse wie **Mangold** und **Rucola** nehmen wenig Platz ein und sind im Hochbeet vor hungrigen Schnecken relativ geschützt.
- Frühzeitig reifende Gemüsesorten wie **Frühkartoffeln**, **Rucola**, **Pflücksalat**, **Kresse**, **Radieschen** oder **Spinat** erlauben Ihnen eine fortlaufende Aussaat und Ernte.
- **Erdbeeren** sind eine gute Wahl für das Hochbeet. Sie profitieren vom hohen Nährstoffgehalt im Hochbeet und ergänzen die Bepflanzung um eine fruchtige Komponente. Die Pflanzen sind mehrjährig und können bis zu fünf Jahre am gleichen Platz stehen.

→ S. 64, Erdbeeren pflanzen

- **Essbare Blüten:** Viele Blüten eignen sich zum Verzehr und lassen sich im Hochbeet kultivieren, darunter Ringelblumen, Gänseblümchen, Rosenblüten und Kapuzinerkresse. Gemüseblüten von Zucchini, Kürbis oder Borretsch bereichern kulinarische Kreationen.

Mit verschiedenen Erdbeersorten wird das Hochbeet das ganze Jahr über zum Naschbeet.

Die zarten Erbsenpflänzchen benötigen, wenn sie größer werden, eine Rankhilfe.

Radieschen sind dankbare Beetbewohner, die sich beinahe rund ums Jahr säen lassen.

Troubleshooting

Blattläuse, Raupen, Schnecken und Wanzen erwachen mit den wärmeren Temperaturen aus ihren Winterverstecken und machen sich nur zu gern über die zarten Triebe Ihrer Jungpflanzen her. Manche Blattlausarten, wie die Schwarze Bohnenblattlaus, haben sich auf bestimmte Gemüsepflanzen spezialisiert.

? | Ab wann muss ich mit Blattläusen rechnen?

Blattläuse lieben besonders milde und feuchte Frühjahre und können bei guten Bedingungen auch schon im zeitigen Frühjahr auftreten. Je früher Sie den Befall entdecken, desto effektiver können Sie gegen ihn vorgehen.

? | Ich möchte kein Gift im Garten ausbringen. Wie kann ich die Blattläuse und die anderen Schädlinge mit natürlichen Mitteln beseitigen?

Spülen Sie die lästigen Schädlinge mit einem Wasserstrahl von den Pflanzen oder streifen Sie die Tiere mit den Händen von den Blättern, um der Ausbreitung der Tiere zuvorzukommen. (Bei Ekel Handschuhe tragen!)

Ein natürliches Insektizid können Sie aus einigen zerdrückten Knoblauchzehen oder einer klein geschnittenen Zwiebel herstellen, die Sie in 1 l Wasser einen Tag ziehen lassen. Sieben Sie danach die Flüssigkeit und bringen Sie sie mit einer Sprühflasche auf die betroffenen Pflanzen auf.

Natürliches Neemöl wirkt auf verschiedene Schädlinge, wie Blattläuse, Raupen, Spinnmilben und Weiße Fliegen. Das Öl gibt es im Handel zu kaufen. 1–2 TL Neemöl genügen für 1 l Wasser. Die Mischung ist besonders zur Vorbeugung oder bei einem geringen Schädlingsbefall geeignet.

? | Gibt es bestimmte Pflanzen, die ich in meinem Garten anbauen kann, um Schädlinge fernzuhalten?

Ringelblumen, Lavendel und Tagetes ziehen Nützlinge wie Marienkäfer, Florfliegen und Schwebfliegen an. Sie wirken außerdem insektizid und können Blattläuse abschrecken. Pflanzen Sie diese obendrein dekorativen Blühpflanzen zwischen anfällige Kulturen oder um die Beete herum. Besonders Tomaten, Gurken, Möhren und Zwiebeln profitieren davon. Kohlpflanzen werden durch Ringelblumen vor dem Kohlweißling geschützt.

Die Kapuzinerkresse lockt die Schwarze Bohnenblattlaus an und hält sie so von Ihren Bohnenpflanzen fern.

Mischkulturen sind ein guter Weg, um Schädlinge von den Kulturen abzulenken oder sie zu vergrämen. Die Blätter von Sellerie vergrämen zum Beispiel Blattläuse und können deshalb gut zum Mulchen verwendet oder als Mischkultur gepflanzt werden.

→ S. 204, Tabelle Mischkultur

? | Wie kann ich Nützlinge in meinem Garten ansiedeln, um Blattläuse und andere Schädlinge fernzuhalten?

Des einen Feind, des anderen Freund: Nützlinge wie Marienkäfer, Florfliegen und Schlupfwespen kann man sogar als Larven im Fachhandel kaufen und nach Anleitung im Garten ausbringen. Günstiger ist es, Käfer, Ohrwürmer, Spinnen und Vögel, die ebenfalls Appetit auf Raupen, Schnecken, Pflanzenläuse und pflanzensaftsaugende Wanzen haben, im Garten anzusiedeln. Ein naturnaher Garten mit Totholzecken, Insektenhotels und heimischen Blühpflanzen hilft, solchen Tieren ein Zuhause zu bieten. Mit umgedrehten Tontöpfen locken Sie Ohrwürmer in den Garten.

? | Wie häufig sollte ich meine Pflanzen inspizieren, um Blattlausbefall frühzeitig zu erkennen?

Das hängt von einigen Faktoren ab, wie zum Beispiel von der Witterung oder von den Sorten, die Sie anpflanzen. Wenn Sie einmal pro Woche die Blattunterseiten und Stängel der Pflanzen kontrollieren, können Sie in der Regel frühzeitig die Anzeichen von Blattlausbefall erkennen und eingreifen.

? | Was kann ich gegen Schnecken tun?

Schnecken, besonders Nacktschnecken, machen sich mit Vorliebe über zarte Jungpflanzen her. Sorgen Sie dafür, dass sich in der Nähe der Beete keine Verstecke wie Steine, Laub oder Rasenschnitt befinden, da sich die Tiere darunter gern verbergen. Kontrollieren Sie das Beet morgens und abends und sammeln Sie die Schnecken ein. Schnecken sollten getötet und nicht einfach anderswo ausgesetzt werden, auch wenn sie Ihnen leidtun. Bedenken Sie, dass die Tiere kaum natürliche Feinde haben. An anderen Stellen können die Weichtiere das Ökosystem erheblich durcheinanderbringen.
Unaufgeräumte Ecken im Garten aus Schnittgut und Zweigen laden aber Igel, Erdkröten, Eidechsen und Spitzmäuse ein, die großen Appetit auf Nackt- und Gehäuseschnecken haben.
Schnecken lieben Feuchtigkeit. Vermeiden Sie deshalb übermäßige Bewässerung und gießen Sie nur dort, wo es tatsächlich notwendig ist. Bei hohem Schneckendruck können Sie Schneckenpellets auf der Basis von unschädlichem Eisen-III-Phosphat streuen. Ein natürliches Mittel sind Eierschalen.

→ S. 121, Tipp Scharfes gegen Schädlinge

? | Schaden Schmetterlinge meinen Gemüsepflanzen?

Die meisten Schmetterlingsarten interessieren sich nicht für Ihr Gemüse. Ausnahmen sind Erbsenwickler, Kohlweißlinge, Kohlmotte und Maiszünsler, deren Raupen erheblichen Schaden an den entsprechenden Kulturen anrichten können. Kontrollieren Sie Ihre Gemüsepflanzen deshalb regelmäßig und sammeln Sie die Raupen ab. Auch hier gilt, dass ein naturnaher Garten Nützlinge fördert, die die Raupen oder Schmetterlinge fressen.

? | Was kann ich sonst noch gegen Schädlinge tun?

Feinmaschige Kulturschutznetze können Sie zu Beginn der Pflanzung über Ihre Beete breiten, um eine Barriere für den Kohlweißling und andere fliegende Schadinsekten zu bilden. Auch gegen Erdflöhe, winzige Schädlinge, die sich von den Sämlingen und Blättern von Pflanzen ernähren, können Sie die Pflanzen mit schützenden Netzen abdecken. Dagegen helfen auch Insektenseifen oder Neemöl. Erdflöhe richten bei einem Befall erheblichen Schaden an.

→ S. 120, Schädlinge abwehren auf natürliche Art

? | Wie mache ich meine Pflanzen gesund und widerstandsfähig gegen Schädlinge?

Wenn Pflanzen stark und gesund sind, sind sie weniger anfällig für einen Befall durch Schädlinge. Ein gesunder und artspezifischer Gartenboden ist die Grundvoraussetzung für widerstandsfähige Pflanzen. Düngergaben sollten an den Bedarf der Pflanzen angepasst werden. Brennnesseljauche zur Ernährung der Pflanzen mit vor allem Stickstoff und Schachtelhalmjauche zur Pilzbekämpfung und Stärkung der Zellstruktur als natürliche Pflanzenstärkungsmittel können Sie ganz einfach und nahezu kostenlos selbst herstellen. Sie werden zusammen mit dem Gießwasser ausgebracht. Auch Bokashi-Saft hilft dem Gartenboden auf die Sprünge.

→ S. 134, Pflanzenjauche selbst herstellen
→ S. 186, DIY-Projekt Einen Bokashi-Eimer bauen

VOLLFRÜHLING

Die großen rosa-weißen Apfelblüten, kleinere Himbeerblüten und die ersten weichen Austriebe der Weinreben künden vom Beginn des Vollfrühlings. Bei milden Temperaturen heißt es nun säen und auspflanzen, was das Zeug hält. Ernten können Sie nicht nur im eigenen Garten, sondern auch im Wald, wo Bärlauch und Waldmeister wachsen. Im Gemüsebeet breitet sich gern Unkraut aus und macht Ihren Gemüsepflanzen Konkurrenz. Packen Sie das Übel bei der Wurzel, dann haben Sie über das Jahr hinweg weniger Arbeit.

Regelmäßige Arbeiten im Vollfrühling

Die Vorfreude wächst mit jedem Saatkorn und mit jeder Jungpflanze. Schützen Sie Ihre Sprösslinge mit Netzen und versorgen Sie sie gut mit Kompost.

Jetzt haben Sie noch alle Hände mit Anzucht und Auspflanzen zu tun. Zusätzlich können Sie auch schon einiges an Gemüse direkt ins Freiland säen. Vergessen Sie darüber aber nicht,

- die Beete fortlaufend zu jäten.
- vorhandene Pflanzungen zu gießen, wenn der Boden trocken sein sollte.
- vorsichtig zwischen den Reihen zu hacken, um die Feuchtigkeit im Boden zu halten.
- Ihre Beete mit Kompostgaben vorzubereiten, sofern noch nicht geschehen.

Das Hacken zwischen den Reihen lockert den Boden. Unkraut lässt sich leicht aufspüren.

Spätfröste abwehren

Spätfröste können eine Herausforderung im Vollfrühling sein, wenn Sie Ihre Beete schon mit Saaten und Pflanzen bestückt haben und es trotz vorangegangener milder Temperaturen plötzlich noch mal kalt wird.

Oft ist es nicht der Frost, der den Pflanzen schadet, sondern der eisige Wind, der zu dieser Zeit über die Beete fegt.

- **Frostschutzvliese:** Decken Sie Ihre Pflanzen mit speziellen Frostschutzvliesen ab. Sie isolieren das Beet von oben und schützen die Pflanzen vor direktem Frost und Wind.
- **Folie oder Glashauben:** Sie sind geeignet für kleinere Pflanzen und Anzuchttöpfe, die im Freien stehen. Umgedrehte Marmeladengläser wirken wie ein Mini-Treibhaus und halten die Wärme innen.
- **Reisig:** Auch Reisig von Nadelbäumen können Sie vorübergehend verwenden, um Ihre Beete zu schützen. Aber beachten Sie, dass Nadelbaumzweige bei längerer Anwendung die Bodensäure erhöhen können.
- **Mulchen:** Eine dicke Schicht Mulch um die Pflanzen herum hilft, den Boden zu isolieren und Fröste abzupuffern.
- **Achten Sie auf Wettervorhersagen:** Bei bevorstehendem Frost sollten Sie gar nicht oder zum wärmsten Zeitpunkt des Tages gießen.

WAS IST BEIM MULCHEN ZU BEACHTEN?

Grundsätzlich ist es wichtig, erst dann mit dem Mulchen zu beginnen, wenn die Pflanzen schon gekeimt sind. Andernfalls behindert der Mulch die Keimung der Samen.

- Knoblauch und Zwiebeln haben empfindliche Stängel, die leicht faulen können, wenn sie mit Mulch in Kontakt kommen. Legen Sie hier die Mulchschicht besser in einigem Abstand auf.
- Wurzelgemüse wie Rüben und Pastinaken sowie Kartoffeln sollten allenfalls mit einer dünnen Schicht Stroh oder Laub gemulcht werden, damit die Luftzirkulation im Boden gewährleistet bleibt, die für diese Pflanzen besonders wichtig ist.
- Gemüsepflanzen wie Tomaten, Kürbisse, Paprika, Zucchini und Bohnen mulchen Sie bis an den Stängel.

Eine gute Lage Stroh als Mulch bietet ein sauberes Beet für die späteren Früchte.

Kulturschutznetze auslegen

Kulturschutznetze sind feinmaschige Kunststoffgewebe, die auch im professionellen Landbau verwendet werden, um Gemüsepflanzen vor Schädlingen und Vögeln zu schützen.

Solche licht-, luft- und wasserdurchlässigen Netze erhalten Sie im Handel, sie sind bereits auf passende Größen fertig zugeschnitten. Achten Sie darauf, dass das Netz reißfest und möglichst waschmaschinenfest ist, damit Sie es viele Jahre nutzen können.

So legen Sie ein Kulturschutznetz richtig aus

1 | **Das Beet vorbereiten:** Das besäte oder bepflanzte Beet sollte vor dem Auslegen des Netzes möglichst unkrautfrei sein. Das erleichtert Ihnen später die Pflege, weil Sie das Netz nicht so häufig anheben müssen.

2 | **Auslegen des Netzes:** Breiten Sie das Kulturschutznetz über dem Beet aus. Achten Sie darauf, dass es groß genug ist, um das ganze Beet zu bedecken. Planen Sie auch Spielraum für die Befestigung ein.

3 | **Das Netz straffen:** Ziehen Sie das Netz ringsherum leicht straff, damit es nicht durchhängt und die Pflanzen darunter abgeknickt oder beschädigt werden.

4 | **Das Netz befestigen:** Machen Sie das Netz an den Ecken des Beets fest, indem Sie es dort entweder mit Erde bedecken oder mit Steinen beschweren.

5 | **Kontrolle:** Sie sollten das Netz regelmäßig auf Schäden und eine gute Befestigung überprüfen. Entfernen Sie Äste und Laub, die auf das Netz gefallen sind. Zum Jäten können Sie das Netz vorsichtig anheben. Achten Sie aber darauf, es anschließend wieder gut zu befestigen.

Bereiten Sie das Kulturschutznetz gut vor, damit sich später nichts verheddert.

So ist alles rundum gut eingepackt. Achten Sie darauf, keine Lücken zu lassen.

Latten oder Steine sichern das Netz. Es schützt vor Wind und tierischen Eindringlingen.

Anziehen auf der Fensterbank

Mit der Anzucht im Haus schenken Sie vor allem Fruchtgemüsen, die eine lange Wachstums- oder Reifedauer haben oder die viel Wärme benötigen, einen Wachstumsvorsprung. Damit lassen sich sogar Melonen im heimischen Garten anbauen.

- **Gurken, Zucchini, Mais** und **Salat** können im Vollfrühling sowohl im Freiland gesät als auch immer noch im Haus vorgezogen werden. Besonders in kühleren Regionen oder in Jahren mit einem späteren Frühling profitieren die Pflanzen von der längeren Wachstumsperiode im Warmen. Geben Sie diese Pflanzen in handelsübliche Anzuchttöpfe oder Trays von 10–15 cm Durchmesser. Nach dem Auftreten von zwei echten Blättern pflanzen Sie die Sämlinge in größere Töpfe oder direkt ins frostfreie Freiland.
- **Chilipflanzen** brauchen noch wärmere Bedingungen für die Voranzucht. Wählen Sie für die Anzucht am besten einen beheizten, hellen Raum aus oder gönnen Sie den Pflanzen ggf. eine Pflanzenleuchte, um Temperaturen von 25–30 °C zu gewährleisten. Wenn die Temperaturen nachts stabil über 10 °C liegen, können Sie die Pflanzen ins Freiland auspflanzen.
- **Melonen:** Den Ursprung dieser großen Sommerfreude vermuten Botaniker in Afrika. Durch ihre subtropische Herkunft wird klar, dass sich Melonenpflanzen lange Sonnenzeiträume und viel Wärme wünschen. Melonen anzubauen gelingt aber auch hierzulande, wenn Sie sie in Töpfen vorziehen. Rechnen Sie beim Auspflanzen mit 1–2 m^2 Platz pro ausladend wachsender Pflanze.

Blühstreifen anlegen

Mit einem Blühstreifen neben Ihrem Gemüsebeet können Sie der heimischen Insektenwelt etwas Gutes tun.

Über einen Zeitraum von 30 Jahren ist die Biomasse der Insekten um rund 75 Prozent zurückgegangen. Mit einem Blühstreifen im Garten lässt sich auch als Einzelner gegen diesen dramatischen Rückgang etwas tun. Heimische Wildblumen locken zahlreiche Nutzinsekten in den Garten, die Ihre Beerensträucher oder Obstbäume bestäuben.

Ein Blühstreifen fördert die Artenvielfalt, weil er unter anderem Bienen, Schmetterlingen, Hummeln, Marienkäfern, Florfliegen und Schlupfwespen Nahrung und Schutz bietet. Damit profitieren Sie nicht nur optisch von einem Stück Blütenpracht. Die Insekten sind einerseits willkommene Bestäuber von Nutzpflanzen, andererseits Fressfeinde von Blattlaus und Co.

Kornblume, Ringelblume, Kornrade, Wiesen-Storchschnabel, Wilde Malve, Natternkopf, Wiesen-Flockenblume sind geeignete heimische Sorten. Oft finden Sie im Fachhandel auch fertige Mischungen für solche Blühstreifen. Achten Sie unbedingt darauf, dass solche Tüten heimische Blumensaaten in Bio-Qualität enthalten, um sich nicht versehentlich lästige Beikräuter oder invasive Arten ins Beet zu holen. Die Samen werden auf den vorgesehenen Flächen ausgestreut.

Blühstreifen am Feldrand sind selten geworden. Sie bringen das brummende Leben ins Beet.

Kräuter und Salate säen im Freiland

Jetzt ist die richtige Zeit, um weiterhin Kräuter und Salate zu säen. Die Kräuter geben jedem Salat nicht nur einen Frischekick, sondern zusätzliche Vitamine.

- **Schnittlauch:** Mit Zwiebeln eng verwandt, gelten die grünen Halme als Gewürzklassiker, die frisch geschnitten so gut wie jede Mahlzeit bereichern. Die Aussaat von Schnittlauch erfolgt am besten in Reihen im Abstand von 20–30 cm. Die Samen sollten dabei nur leicht mit Erde bestreut werden. Schnittlauch ist mehrjährig und kann damit das ganze Jahr über am Standort verbleiben.
- **Petersilie:** Sie bevorzugt einen sonnigen Standort, kann aber auch im Halbschatten gesät werden. Säen Sie die vielseitige Kräuterpflanze in 1 cm Tiefe und in einem Abstand von etwa 20 cm zwischen den Reihen.
- **Koriander:** Von diesem Kraut können Sie alle Teile bis hin zu den Samen in der Küche verwenden. Die Blüten schmecken in Zucker kandiert und lassen sich zu Tees verarbeiten. Korianderblätter ergeben einen interessanten Ersatz für Petersilie und verleihen den Speisen asiatisches Flair. Arbeiten Sie die runden Samen leicht in den Boden ein, damit Vögel sie nicht so schnell entdecken. Sonne oder Halbschatten sind für den Koriander richtig.
- **Dill:** Das aromatische Kraut mit dem anisartigen Geschmack entwickelt zarte, gefiederte Blätter und gelbe Blütenschirme, die auch bei Bienen und anderen Insekten beliebt sind. Aus den Blüten lassen sich später Samen gewinnen, die Sie trocknen und im nächsten Jahr wieder für die Aussaat oder in der Küche verwenden können. Die Blätter können Sie den gesamten Sommer über abschneiden und in Fischgerichten, Saucen und Salaten genießen. Säen Sie Dill in Reihen von 30–45 cm und mit 20–30 cm Abstand pro Pflanze.
- **Salate:** Kopf- und Pflücksalate, Radicchio und Endivien können Sie jetzt direkt ins Freiland säen. Beachten Sie die flache Saattiefe von 0,5 cm. Denken Sie daran, dass die Köpfe Platz brauchen: 20–30 cm Abstand sind richtig. Kontrollieren Sie besonders anfangs den Salatbereich morgens und abends auf Schnecken und sammeln Sie diese ab. Salate kommen sehr gut mit schattigen und halbschattigen Orten zurecht.

→ S. 121, Tipp Scharfes gegen Schädlinge

PETERSILIENSORTEN

Petersilie kann ein- oder zweijährig sein, abhängig von der Sorte. Hinweise darauf finden Sie auf der Saatgutverpackung.

- **Sommerpetersilie** ist die einjährige Variante. Diese Petersilie säen Sie im Frühjahr. Ihre Blätter haben einen kräftigen Geschmack und die Pflanzen bilden im selben Jahr Samen aus, bevor sie absterben.
- **Winterpetersilie** ist dagegen zweijährig. Sie wird im ersten Jahr aus Samen gesät und bildet ebenfalls die typischen, aber milder schmeckenden Blätter. Winterpetersilie geht dann aber noch nicht in die Samenproduktion. Sie überwintert und bildet erst im zweiten Jahr Blüten und Samen, bevor sie abstirbt.

Petersilie ist der Evergreen unter den Kräutern. Sie kann nach Bedarf geerntet werden.

Gemüse säen im Freiland

Rote Bete, Buschbohnen, Möhren und Radieschen lassen sich weiter aussäen. Nach den letzten Frösten, in der Regel Mitte Mai, kommen einige Sorten hinzu.

- **Buschbohnen** eignen sich wegen ihres kompakten Wuchses bestens für kleine Beete und Hochbeete. Sie tragen reichlich und sind sehr eiweißreich, was sie nicht nur für Vegetarier und Veganer wertvoll macht. Legen Sie die Samen in Reihen von 30–50 cm Abstand und voneinander im Abstand von 10–15 cm. Buschbohnen wachsen und reifen schnell heran. Eine zweiwöchentlich gestaffelte Aussaat ermöglicht Ihnen eine Ernte bis in den späten Herbst hinein.
- **Blumenkohl** wird in der Regel vorgezogen und als Jungpflanze im Vollfrühling nach den Eisheiligen in den Garten gesetzt. Wenn Sie Blumenkohl direkt ins Freiland säen möchten, ist der beste Zeitpunkt ebenfalls jetzt. 50 × 50 cm sind der ideale Pflanzabstand für die Köpfe. Blumenkohl ist ein Starkzehrer, weshalb das Beet vor der Aussaat gut mit Kompost aufbereitet sein sollte. Während der Wachstumsphase im Juni und Juli können Sie die Pflanzen mit Pflanzenjauche düngen. Etwa drei Wochen vor der Ernte im Frühherbst stellen Sie die Düngegaben ein, damit die Köpfe milder schmecken.

→ S. 134, Pflanzenjauche selbst herstellen

- **Chicorée** ist ein vielseitiges Blattgemüse, das in verschiedenen Sorten erhältlich ist. Es gibt nicht nur gelbe oder grüne, sondern auch violette Sorten mit glatten oder sogar krausen Blattstrukturen. Sie können Chicorée im Freiland säen, sobald die letzten Fröste vorüber sind. Die Pflanze bildet lange Pfahlwurzeln aus und braucht deshalb einen gut gelockerten Boden. Für die Aussaat legen Sie die Samen in einem Reihenabstand von 30–45 cm und einem Pflanzabstand von 5–10 cm. Etwa ab Ende Hochsommer können Sie beginnen, die äußeren Blätter der Pflanze vorsichtig zu ernten. Ziehen Sie sie dazu vorsichtig aus der Pflanze, wobei Sie das Herz intakt lassen sollten. Chicorée kann im Beet verbleiben, um ihn für den Herbst und Winter zu treiben.

→ S.183, Chicorée kultivieren

- **Mangold** gibt es in einer Vielzahl von Farben, von Gelb über Grün bis Violett und mit unterschiedlichen glatten und krausen Blattstrukturen. Säen Sie Mangold in einem Abstand von 5–10 cm und in einem Reihenabstand von 30–45 cm.
- **Rote Bete,** ein Knollengemüse, gedeiht am besten in lockerem Boden an einem sonnigen Standort. Der Samenabstand beträgt etwa 5–10 cm, damit die Knollen Platz genug haben, und der Reihenabstand sollte bei ungefähr 30–45 cm liegen. Mulchen Sie den Starkzehrer regelmäßig. Unter richtigen Lagerbedingungen lässt sich Rote Bete mehrere Monate aufbewahren.
- **Zwiebeln** gehören zu den Basics in Garten und Küche. Sie bilden die würzige Grundlage für viele Gerichte. Der Abstand für die feinen Samen beträgt

Im Sommer lässt der blattweise Genuss von Chicorée immer neue Blätter austreiben.

Bis die zarten Pflänzchen zu erntereifen Roten Rüben werden, dauert es mehrere Monate.

5–10 cm und der Reihenabstand sollte bei etwa 30–45 cm liegen.

- **Frühlingszwiebeln** schmecken milder als ihre großen Vettern und sind roh oder gebraten verwendbar. Essbar sind die kleinen Knollen und die grünen Halme. Der Anbau lohnt sich, weil die Aussaat sehr variabel gestaltet werden kann. Die Samen lassen sich von März bis Juli und später im Herbst als Wintersaat ausbringen. Im Freiland werden die Samen in Reihen von 30–40 cm bei einer Saattiefe von 1–2 cm gesät. Frühlingszwiebelsamen sind sehr fein. Säen Sie sie deshalb dicht und vereinzeln Sie die Pflanzen später auf 2,5 cm Abstand.
- **Mais** schmeckt gekocht oder gegrillt, im Salat oder als Gemüse. Die Pflanzen werden vom Wind bestäubt und deshalb in Blöcken gepflanzt. Setzen Sie die Samen etwa 2,5 cm tief in den Boden. Maispflanzen brauchen viel Sonne und einen gut durchlässigen Boden.

→ S.92, Ein Milpa-Beet anlegen

- **Kürbisse** bilden eindrucksvolle Ranken, die mehrere Meter lang werden können. Die Pflanzen brauchen deshalb Platz. Rechnen Sie mit 1–3 m² pro Pflanze und legen Sie die Kürbissamen in Hügel oder in Reihen mit einem Abstand von 120–150 cm. Als Starkzehrer kann man Kürbisse gut an den Fuß des Kompostes setzen, wo die hungrigen Pflanzen von den durchsickernden Nährstoffen zehren. Die großen Blätter spenden dem Kompost dann willkommenen Schatten.

Kürbisse wünschen sich einen warmen und windgeschützten Ort. In heißen Sommern brauchen die Pflanzen etwa 5 l Wasser am Tag, damit die großen Früchte ausreifen können. Ab Herbst müssen die Pflanzen nicht mehr gegossen werden. Halten Sie den Boden im Kürbisbeet feucht, aber nicht nass, um Staunässe einerseits und Trockenstress andererseits zu vermeiden.

- **Zucchini** sind ein ideales Einsteigergemüse, das auch ohne aufwendige Pflege viel Ertrag abwirft. Die Pflanzen werden sehr ausladend und brauchen viel Platz. Säen Sie die Samen in Hügel oder in Reihen mit einem Abstand von etwa 90–120 cm zwischen den Hügeln oder Reihen. Zucchini sind sehr vielseitig in der Küche verwendbar, auch die Blüten sind gefüllt und gebraten ein Genuss.
- **Gurken** sind rankende Pflanzen, die einiges an Platz beanspruchen. Ob Einmachgurken, Salatgurken oder Schlangengurken – wählen Sie Ihre Lieblingssorte, die alle ähnliche Ansprüche haben. Legen Sie die Samen in Reihen oder Hügeln mit einem Abstand von 90–120 cm bei einer Saattiefe von etwa 1,5 cm. Gurken benötigen ein Rankgitter, welches Sie jetzt schon aufstellen sollten.

→ S. 66, Rankgitter und Rankhilfen

- **Radieschen:** Schon wieder Radieschen aussäen? Aber klar doch! Die kleinen Scharfmacher sind allgegenwärtig und können gleich nach der Ernte wieder gesät werden.

DREI TOP-KÜRBISSORTEN

- **Butternut:** Der Geschmack des birnenförmigen Butternutkürbisses ist nussig-würzig. Die Früchte enthalten nur im unteren Teil Kerne. Die cremefarbene Schale kann mitgegessen werden. Im Frühsommer gesät, ist der Kürbis im späten Herbst erntereif, wenn seine Schale hart und mattbeige bis orange geworden ist. Es ist ratsam, die Pflanzen mit einem Rankgitter (→ Seite 66/67) zu unterstützen.
- **Hokkaido:** Er lässt sich unkompliziert zubereiten und kommt in der idealen Portionsgröße für leckere Suppen und Beilagen daher. Auch überbacken oder als Pommes ist der aus Japan stammende Kürbis mit dem süßen, tief orangefarbenen Fruchtfleisch ein Genuss. Die Kerne des Hokkaido sind ebenfalls essbar und können gewürzt und gesalzen im Backofen geröstet werden. Geerntet wird der Hokkaido ab Vollherbst, wenn der Stielansatz braun und durchgetrocknet ist.
- **Muskatkürbis:** Sein Name stammt von seinem charakteristischen Geschmack, der an das warme Aroma von Muskat erinnert. Die Pflanze bildet mittelgroße, hübsch geformte Früchte mit glatter Schale aus, die auch essbar ist. Muskatkürbisse enthalten nur wenig Kerne, dafür aber mehr mineralstoffreiches Fruchtfleisch. Der Muskatkürbis lässt sich gut an Zäune pflanzen, die er dekorativ begrünt.

Voranzuchten an draußen gewöhnen

Wenn der Vollfrühling einzieht, können Sie vorgezogene Fruchtgemüse, Melonen sowie Salate, Kohlgewächse und Sommerlauch in den Garten bringen.

Um die Pflanzen an die Außentemperaturen und das Sonnenlicht zu gewöhnen, sollten sie nach und nach abgehärtet werden, bevor sie dauerhaft umgepflanzt werden können.

So gewöhnen Sie die Pflanzen ans Freiland

1 | **Die Pflanzen vorbereiten:** Beginnen Sie mit dem Abhärten eine Woche bis zehn Tage vor dem geplanten Auspflanztermin. Die Pflanzen sollten robust und gesund wirken und die Blätter keine braunen Flecken oder Fraßspuren haben.

2 | **Temperatur und Belüftung anpassen:** Um die Jungpflanzen an die kühleren Außentemperaturen zu gewöhnen, senken Sie die Temperaturen im Anzuchtbereich etwas ab. Öffnen Sie für einige Stunden täglich zusätzlich das Fenster.

3 | **Nach draußen bringen:** Nach ca. zehn Tagen können Sie damit beginnen, die Jungpflanzen nach draußen zu bringen. Achten Sie darauf, dass die Töpfe und Anzuchtschalen nicht in der vollen Sonne stehen und dass sie windgeschützt sind.

4 | **Zeit im Freien erhöhen:** Starten Sie mit einer kurzen Zeit im Freien, etwa ein bis zwei Stunden pro Tag. Am besten ist es, die Pflanzen vormittags nach draußen zu stellen, da die Sonneneinstrahlung zu dieser Zeit weniger intensiv ist. Auch bewölkte Tage sind gut geeignet. Jungpflanzen sind frostempfindlich und sollten immer frostfrei stehen.

Achtung: Welke Blätter oder braune, trockene Stellen auf den Blättern sind Warnsignale für Stress oder Sonnenbrand. Lassen Sie die Pflanzen in dem Fall noch ein wenig im Haus.

DIE EISHEILIGEN

Die sogenannten Eisheiligen markieren einen Zeitraum von fünf Tagen Mitte Mai (11.-16. Mai), zu denen oft noch einmal kältere Temperaturen und harsche Nachtfröste auftreten sollen. Obwohl diese Daten seit dem Mittelalter in Mitteleuropa tradiert sind, basiert das Phänomen eher auf traditionellem Wissen und Erfahrung. Wissenschaftlich fundiert ist es nicht. Wenn Sie also von den Eisheiligen als Grenzdatum für das Säen und Auspflanzen hören oder lesen, betrachten Sie das eher als groben Richtwert und verlassen sich lieber auf Wettervorhersagen und Ihre eigenen, regionalen klimatischen Bedingungen.

Gemüse auspflanzen ins Freie

Im Vollfrühling dürfen die im Haus vorgezogenen Jungpflanzen von Fruchtgemüsen, Sellerie oder Salaten endlich ins Freiland umsiedeln.

- **Tomaten, Paprika und Auberginen:** Diese wärmeliebenden Pflanzen gedeihen am besten am sonnigsten Standort Ihres Gartens auf gut mit Kompost vorbereitetem, lockerem Boden. Die Gemüsesorten brauchen aufgrund ihrer Größe und um Pilzerkrankungen vorzubeugen einen Abstand von 60–90 cm zwischen den einzelnen Pflanzen. Denken Sie an stützende Gerüste.
- **Gurken:** Gurkenpflanzen sind rankende Gewächse und brauchen ebenfalls ein Stützgerüst und viel Platz. Setzen Sie die Jungpflanzen in Reihen oder Hügel mit einem Abstand von 90–120 cm zwischen den einzelnen Pflanzen.
- **Zucchini und Kürbis:** Diese Pflanzen sind nah miteinander verwandt. Sie benötigen sechs bis acht Stunden Sonnenlicht, damit ihre Früchte ausreifen können. Wählen Sie einen humusreichen, sonnigen Standort und halten Sie einen Abstand von 120–150 cm pro Pflanze ein, denn sie entwickeln sehr große Blätter.
- **Stangensellerie und Lauch:** Diese beiden Gemüsearten werden im Abstand von 20–30 cm gesetzt. Wenn der Stangensellerie etwa um die Hälfte gewachsen

WAS IST DAS HERZ DER PFLANZE?

Das Herz der Pflanze ist der empfindlichste Teil der Pflanze. Er befindet sich am oberen Ende des Sprosses oder Stängels. Dieser Bereich der Pflanze ist für ihr Wachstum und die Entstehung von neuen Blättern, Blüten und Früchten entscheidend. Wenn dieser Teil der Pflanze mit Erde bedeckt wird, kann sie nicht mehr genug Fotosynthese betreiben. Die Pflanze wird gestresst und entwickelt sich nicht richtig.

Achten Sie also stets darauf, das Herz der Pflanze nicht mit Erde zu bedecken, wenn Sie Jungpflanzen auspflanzen.

ist, können Sie ihn um die Basis herum anhäufeln, um längere und zartere Stängel zu fördern. Das Anhäufeln von Lauch fördert das zarte Wachstum der Schaftteile, schützt vor Sonneneinstrahlung und hält sie dadurch hell. Zudem stabilisiert es die Pflanzen.

- **Salat, Blumenkohl, Brokkoli und andere Kohlsorten:** Auch diese Gemüsesorten sind jetzt bereit für ein Auspflanzen ins frostfreie Freiland. 30–45 cm sind der richtige Abstand für alle genannten Pflanzen.

Hinweis: Achten Sie darauf, die Jungpflanzen auf denselben Pflanzhorizont wie in ihren Töpfen und Anzuchttöpfen zu pflanzen. Bedecken Sie das Herz der Pflanze nicht mit Erde (→ Info oben).

Erdbeeren mulchen

Strawberry Fields forever – das Mulchen von Erdbeeren verspricht eine reiche und gesunde Ernte.

Wilde Erdbeerpflanzen stammen ursprünglich aus dem Unterholz von Wäldern. Deshalb schätzen auch ihre kultivierten Nachfahren im Garten frischen, feuchten Boden.
Eine Mulchschicht aus Stroh hilft, die Bodenfeuchtigkeit zu erhalten und die Verdunstung zu verringern. Zudem unterdrückt sie das Keimen von Unkräutern, die den Pflanzen Konkurrenz machen. Zusätzlich schützt das Stroh die Pflanzen vor Spritzwasser und verhindert, dass Erde auf die Früchte spritzt, was das Risiko von Fäulnis verringert. Achten Sie in jedem Fall darauf, sauberes Stroh zu verwenden, das keine Unkrautsamen enthält.
Verteilen Sie das Stroh sorgfältig um die Pflanzen herum, aber bedecken Sie die Erdbeeren nicht damit, um Feuchtigkeitsstau zu vermeiden. Achten Sie darauf, eine ausreichende Schicht (etwa 5–10 cm) um die Pflanzen herum aufzutragen.
Für das Mulchen von Erdbeeren können Sie auch andere organische Materialien verwenden, wie Heu, Holzspäne oder Grasschnitt.

Überzählige Himbeertriebe entfernen

Himbeeren entwickeln ein verzweigtes Wurzelsystem, aus denen neue Triebe austreiben. Werden sie nicht begrenzt, können sie sich in benachbarte Gartenbereiche ausbreiten.

Im Vollfrühling können Sie diese Ausläufer entdecken und auslichten. Stechen Sie dazu die Ausläufer mit einem scharfen Spaten und graben Sie den Wurzelausläufer aus. Damit sorgen Sie für eine bessere Luftzirkulation in der Kultur und fördern stärkere Triebe, außerdem können Sie später einfacher ernten.

Achtung! Von Himbeeren nur die verholzten Triebe entfernen. Man kann sie leicht erkennen.

KUNTERBUNTER KARTOFFELGENUSS

Wer Abwechslung und Farbe auf dem Teller haben möchte, kann unter Hunderten von interessanten Kartoffelsorten in allen Farben und Formen wählen. Alte oder interessante Sorten bekommen Sie als Saatkartoffeln im spezialisierten Online-Fachhandel, manchmal im Baumarkt oder auch in Hofläden auf dem Land.

1. **Blaue Schweden (Vitelotte):** Unter der tiefblauen oder violetten Schale der kleinen bis mittelgroßen Knollen verbirgt sich ein leicht nussiger Geschmack. Diese traditionelle Sorte eignet sich besonders für Kartoffelsalate und als Beilage.
2. **La Ratte:** Dies ist eine alte französische Kartoffelsorte, die länglich-walzenförmig wächst und einen delikaten, nussigen Geschmack hat. Die Schale der La Ratte ist zart und dünn und kann mitgegessen werden.
3. **Rosa Tannenzapfen (Rosa Fir Apple):** Diese traditionelle Sorte hat eine unregelmäßige, längliche Form und eine ins Rosa tendierende bräunliche Schale. Sie ist durch ihre Größe gut geeignet zum Kochen und Braten und sehr lange lagerfähig. Als späte Sorte ergänzt sie andere frühere Sorten, damit Sie rund ums Jahr Kartoffeln ernten können.
4. **Blaue Anneliese (Blaue Mauritius):** Die blauviolette Schale hat eine schöne, glatte Oberfläche. Auch das Fruchtfleisch ist violett. Der ausgezeichnete, volle Geschmack erinnert an den von Esskastanien. Alt ist die Sorte nicht, bereichert aber farblich viele Gerichte und auch Kanapees.
5. **Allians (Allianz):** Hier handelt es sich um eine mittelfrühe Sorte mit hellgelber Schale und leuchtend gelbem Fleisch mit einer hervorragenden festkochenden Qualität. Sie ist sehr gut lagerfähig und schmeckt als Pellkartoffel und im Salat.
6. **Shetland Black:** Diese Kartoffel mit einer dunklen, fast schwarzen Schale ist eine der ältesten Kartoffelsorten, die in Deutschland angebaut werden. Sie zeichnet sich durch ihr helles, cremefarbenes Fleisch und ihren kräftigen, erdigen Geschmack aus.
7. **Bamberger Hörnchen:** Die hornförmigen Knollen sind echte Gourmetkartoffeln mit hellgelber Schale, cremigem Fleisch und einem feinen, buttrigen Geschmack. Tipp: Das Schälen der oft hutzelig gekrümmten Kartoffeln können Sie sich sparen, wenn Sie sie als Frühkartoffeln mit Schale verspeisen.

1

2

3

7

6

5

4

Kartoffeln pflanzen

Sobald die Keime 2–3 cm lang sind, können Sie die Kartoffeln in die Erde bringen.

- **Boden vorbereiten:** Auch Kartoffeln benötigen einen sonnigen Standort mit lockerem, gut durchlässigem Boden. Der Boden sollte außerdem unkrautfrei sein. Kartoffeln gedeihen am besten in humoser Erde.
- **Kartoffeln einsetzen:** Die vorbereiteten Saatkartoffeln (→ S. 62) legen Sie spatentief, also etwa 15–20 cm tief und 30–40 cm entfernt voneinander in das vorbereitete Beet. Die »Augen« sollten dabei nach oben zeigen.
- **Anhäufeln:** Sobald die Kartoffelpflanzen aus dem Boden herausschauen, häufeln Sie Erde um die Pflanzen herum an. Das fördert das Wachstum der Knollen und schützt sie gleichzeitig vor Sonnenlicht. Wiederholen Sie das Anhäufeln während der Wachstumsphase mehrmals, bis der Erdwall eine Höhe von ca. 40 cm hat.

Rhabarber richtig ernten

Botanisch ist der Rhabarber eine Gemüsepflanze, zubereitet werden die herb-sauren und herrlich aromatischen Stängel aber meist als Obst. Häufig sind die roten Stangen das erste frische Obst, das aus dem Garten auf den Tisch kommt.

Die Rhabarberpflanze braucht einen sonnigen oder halbschattigen Standort mit gut durchlässigem, humosem Boden. Rhabarber ist mehrjährig und kann im Beet stehen bleiben. Wird die Pflanze zu groß, lässt sie sich im späten Herbst oder im zeitigen Frühjahr mit einem Spaten teilen. Den Ableger können Sie an eine andere Stelle versetzen. Einmal etabliert, können Sie über acht bis zehn Jahre Rhabarber ernten. Der Herbst und das Frühjahr sind die richtigen Zeitpunkte, um Jungpflanzen zu setzen. Die ersten Stängel können Sie nach zwei Jahren ernten. Reife Stängel erkennen Sie an ihrer kräftigen roten Farbe. Ernten Sie die Stangen einzeln, um die Wurzeln der Pflanze nicht zu beschädigen. Fassen Sie dazu die Stange möglichst bodennah und drehen oder ziehen Sie sie mit einem Ruck aus dem Boden. Abschneiden sollten Sie die Stangen nicht, weil die Schnittflächen anfällig für Krankheiten sind und die Pflanzen schwächen können. Rhabarberblätter enthalten hoch konzentriert die giftige Oxalsäure und können nicht gegessen werden. Verwenden Sie die großen Blätter deshalb auch nicht zum Mulchen. Rhabarberpflanzen sind bei guter Pflege ergiebig. Die Stangen reifen von innen nach außen vom Vollfrühling bis etwa zum Hochsommer nach. Ernteende ist der Johannistag Ende Juni.

KARTOFFELN ODER SAATKARTOFFELN?

Theoretisch können aus jeder Kartoffelknolle neue Pflanzen austreiben. Saatkartoffeln wurden aber speziell für die Vermehrung kultiviert und sind oft größer und widerstandsfähiger als normale Kartoffeln aus dem Gemüseregal. Außerdem haben sie eine bessere Keimfähigkeit, weil sie nicht wie herkömmliche Speisekartoffeln mit keimhemmenden Mitteln behandelt wurden. Wenn Sie keine Saatkartoffeln zur Hand haben, können Sie es aber auch mit unbehandelten Bio-Kartoffeln aus dem Laden versuchen.

Die Erntesaison beginnen

Im Vollfrühling, wenn der Garten zum Leben erwacht und die Pflanzen wieder in die Wachstumsphase eintreten, beginnt sich auch der Erntekorb zu füllen.

- **Kräuter** wie Bärlauch, Petersilie, Schnittlauch, Koriander, Minze, Thymian, Kresse, Rosmarin und Salbei können blattweise geerntet werden.
- **Gemüsesorten,** die Sie in den Vormonaten gesät haben, wie Winterradicchio, Radieschen, Feldsalat, Mangold, Spinat, Kohlarten, Salate, Rhabarber oder Spargel kommen hinzu.

Das Hochbeet pflegen

Das Säen und Pflanzen geht auch im Vollfrühling im Hochbeet weiter. Freuen Sie sich auf eine frühe Ernte vieler Sorten!

Säen im Hochbeet

Im Gegensatz zum Freilandbeet bietet das Hochbeet etwas wärmere Temperaturen, die besonders im Frühling nützlich sind. Säen Sie jetzt für eine fortlaufende Ernte Möhren, Zwiebeln, Erbsen, Mangold, Salat, Rote Bete und Kräuter wie Dill, Basilikum, Koriander und Schnittlauch. Auch die Radieschen kommen wieder zum Zug.

Auspflanzen ins Hochbeet

Jungpflanzen aus den Indoor-Anzuchten dürfen nun ins Hochbeet ausgepflanzt werden. Ähnlich wie im Freiland sind das Tomaten, Paprika, Auberginen, Zucchini, Kürbis, Gurken, Salat, Kohlrabi, Brokkoli, Blumenkohl, Kohl, Sellerie und Lauch. Härten Sie die Pflanzen vorher ab.

→ S. 80, Voranzuchten an draußen gewöhnen

Pflege im Hochbeet

Im Frühling benötigen die Pflanzen eine Extraration Nährstoffe. Hochbeete aus dem Vorjahr können Sie mit einer Schicht reifem Kompost bestreuen und Ihre Pflanzung großzügig mulchen. Das schützt auch vor späten Frösten. Jäten Sie aufkommende Unkräuter und dünnen Sie zu dicht gewachsene Setzlinge aus.

Ernten im Hochbeet

Auch im Hochbeet sind einige Saaten aus den Vormonaten erntereif. Dazu gehören Rucola, Kohlrabi, Radieschen und Spinat.

Katzen vom Hochbeet fernhalten

In den Augen von Katzen sind Hochbeete ideale Toiletten und Schlafplätze.

Die weiche Erde lädt zum Dösen im Sonnenschein und zum Verbuddeln kleiner und großer Geschäfte ein. Katzenkot und Urin zwischen den Pflanzen sind nicht nur unappetitlich, sondern auch bedenklich für die Gesundheit.

Es gibt verschiedene Möglichkeiten, Katzen aus Beeten zu vertreiben.

- Wenn Sie nicht unbedingt täglich zur Wasserpistole greifen möchten und Hausmittel wie Kaffeesatz und Neemöl die Tiere nicht wirklich beeindrucken, können Sie Vogelschutznetze so über die Beete spannen und befestigen, dass die Katzen keinen Durchschlupf finden. Die Netze sind feinmaschig und damit wasser- und luftdurchlässig. Zum Jäten müssen Sie das Netz an den entsprechenden Stellen öffnen.
- Ein anderes Mittel, um es den Tieren ungemütlich im Hochbeet zu machen, sind ausrangierte Gabeln und andere Besteckstücke, die Sie mit dem Stiel in den Boden stecken. Auch kurze Zweige lassen sich verwenden. Die Katzen können sich nicht gut zwischen den Besteckwald hocken und suchen sich daher andere Orte für ihre Aktivitäten. Diese Methode ist tierfreundlich und schadet den Katzen nicht. Seien Sie selbst aber vorsichtig beim Jäten und Pflegen, um sich nicht zu verletzen.

Auf frischer Tat ertappt räumt der Stubentiger buchstäblich das Feld.

Hochbeet auf dem Balkon

Auch mit begrenztem Platz können Sie Ihr eigenes Gemüse anbauen, frische Luft genießen und Ihrem Gemüse auf Augenhöhe beim Wachsen zusehen.

Kleine Hochbeete für den Balkon holen das Beste aus Ihren Möglichkeiten heraus. Sie können Balkon-Hochbeete im Baumarkt kaufen oder mit etwas Geschick selbst zimmern. Auf diese Weise erhalten Sie ein maßgeschneidertes Hochbeet, das Sie an die Größe Ihres Balkons anpassen können.

Weil die meisten Balkone relativ schmal sind, sollte das Balkon-Hochbeet schmaler und leichter sein als ein herkömmliches Garten-Hochbeet. Gegen Wühlmäuse brauchen in einem Balkon-Hochbeet keine Maßnahmen wie Maschendraht und Ähnliches eingebaut werden. Weil Hochbeete samt Befüllung und Bepflanzung schwer werden, sollten Sie die Statik Ihres Balkons prüfen, bevor Sie mit dem Bau loslegen oder ein Hochbeet kaufen. Ein Balkon-Hochbeet ist auch praktisch, weil es mit einem passenden Aufsatz als Frühbeet genutzt werden kann, in dem Ihre Anzuchten vom wärmeren und geschützteren Klima am Haus profitieren. Anpflanzen kann man in solchen Balkon-Hochbeeten Salate, Kräuter und alle kompakten Gemüsesorten, die nicht viel Platz brauchen.

HOCHBEET-EINFASSUNGEN

Im Handel sind Hochbeete aus den unterschiedlichsten Materialien erhältlich. Auch lassen sich durch Upcycling von Fundstücken aus dem eigenen Garten oder aus Zaunelementen und Ähnlichem Hochbeet-Einfassungen einfach selbst machen.

- **Hochbeete aus Holz** sind nicht nur klassisch, sondern das Material ist auch leicht zu verarbeiten und damit ideal für eigene Kreationen geeignet. Liegt das Holz direkt auf dem Boden auf, kann es schnell verrotten. Beugen Sie vor und legen Sie deshalb unter ein Hochbeet aus Holz ein Streifenfundament aus Pflastersteinen an.
  → S. 172, DIY-Projekt Ein Paletten-Hochbeet bauen
- **Hochbeete aus Kunststoff** sind meist am günstigsten und punkten mit ihrem geringen Gewicht. Achten Sie auf hitze- und UV-beständiges Material, damit zum Beispiel durch Sonneneinstrahlung keine Schadstoffe in Ihr Gemüse gelangen.
- **Hochbeete aus Wellblechelementen** sind leicht und trotzdem stabil. Die Elemente sind gerade oder geschwungen im Baumarkt erhältlich. Solche Hochbeete sind nahezu unendlich lange haltbar.
- **Geflochtenes Hochbeet:** Geflochtene Einfassungen lassen sich aus fertig erhältlichen Zaunelementen bauen, die Sie mit Draht verbinden. Sie können Ihr Hochbeet auch aus Weidenruten, Haselzweigen oder Rattan selbst flechten und dadurch die Beetform passend in Ihren Garten integrieren. Das Flechten frischer Weidenruten erfordert zwar etwas Geschick, ist aber auch für DIY-Anfänger zu bewältigen. Das Beet wird vor der Befüllung mit dicker Teichfolie oder Noppenfolie ausgekleidet.
- **Hochbeet aus Stein oder Steinplatten:** Stapeln Sie dazu Natursteine, alte Tonziegel und Ähnliches ohne Mörtel in Form einer Trockenmauer aufeinander. Die Ritzen und Fugen nutzen sehr gern Untermieter wie Eidechsen oder Insekten. Auf eine Innenverkleidung mit Folie können Sie verzichten, denn Steine vermodern bei Nässe nicht.
- **Gabionen:** Diese verzinkten und mit unterschiedlichen Materialien gefüllten Drahtgitterkörbe stammen eigentlich aus dem Landschaftsbau. Sie lassen sich aber auch als Einfassung für ein Hochbeet nutzen. Die Körbe werden wie eine Mauer aufgestellt und mit Erde befüllt. Auf eine Folie können Sie verzichten.
- **Bäckerkisten:** Sie sind mit verschiedenen Grundflächen und in verschiedenen Höhen erhältlich. Stapeln Sie zum Beispiel je zwei der lebensmittelechten »Eurokisten durchbrochen« mit einer Höhe von jeweils 40 cm aufeinander, so erhalten Sie ein Hochbeet mit einer guten Arbeitshöhe von ca. 80 cm Höhe. Die Wände kleiden Sie vor der Befüllung mit unbedruckter Pappe oder Mulchvlies aus. Zur Drainage stellen Sie das Ganze auf eine Europalette. Die Pflanzen wurzeln mühelos durch das Gitter.

Hochbeet-Erweiterung: Befestigen Sie kleine Holzpflanzenkästen oder Blumentöpfe an der Einfassung, so schaffen Sie zusätzlichen Platz für Blumen oder Kräuter. Lassen Sie aber Platz dazwischen, damit Sie noch im Hochbeet arbeiten können.

Das Hochbeet im Vollfrühling und Frühsommer

Zu dieser Zeit beschert uns das Beet frühsommerliche Salatzutaten. Die frischen Vitamine und die zarten Texturen und Farben sind wahre Gaumenfreuden und Augenweiden.

Die Illustration zeigt das Beet Mitte Frühsommer.

Im Vollfrühling können Sie die ersten Salate als Babyleaves genießen:

- In der Reihe des Pflücksalats wird blattweise geerntet.
- Rucola lässt sich abschnittsweise mit einem Messer oder einer Schere ernten. Schneiden Sie nicht zu tief und lassen Sie die inneren Herzblätter stehen, so ernten Sie zwei- bis dreimal bis zur Folgesaat.
- Einzelne junge Blätter von Kohlrabi und Roter Bete können ebenfalls als Salat verzehrt werden.
- Die Radieschen werden nach und nach erntereif.
- Häufeln Sie Kohlrabi für einen festen Stand unterhalb der Sprossverdickung an, sobald sich diese bildet.
- Zu Beginn des Vollfrühlings können Sie weitere Jungpflanzen vorziehen: Gurken keimen schnell. Die Jungpflanzen können bereits nach drei bis vier Wochen ausgepflanzt werden, vertragen jedoch keine Kälte. Nach den Eisheiligen, wenn keine Nachtfröste mehr zu erwarten sind, dürfen sie gemeinsam mit Tomate und Paprika ins Hochbeet ziehen.

So gehen Sie vor

1| Ernten Sie die ersten **Rote-Bete-Knollen,** wenn sie etwa Golfballgröße erreicht haben. Setzen Sie die Jungpflanzen von **Spitzkohl** in die frei gewordenen Lücken.

2| Ernten Sie den **Pflücksalat** blattweise, bis er in die Blüte schießt. An den beiden Stellen, an denen die **Tomate** und die **Paprika** ihren Platz finden sollen, ernten Sie beim Salat eine Lücke von jeweils etwa 10–15 cm.

3| **Möhren** wachsen langsam und sollten im Lauf des Frühsommers für kräftiges Wachstum auf einen Abstand von 5–7 cm vereinzelt werden (→ S. 65). Die »aussortierten« Mini-Möhren sind zum Wegwerfen viel zu schade! Sie schmecken fein gehackt mitsamt dem zarten Grün in frühsommerlichen Salaten köstlich.

4| und **5|** Ernten Sie das Zwiebelgrün der **Lauchzwiebeln** und **Zwiebeln** als pikantes Topping. Achten Sie darauf, nicht alle Blätter zu entfernen, um das Wachstum der Zwiebeln nicht zu gefährden.

6| Ernten Sie **Rucola** noch im Vollfrühling ab, um Platz für die **Pastinaken** zu schaffen. Säen Sie diese im Anschluss mit einem Abstand von 2–3 cm zueinander direkt aus, ähnlich wie Möhren. Später vereinzeln Sie die Pflänzchen, Saattiefe 1–2 cm. Für die Keimung der Pastinakensamen ist eine gute Bodenfeuchte wichtig. Falls nötig, sollten Sie kontinuierlich und vorsichtig gießen.

BEPFLANZUNG IM FRÜHSOMMER

Reihe	Gemüse	Sorte	Bemerkung	Alternative
1	**Spitzkohl**	'Ersteling'	4 Jungpflanzen zukaufen	Brokkoli
2	**Paprika, Tomate**	Balkonsorten, z. B.: Paprika: 'Runa', 'Yala' Tomate: 'Bajaja', 'Primabell'	je 1 Jungpflanze zukaufen	Aubergine
3	**Möhren**	'Milan', 'Fynn'	sollten jetzt vereinzelt werden	
4	**Lauchzwiebeln**		Zwiebelgrün und erste Lauchzwiebeln können geerntet werden	
5	**Zwiebeln**		einzelne Halme des Zwiebelgrüns können geerntet werden	
6	**Pastinaken**	'Halblange Weiße'	Saatgut kaufen, Direktsaat ins Beet	Pflücksalat
7	**Buschbohnen**	'Maxi', 'Saxa'	Saatgut kaufen, Direktsaat ins Beet	Dicke Bohne
8	**Gurken**	kletternde Sorte, z. B.: 'Monika', 'La Diva'	Saatgut kaufen, Direktsaat ins Beet **oder** eigene Jungpflanzen einsetzen **oder** 2 Jungpflanzen zukaufen	Knollensellerie, dann im Frühherbst kein Salat

7| Nachdem Sie die **Radieschen** geerntet haben, säen Sie **Buschbohnen** in dieser Reihe aus. Legen Sie das Saatgut etwa 3 cm tief in die Erde und bedecken Sie diese. Verwenden Sie die übrige Erde nach der Keimung, um die Keimlinge anzuhäufeln (→ S. 98).

8| Ernten Sie die **Kohlrabi**, wenn sie etwa faustgroß geworden sind. In den freien Lücken dieser Reihe können Sie zwei **Gurken** mit Saattiefe 2–3 cm säen, Ihre eigenen Anzuchten setzen oder zwei gekaufte Gurkenpflanzen setzen. Beide Methoden funktionieren gut, weil Gurken schnell wachsen.

Troubleshooting

Im Frühjahr ist das Pflanzenwachstum besonders stark und auch die Unkräuter schießen. Jäten Sie regelmäßig, um Konkurrenten im Gemüsebeet um Nährstoffe, Wasser und Licht zu entfernen.

? | Womit soll ich am besten jäten?

Selbstverständlich sollten Sie im heimischen Gemüseanbau auf chemische Unkrautvernichtungsmittel verzichten. Die Geräte Ihrer Wahl sind ein **Handjäter,** mit dessen gekrümmter Klinge Sie auf kleinen Bereichen oder in dicht stehenden Pflanzungen jäten können. **Hacken** haben einen langen Griff mit einer glatten Klinge, mit der Sie den Boden auflockern und Unkraut herauskratzen können. **Kombigeräte** haben eine Gabel auf der anderen Seite, mit der Sie Wurzeln und Pflanzenreste aus dem Boden entfernen können. Die lange, spitze Klinge eines **Unkrautstechers** eignet sich besonders für Wurzelunkräuter, die Sie gründlich entfernen möchten. Durch Drücken, Drehen und Hebeln können Sie das Werkzeug samt Wurzel herausziehen.

? | Ich habe gründlich gejätet, aber das Unkraut taucht wie von Zauberhand immer wieder auf. Muss ich es mit den Wurzeln ausreißen?

Wurzelunkräuter wie Löwenzahn, Giersch, Quecke, Ackerwinde und Vogelmiere sowie Brombeeren treiben nach dem Jäten unterirdisch aus Rhizomen und Wurzeln neu aus, die trotz Jätens im Boden verblieben sind. Am besten entfernen Sie beim Vorbereiten der Beete bereits alle Wurzeln, die Sie finden können. Sollten diese Unkräuter im Lauf der Saison auftreten, können Sie sie mit einem Unkrautstecher aushebeln. Stechen Sie den Unkrautstecher dicht an der Pflanze in den Boden und lockern vorsichtig die Erde. Hebeln Sie die Wurzel anschließend vorsichtig und tief aus dem Boden. Wurzelunkräuter sollten Sie einige Tage an der Sonne welken lassen, bevor Sie sie auf den Kompost geben. Kontrollieren Sie die Beetfläche regelmäßig auf etwaige Neuaustriebe.

? | Wie kann ich meine Aussaaten von Unkraut unterscheiden?

Markieren Sie Ihre Aussaatreihen bei der Pflanzung sorgfältig mit einer wasserfesten Beschriftung, um spätere Verwirrung und Verwechslungen auszuschließen. Betrachten Sie die gekeimten Pflanzen genau. Manche Jungpflanzen unterscheiden sich schon in den Keimblättern deutlich von anderen. Die Saatgutverpackung oder ein Bestimmungsbuch können auch weiterhelfen. Im Zweifel warten Sie auf die ersten beiden Blattpaare, um festzustellen, ob es sich um das gewünschte Gemüse oder um Unkraut handelt.

? | Wie kann ich ergonomisch jäten, ohne Rückenschmerzen zu bekommen?

Langes Bücken belastet nicht nur den Rücken und die Kniegelenke von älteren Menschen. Deshalb ist es beim Jäten wichtig, ergonomisch zu arbeiten. Wärmen Sie sich vor der Gartenarbeit etwas auf, dehnen Sie Schultern, Arme und Beine und mobilisieren Sie Ihre Gelenke mit leichter Gymnastik. Die richtigen Werkzeuge helfen dann, zu arbeiten, ohne sich dauerhaft bücken zu müssen. Jäter und Hacken können Sie mit einem langen Griff kaufen, damit Sie während der Arbeit möglichst aufrecht stehen können und auch Ihre Beinmuskulatur einsetzen. Kniekissen schonen Ihre Kniegelenke, wenn Sie beim Jäten einmal tief auf den Boden gehen müssen.

? | Kann ich mit Dünger Unkraut minimieren?

Gesunde Pflanzen können besser gedeihen und besser mit Unkraut konkurrieren. Andererseits wächst gedüngtes Unkraut ebenfalls gut. Düngen Sie deshalb stets in Maßen und zugeschnitten auf die Bedürfnisse Ihrer Pflanzen.

? | Mein Nachbar pflegt seinen Garten nicht und Unkrautsamen breiten sich von dort zu mir aus. Ist der Nachbar nicht verpflichtet, das Unkraut zu beseitigen?

Ungepflegte Nachbargrundstücke können ein Dorn im Auge sein, wenn man im eigenen Garten mit Eifer das Unkraut in Schach zu halten versucht. Dennoch obliegt die Verantwortung zur Pflege des Gartens jedem Grundstücksbesitzer selbst. In Schrebergärten und Mietgärten gibt es hierzu oft feste Regeln. Wenn das Unkraut des Nachbarn zum Problem wird, sollten Sie auf diplomatische Weise das Gespräch suchen.

? | Ist es wichtig, ob ich morgens oder abends jäte?

Um Unkraut zu jäten, spielt die Tageszeit eine untergeordnete Rolle. Morgens ist das Jäten etwas einfacher, weil der Boden dann meist feuchter und damit lockerer ist. Außerdem können Sie die gejäteten Pflanzen dann den Tag über auf dem Gartenweg in der Sonne welken lassen.

? | Gibt es invasive Unkrautarten und was soll ich mit ihnen machen?

Durch Wind oder Tiere können auch die Samen von Giersch, Ambrosia oder der Kanadischen Goldrute in Ihre Beete gelangen. Bei den letzteren beiden Arten handelt es sich um invasive Arten, die sich schnell ausbreiten und heimische Wildarten verdrängen. Ambrosia ist außerdem hochallergen und löst bei vielen Menschen Schnupfen, Atemnot und andere allergische Symptome aus. Entfernen Sie diese Unkräuter gründlich und geben Sie sie in die Biotonne und nicht auf den heimischen Kompost.

? | Darf ich ausgerissenes Unkraut zum Mulchen verwenden?

Grundsätzlich sind unerwünschte Beikräuter als Mulchmaterial gut geeignet. Lassen Sie die ausgezupften Pflanzen einen Tag auf dem Gartenweg liegen und verwelken, um erneutes Anwurzeln zu verhindern. Anschließend können die Pflanzenteile als Mulchmaterial auf den Beeten verteilt werden.
Eine Ausnahme bilden Quecke, Ackerwinde und Giersch, die schon aus kleinsten Wurzelstücken neu austreiben können, sowie Beikräuter, die blühen oder bereits Samen ausgebildet haben. Lassen Sie die Pflanzen lieber einen Tag liegen und verwelken. Anschließend können Sie sie zusammenharken und in der Biotonne oder im Hausmüll entsorgen. Sofern es sich nicht um invasive Unkrautarten handelt und die Pflanzen noch keine Samen gebildet haben, dürfen Sie sie in den eigenen Kompost geben.

? | Hilft Mulchen gegen Unkraut?

Mulchen ist eine hervorragende Möglichkeit, um Unkräuter im Beet zu unterdrücken. Mulch bildet eine Lichtbarriere und schafft eine unkrautfeindliche Atmosphäre auf dem Beet. Sollte dennoch ein Beikraut den Weg ans Licht gefunden haben, lässt es sich aus dem lockeren Boden unter der Mulchschicht leicht herausziehen.

? | Die Lasagne-Methode soll gegen Unkraut wirken. Stimmt das?

Die Lasagne-Gartenmethode beinhaltet das Schichten von Mulch und zusätzlich anderen zersetzbaren Materialien wie Karton, um Unkraut zu unterdrücken und den Boden zu verbessern. Ein potenzieller Nachteil ist, dass die Effekte einige Monate dauern können.

FRÜHSOMMER

Die warmen Sonnenstrahlen des Frühsommers beginnen Süßkirschen rot zu färben. Auch die Erdbeeren reifen und der duftende Weißdorn blüht. Aus den weißen Blütendolden des Schwarzen Holunders können Sie Sirup herstellen oder in Pfannkuchenteig ausgebacken eine leckere Nachspeise bereiten. Im Garten vermehren sich bei warmen Temperaturen gern Pilzerkrankungen. Richtiges Gießen ist deshalb wichtig.

Ein Milpa-Beet anlegen

Milpa-Beete sind eine traditionelle Anbaumethode indigener Völker in Mittel- und Südamerika.

Es handelt sich dabei um eine Mischkultur dreier wichtiger Gemüsepflanzen, die sich in ihrem Wachstum symbiotisch begünstigen. Traditionell wachsen in einem Milpa-Beet Mais, Bohnen und Kürbisse. Es lohnt sich aber, auch mit anderen Pflanzen zu experimentieren.
Was die Azteken und Maya schon wussten, können Sie sich auch im heimischen Beet zunutze machen. Milpa-Beete nutzen die Beetfläche in geschickter Mischkultur horizontal und vertikal. Der Mais fungiert dabei als Stützpflanze, an dem die Bohnen in die Höhe ranken können. Im Gegenzug binden die Bohnen Stickstoff im Boden, der sowohl dem Mais als auch den Kürbissen zugutekommt. Die Blätter der Bohnenpflanzen wirken wie ein Sonnenschirm für die niedriger wachsenden Pflanzen. Die großen Blattsegel der Kürbispflanzen beschatten das Beet, halten Feuchtigkeit im Boden und unterdrücken das Unkrautwachstum.
Auch ernährungsphysiologisch hat das Milpa-Beet einiges zu bieten. Die drei Pflanzen boten den Maya die pflanzliche Grundversorgung durch die Kohlenhydrate des Mais, die Proteine der Bohnen und die Vitamine A, C und K des Kürbis.

So wird gesät

Bereiten Sie das Beet vor, indem Sie die Erde gut lockern und mit Humus aufbereiten. Bohnen, Mais und Kürbis sind wärmeliebend. Wählen Sie deshalb einen vollsonnigen Standort für das Beet.

1 | **Aussaat von Mais:** Säen Sie ab Ende März die Maiskörner 3–5 cm tief in Blockpflanzung 45 × 45 cm. Das bedeutet, dass die Pflanzen nicht in Reihen stehen, sondern in kompakten Gruppen angeordnet sind.

2 | **Aussaat der Bohnen:** Legen Sie die Bohnen ebenfalls 3–5 cm tief und in kleinem Abstand zu den Maiskörnern. Pro Maispflanze können Sie etwa drei Bohnensamen legen.

3 | **Aussaat der Kürbispflanzen:** Wenn Mais und Bohnen gekeimt sind, können Sie die Kürbissamen in Hügel zwischen den Mais und die Bohnenreihen pflanzen. Kürbispflanzen brauchen viel Platz, weshalb Sie genügend Raum zwischen den Reihen lassen sollten.

TIPP!

Variieren Sie

Probieren Sie ein Milpa-Beet gern mit verschiedenen anderen Pflanzen aus. Sonnenblumen eignen sich beispielsweise als Stützpflanze, während Melonen den Kürbis ersetzen können. Tomatenpflanzen profitieren ebenfalls von den synergetischen Effekten in einem Milpa-Beet.

Wurmfarm für den Kompost anlegen

Wurmkompost enthält siebenmal mehr Nährstoffe als herkömmlicher Kompost. Diese hohe Konzentration können Sie sich insbesondere im Hochbeet oder für Starkzehrer zunutze machen.

Wurmfarmen oder Wurmkisten sind platzsparende Systeme zur Kompostierung von organischem Material. In Zusammenarbeit mit Bakterien und Mikroorganismen verwandeln die Würmer diese Abfälle in fest verschlossenen Behältern in wertvollen Kompost. Sie können Wurmfarmsets fertig kaufen oder selbst machen, etwa aus einem großen Plastikeimer mit Deckel (fragen Sie in gastronomischen Betrieben nach). Bohren Sie in den Deckel und in die Seitenwände Löcher für Belüftung und Drainage. Alternativ können Sie eine Wurmkiste aus Holz bauen. Auch die müssen Sie mit Bohrlöchern versehen.
Meist werden die besonders effektiven Roten Kompostwürmer *(Eisenia fetida)* oder verwandte Arten in der Wurmfarm verwendet. Sie können Startersets solcher Würmer im Fachhandel erwerben. Unter guten Bedingungen vermehren sich die Tiere in der Wurmbox von selbst.
Hinweis: Regenwürmer können Sie ebenfalls verwenden, jedoch arbeiten sie nicht so effizient wie die zu diesem Zweck gezüchteten Kompostwürmer.

Anziehen auf der Fensterbank

In diesem phänologischen Monat schließt die Anzucht im Haus ihre Tore. Allerdings erhalten Kohlsorten für den Herbst einen Sonderzugang.

Im Frühsommer neigt sich die Anzucht im Haus dem Ende zu. Ab jetzt werden fast alle Gemüsesorten direkt ins frostfreie Freiland gesät.
Die Jungpflanzen aus der bisherigen Anzucht haben ihre Hauptwachstumsphase erreicht und können ausgepflanzt werden. Spätsorten für die Herbst- und Winterernte wie Grünkohl, Wirsing und Rosenkohl können Sie aber noch in Töpfen oder Anzuchtschalen vorziehen. Im Spätsommer setzen Sie die Jungpflanzen dann ins Freiland.

Kohl geht immer. Jetzt wird er für die Ernte im Herbst vorgezogen.

Schossfeste Salate säen

Auch im Herbst darf frisches Blattgrün auf dem Teller nicht fehlen. Wenn Sie gegen Ende des Frühsommers mit der Aussaat von Salat beginnen, können Sie ab August ernten.

- **Feldsalat:** Die zarten Blätter sind äußerst kälteresistent und wachsen auch bei kühleren Temperaturen, was Feldsalat zu einer guten Wahl für die Herbstaussaat macht. Bei einer Aussaat Mitte Juni kann Feldsalat Mitte bis Ende August geerntet werden. Blattweise geerntet, wächst der Salat bis über den Winter weiter. Säen Sie etwa 1 cm tief und mit einem Abstand von etwa 10–15 cm zwischen den Reihen.
- **Mangold:** Mangold ist eine vielseitige Salatsorte, die sowohl kalt als auch in warmen Gerichten zum Zuge kommt. Die Pflanze gibt es in vielen Varianten von Weiß über Gelb bis hin zu leuchtendem Violett. Bei einer Aussaat ab Mitte Juni kann Mangold acht bis zehn Wochen später geerntet werden. Auch Mangold ist ein idealer Pflücksalat, mit dem Sie bis in den Winter hinein Freude haben werden. Säen Sie etwa 2 cm tief in den Boden, Abstand etwa 30 cm zwischen den Reihen.
- **Winterportulak:** Die Blätter überstehen auch frostige Temperaturen. Portulak ist ein Lichtkeimer, die Saat sollte nur oberflächlich mit Erde bedeckt werden. Wenn Sie die Saat im Frühsommer ausbringen, können Sie den Salat ab Mitte August ernten. Auch Winterportulak ist ein Pflücksalat, der nach und nach geerntet immer weiterwächst.

Im Sommer sollten Sie schossfeste Salatsorten säen, weil sie nicht so schnell in Blüte gehen.

SALAT SÄEN

Die meisten Salate, wie Kopfsalat, Römersalat und Eichblattsalat, können im Frühling oder Herbst direkt im Freien ausgesät werden. Die Samen werden etwa 1–2 cm tief in Reihen gesät. Für die meisten Salate beträgt der Abstand zwischen den Reihen etwa 30–45 cm. Für Spinat und Rucola gilt die gleiche Saattiefe, sie können ebenfalls im Frühjahr oder Herbst ausgesät werden. Für diese beiden kann ein engerer Abstand gewählt werden. Beachten Sie aber die individuellen Angaben auf den Samentüten.

Gemüse für die Herbsternte säen

Selbstversorgung mit frischem Gemüse ist auch im Herbst und Winter möglich, wenn man vorrausschauend vorgeht und rechtzeitig aussät und pflanzt.

Ab Frühsommer können Sie Herbstgemüse wie Rote Bete, Möhren, Pastinaken, Kohlrabi, Grünkohl oder Rosenkohl ausbringen, die in den kühleren Monaten gut gedeihen. Dank ihrer Kälteresistenz und der Möglichkeit, sie gut zu lagern, dienen sie im Winter als Vorrat.

- **Rote Bete:** Die erdig schmeckende Knolle kann roh oder gekocht gegessen werden. Das Wurzelgemüse ist robust und sogar die Blätter sind roh oder gedünstet als Gemüse zu verwenden. Nach etwa zehn Wochen sind die ersten kleineren und zarteren Rote-Bete-Knollen erntereif. Je später Sie ernten, desto größer sind die Knollen. So können Sie von Ende September bis Ende November Rote Bete ernten. Säen Sie etwa 1 cm tief und in Reihen mit einem Abstand von 20–30 cm.
- **Möhren:** Diesen Wurzelgemüseklassiker können Sie das ganze Jahr über aussäen. Frühsommersaaten können etwa in 12 bis 14 Wochen geerntet werden. Es gibt Möhren in vielen verschiedenen Färbungen. Herbstsorten wie 'Flakee', 'Autumn King' oder 'Berlicum 2' sind lange lagerfähig und kälteresistent. Säen Sie die Samen etwa 1 cm tief und in Reihen mit einem Abstand von etwa 20–30 cm.
- **Pastinaken:** Die weißen Wurzeln erinnern an Petersilienwurzeln und Möhren und haben einen würzigen Geschmack, der auch eine gute Suppengrundlage abgibt. Nach den ersten Frostnächten werden die Wurzeln süßer. Bei einer Aussaat Mitte Juni kann die Pastinake etwa 12 bis 14 Wochen später geerntet werden, normalerweise etwa ab Anfang bis Mitte Oktober. Säen Sie die Samen etwa 1 cm tief und in Reihen mit einem Abstand von etwa 20–30 cm.
- **Kohlrabi:** Diese Kohlsorte bildet verdickte knollenartige Stängel, die kulinarisch vielseitig sind und durch ihre milde Süße häufig sogar Kindern gut schmecken. Es gibt sowohl grüne als auch violette Sorten, die für farbliche Abwechslung im Beet und auf dem Teller sorgen. Ende September bis Oktober können Sie Kohlrabi ernten, wenn Sie ihn jetzt aussäen. Werden die Knollen zu groß, werden sie häufig holzig und schmecken nicht mehr gut. Kohlrabi ist in kühler, nicht zu feuchter Umgebung vier Wochen lagerfähig. Pflanzen Sie Setzlinge mit einem Abstand von etwa 20–30 cm in den Reihen und 1–2 cm tief.
- **Rosenkohl:** Die kleinen Kohlrosen sehen wie Miniaturkohlköpfe aus und sind ein beliebtes Herbstgemüse. Manche Menschen mögen sie nicht, weil sie viele kohltypische Bitterstoffe enthalten. Jedoch setzt Frost einen Teil der Stärke im Rosenkohl in Zucker um, was ihn milder und bekömmlicher macht. Rosenkohl wird normalerweise nicht ausgesät, sondern als Setzling während des Frühsommers gepflanzt. Bei einer Aussaat Mitte Juni kann der Rosenkohl ab Oktober bis November geerntet werden. Ernten Sie immer die unteren reifen Knospen von den Stängeln, die oberen wachsen dann weiter. Aussaaten sind bis zum Hochsommer möglich.

BUNTE SORTEN

Ein Augenschmaus wird Ihr Gemüsebeet, wenn Sie ungewöhnliche Sorten pflanzen.

- Die Tomaten 'Black Krim' und 'Yellow Pear' sind ein Blickfang zwischen dichtem Tomatengrün, 'Green Zebra' überrascht mit grünlich gelb gestreifter Färbung.
- Auch Bohnen gibt es bunt: 'Purple Queen' trägt violette Schoten und 'Dragon Tongue' ist eine grün-gelbe Sorte, die hübsch leuchtet.
- Die gestreifte Zucchini 'Costata Romanesco' wird in Speisen zu einem optischen Highlight. Es gibt im Handel auch einige gelbe Sorten.
- Die Salatklassiker 'Lollo Bionda' und 'Lollo Rossa' sind ein kräftig grünes und leuchtend rotes Salatduo, welches nebeneinandergepflanzt schön zur Geltung kommt.

Aussäen im Freiland

Während Sie weiterhin Buschbohnen, Frühlingszwiebeln, Koriander, Kohlrabi, Rote Bete, Mais, Kürbis, Salate, Gurken, Mangold, Petersilie und Dill säen, kommen nun neue Sorten dazu.

Späte Möhren

Der Begriff »späte Möhren« bezieht sich auf verschiedene Sorten, die speziell für eine spätere Ernte im Herbst gezüchtet wurden. Die Sorten 'Rote Riesen' oder 'Pfälzer Gelbe' gehören dazu. Späte Möhren werden meist größer als andere Sorten und sind besser und länger lagerfähig. Säen Sie die feinen Samen im Abstand von 20–30 cm. Möhren sind Lichtkeimer, bedecken Sie sie deshalb nur oberflächlich mit Erde.

Brokkoli

Brokkoli keimt erst bei milden Temperaturen ab 15 °C. Warten Sie also unbedingt, bis alle Nachtfröste vorüber sind, oder verwenden Sie einen Frühbeetaufsatz. Säen Sie die Brokkolisamen im Abstand von 40 × 40 cm. Graben Sie kleine Pflanzlöcher und legen Sie je Pflanzloch drei bis vier Samen hinein. Wenn die Keimlinge neben den Keimblättern ein echtes Blattpaar ausgebildet haben, können Sie die kräftigste Jungpflanze stehen lassen. Die anderen kompostieren oder verschenken Sie oder Sie verpflanzen sie an eine andere Stelle.

Stangenbohnen

Es gibt viele Sorten von Stangenbohnen, die alle reizvoll sind. Ob grüne, gelbe oder violette Sorten, alle haben ähnliche Anbaubedingungen. Pflanzen Sie die Samen mit einem Reihenabstand von 60–90 cm. Stangenbohnen sind Kletterpflanzen. Stellen Sie pro Pflanze eine Stange oder ein Rankgerüst bereit. Sie können auch drei Stangen zu einem Tipi zusammenstellen und zwei bis drei Samen am Fuß jeder Stange in den Boden legen. Die Bohnensamen sollten 2,5 cm tief im Boden liegen und mit Erde bedeckt werden. Stangenbohnen benötigen viel Sonne.

Fenchel

Fenchel ist eine wichtige Gewürz- und Heilpflanze. Der Tee aus den Samen wirkt gegen Verdauungsbeschwerden und Erkältungen. Die Pflanzen werden mit bis zu 120 cm größer als viele andere Kräuter und Sie sollten ihnen 30–45 cm Platz zwischen den Reihen einräumen.

Bohnenkraut

Wie der Name verrät, kann Bohnenkraut gut zwischen die Reihen von Bohnenpflanzen gesät werden. Die Pflanze enthält Abwehrstoffe, die die Schwarze Bohnenblattlaus vergrämen kann. Der Reihenabstand beträgt 20–30 cm. Streuen Sie die Samen aus und arbeiten Sie sie mit einem Rechen oberflächlich ein, denn das Bohnenkraut ist ein Lichtkeimer.

Basilikum

Basilikum ist ein Allrounder in der Küche und ein mediterraner Kräuterklassiker, der in der Küche nicht fehlen sollte. Wenn Sie gern und viel Basilikum in der Küche verwenden, rentiert sich der Anbau jetzt, obwohl die Pflanze nicht winterhart ist. Säen Sie Basilikum im Abstand von 20–30 cm und 0,5 cm tief in den Boden. Basilikum sollte sehr sonnig stehen.
Basilikum überwintern: Wenn Sie Basilikum in Töpfen mit 20–30 cm Durchmesser aussäen und die Töpfe in den Boden setzen, können Sie im späten Herbst die Töpfe ausgraben und die Pflanzen im Haus überwintern.

BROKKOLI

Brokkoli, eine kulinarische Gabe, die über Kleinasien und Italien bei uns Einzug gehalten hat, wird häufig als das gesündeste Gemüse bezeichnet. Neben viel Vitamin C und Vitamin K enthält Brokkoli auch Sulforaphan, ein starkes Antioxidans, das freie Radikale bindet und damit zellschützend wirkt. Brokkoli ist im Anbau pflegeleichter als Blumenkohl. Wenn Sie Brokkoli-Fan sind, können Sie im Spätsommer noch ein weiteres Mal Brokkoli für eine späte Ernte im Herbst und Winter säen.

Frostempfindliches Gemüse pflanzen

Mit dem Frühsommer geht die Zeit der strengeren Nachtfröste endgültig zu Ende. Die Pflanzsaison ist eröffnet.

Jetzt ist es Zeit, Ihre vorgezogenen Tomaten, Paprika, Auberginen, Zucchini, Gurken, Kürbispflanzen, Kohlrabi, Stangen- und Knollensellerie, Lauch, Fenchel und anderen Kräuter bedenkenlos ins Freiland zu setzen. Kontrollieren Sie dennoch vorher, dass der Boden frostfrei ist. Achten Sie auf den Wetterbericht. Falls es nachts doch noch mal kälter werden sollte, leisten Kulturschutznetze auch im Frühsommer noch gute Dienste. Sie begünstigen das Wachstum der Pflanzen, weil unter ihnen ein wärmeres Mikroklima entsteht, aber durch die Netze trotzdem noch die Luft zirkulieren kann. Noch besser vor leichten Frösten schützen Vliese.

TIPP!

Letzte Chance

Nutzen Sie den Frühsommer, um Ihren Bestand zu sichten. Wenn Sie in Ihren bisherigen Aussaaten Sorten vermissen, lässt sich jetzt noch einiges säen, was Sie in den Herbstmonaten ernten können. Das sind nicht nur Kohlsorten für die Sommer- und Herbsternte, darunter Rotkohl und Weißkohl, sondern auch noch Tomaten, Gurken, Süßkartoffeln, Knollensellerie, Erbsen und späte Möhren.

Süßkartoffeln anpflanzen

Süßkartoffeln finden immer mehr Liebhaber. Verwenden kann man sie genauso wie herkömmliche Kartoffeln, sie sind aber nicht miteinander verwandt. Der Anbau lohnt sich.

Die Vorteile der festen, lachsfarbenen Knollen sind beeindruckend: Sie sind reich an Ballaststoffen und Vitamin A und C, zudem haben sie antioxidative Eigenschaften und fördern nicht nur eine gesunde Verdauung, sondern stärken auch das Immunsystem und schützen den Körper vor freien Radikalen. Süßkartoffeln vertragen keine kühlen Temperaturen, weshalb der Frühsommer ideal ist, um sie zu pflanzen. Anders als bei Kartoffeln werden die Pflanzen nicht direkt aus den Knollen, sondern aus Ablegern gezogen.

Dazu legen Sie eine ganze oder halbierte Knolle in ein Glas Wasser, sodass sie etwa zur Hälfte mit Wasser bedeckt ist. Lassen Sie sie an einem warmen, hellen Ort stehen. Nach einigen Tagen bis Wochen bilden sich zarte grüne Triebe an der Knolle. Wenn diese ca. 10–15 cm lang geworden sind, können Sie jeden Trieb vorsichtig mit einem Stück der Knolle abschneiden und 2–5 cm tief in die Erde setzen. Süßkartoffeln wachsen in lockeren Böden ohne Staunässe an sonnigen Standorten. Sie benötigen etwa drei bis vier Monate bis zur Ernte.

Gemüsereihen ausdünnen

Nachdem Sie im vergangenen Monat fleißig ausgesät haben, geben Sie jetzt im Frühsommer Ihren Pflanzen etwas Platz zum Atmen.

Möhren, Radieschen, Spinat und Salat profitieren besonders davon, wenn Sie die schwächeren und zu dicht stehenden Jungpflanzen vorsichtig ausdünnen. Das gibt den Pflanzen unterirdisch und oberirdisch Platz, sich zu entfalten, und reduziert die Konkurrenz um Nährstoffe. Die ausgedünnten Pflänzchen müssen nicht auf dem Kompost landen, sondern können an einer anderen Stelle wieder eingepflanzt werden. Achten Sie darauf, die stehen bleibenden Pflanzen nicht zu verletzen. Gönnen Sie den Reihen nach dem Ausdünnen eine kräftige Dusche.

Das dekorative Laub der Süßkartoffel lässt sich wie Spinat zubereiten.

Starkzehrer düngen

Im Frühsommer entwickeln Ihre Pflanzen bei warmen Temperaturen und viel Licht Appetit. Zu dieser Zeit wachsen sie aktiv und haben deshalb einen erhöhten Bedarf an Nährstoffen.

Besonders für sogenannte Starkzehrer, also Pflanzen mit einem erhöhten Bedarf an Stickstoff, Kalium und Phosphor, ist eine geeignete Düngung wichtig, um ein gesundes Wachstum und eine reiche Ernte zu erzielen. Starkzehrer im Gemüsebeet sind Tomaten, Gurken, Zucchini und Kürbisse. Der Frühsommer ist ideal zum Düngen dieser Pflanzen, da in den Monaten Mai bis Juni der Boden in der Regel gut aufgewärmt ist und die Pflanzen ihre Energie in Wachstum investieren, wozu sie die zusätzlichen Nährstoffe benötigen. Als Faustregel können Sie im Frühsommer alle zwei bis vier Wochen düngen. Als Düngemittel eignen sich Kompost, gut verrotteter Mist oder auch Hausmittel wie Kaffeesatz, der viel Stickstoff enthält. Arbeiten Sie diese Materialien dünn an der Basis der Pflanze in den Boden ein und gießen Sie die Pflanze danach vorsichtig an, damit sich die Nährstoffe lösen und in den Wurzelbereich gelangen. Sie können alterativ auch alle zwei Wochen mit verdünnter Brennnesseljauche gießen.

→ S. 20, Düngen

→ S. 134, Pflanzenjauche selbst herstellen

Kräuter pflegen

Egal ob Sie ein klassisches Flachbeet oder eine Kräuterspirale angelegt haben, fallen im Frühsommer einige Pflegearbeiten an.

Gießen Sie die Kräuter jetzt regelmäßig, vermeiden Sie aber unbedingt Staunässe. Auch Kräuter dürfen gemulcht werden, damit die Erde feucht bleibt und Unkräuter unterdrückt werden. Verwenden können Sie dazu Rasenschnitt ohne Samen oder sauberes Stroh. Basilikum, Rosmarin, Minze, Thymian und Salbei blühen ab Hochsommer. Schneiden Sie die Blütenstände, um ein buschiges, kompaktes Wachstum der Pflanzen anzuregen. **Achtung:** Die Blüten sind bei Wildbienen und Hummeln beliebt. Lassen Sie einige der Blütenstände stehen.

→ S. 102, DIY-Projekt Bau einer Kräuterspirale

Wenn die Brennnesseljauche nicht mehr schäumt, kann sie verdünnt verwendet werden.

Kräuter teilen

Etablierte Kräuterstauden in Ihrem Kräuterbeet sollten Sie einmal jährlich teilen, um überalterte oder verholzte Stängel und Wurzeln zu entfernen.

Ein guter Zeitpunkt für die Verjüngungskur ist jetzt im Frühsommer. Zum Teilen eignen sich mehrjährige Kräuter wie Thymian, Salbei, Basilikum, Rosmarin und die zahllosen Minzearten.

So gehen Sie vor

1 | **Kräutercheck:** Teilen Sie nur gesunde, kräftige Pflanzen, die gut angewachsen sind. Die Pflanzen sollten mindestens ein Jahr alt sein.

2 | **Pflanze ausgraben:** Graben Sie die Pflanze vorsichtig aus und entfernen Sie überschüssige Erde von den Wurzeln. So haben Sie freie Sicht auf das Wurzelsystem.

3 | **Teilen:** Teilen Sie die Pflanze mit einer scharfen Gartenschere in der Mitte. Achten Sie darauf, dass beide Teile ein etwa gleich großes Wurzelsystem behalten. Entfernen Sie verholzte Wurzeln und Zweige.

4 | **Einpflanzen:** Setzen Sie die geteilten Pflanzen an die gewünschte Stelle ins Beet oder in Töpfe mit Kräutererde. Wässern Sie die Pflanzen ausgiebig. Sie sind auch ein schönes Geschenk für Freunde.

Lauch und Bohnen anhäufeln

Ähnlich wie Kartoffeln sollten Sie Lauch und Bohnen im Frühsommer anhäufeln. Das Anhäufeln bietet den Pflanzen Stabilität und Schutz gegen Krankheiten und Schädlinge.

- **Lauch:** Das Anhäufeln fördert längeres Wachstum, schützt die Schäfte vor Sonnenlicht und bewahrt ihre zarte, weiße Farbe. Beginnen Sie das Anhäufeln, wenn die Pflanzen etwa 15 cm hoch sind, und wiederholen Sie den Vorgang alle paar Wochen. Die grünen Blätter sollten nicht von der Erde bedeckt werden.
- **Bohnenpflanzen:** Das Anhäufeln gewährleistet Stabilität, damit die Pflanzen später das Gewicht der Früchte tragen können und bei Wind nicht abknicken. Beginnen Sie das Anhäufeln bei einer Höhe von 15–20 cm, um den Pflanzen festen Halt zu geben.

Das Anhäufeln stützt die Lauchpflanzen und hält die Schäfte hell.

WORAN TOMATEN FESTBINDEN?

Zum Anbinden von Tomaten eignen sich Stäbe aus Bambus, Holz, Metall oder hochwertigem Kunststoff. Je nach Wuchshöhe Ihrer Tomatensorten sollten die Stäbe 120–180 cm hoch sein. Im Handel finden Sie außerdem Tomatengitter, an denen die Pflanzen hochranken können. Achten Sie darauf, dass das Rankgitter tief und fest in der Erde steckt, um das Gewicht von Pflanze und Früchten tragen zu können. Wenn Sie ein Rankgitter selbst bauen, achten Sie darauf, dass die Materialien glatt und splitterfrei sind.

→ S. 66, Rankgitter und Rankhilfen

Tomaten pflegen

Tomaten gehören zu den beliebtesten Gemüsearten in heimischen Gemüsegärten. Eigentlich stammen sie aus Südamerika, sie wurden im 16. Jahrhundert erstmals nach Spanien gebracht. Ihren Siegeszug haben sie aber schon lange in die ganze Welt angetreten.

Tomaten im Garten anzubauen und zu pflegen, ist nicht schwierig. Die Pflanzen brauchen einen lockeren, humosen Boden und einen Standort in der Sonne. Sechs Stunden täglich sollten die Früchte der Tomatenpflanzen Sonnenstrahlen einfangen.

Dabei sollten Sie bedenken, dass die wärmeliebenden und langsam wachsenden Pflanzen drei bis vier Sommermonate brauchen, um eine gute Ernte abzugeben. Säen Sie die Samen deshalb einige Wochen vor dem letzten Frosttermin im Haus aus oder kaufen Sie Jungpflanzen im Handel.

Im Frühsommer stecken die Pflanzen immer noch in der Wachstumsphase. Je nach Sorte und Wuchsform unterscheidet man Buschtomaten mit einer Höhe bis zu 20 cm oder Stabtomaten, die 2 m und höher werden können. Gerade Letztere können leicht abknicken.

Wenn die Pflanzen etwa 30–45 cm hoch sind, sollten Sie beginnen, sie anzubinden. Das schützt die Pflanzen vor dem Abknicken im Wind und hilft ihnen später, das Gewicht der Früchte zu tragen. Zum Anbinden eignen sich Materialien wie Bast, Jute oder weiche Gummibänder, welche die Pflanzen nicht beschädigen. Eine achtförmige Schlaufe um den Hauptstamm der Tomatenpflanze und um den Tomatenstab bindet die Pflanze sicher, aber beweglich fest. Achten Sie darauf, die Pflanze nicht zu fest zu binden. Im Lauf des Wachstums werden die Tomatenpflanzen höher und schwerer und brauchen mehr Unterstützung. Checken Sie regelmäßig und binden Sie die Pflanzen bei Bedarf immer wieder nach oben.

Tomaten ausgeizen

Tomaten sind rankende Pflanzen, deren Wachstum Sie ein wenig kontrollieren sollten.

Damit die Tomatenpflanzen ihre Energie in die Entwicklung der Früchte stecken und nicht in mehr und mehr grünes Blattwerk und Triebe investieren, sollten Sie regelmäßig die Seitentriebe, die sogenannten Geiztriebe, entfernen. Außerdem begünstigen zu dicht stehende Blätter Pilze und andere Krankheiten.

So gehen Sie vor

1 | **Geiztriebe identifizieren:** Sie wachsen zwischen dem Hauptstamm und den Blattachseln der Seitentriebe und tauchen auf, wenn die Pflanze eine Höhe von etwa 10–20 cm erreicht hat. Geiztriebe sind zierlicher und haben weniger Blätter als Haupttriebe.

2 | **Geiztriebe entfernen:** Nehmen Sie den Hauptstamm zwischen Daumen und Zeigefinger und biegen Sie ihn leicht zur Seite, um die Geiztriebe freizulegen. Verwenden Sie eine scharfe Gartenschere oder Ihre Finger, um die Geiztriebe nahe an der Basis vorsichtig abzuknicken oder abzuschneiden. Die Gartenschere oder Hände sollten sauber sein, um keine Krankheiten zu übertragen. Die Geiztriebe sollten in der Regel entfernt werden, wenn sie eine Größe von etwa 5–10 cm erreicht haben. Die ausgeknipsten Triebe können als Mulchmaterial verwendet werden.

3 | **Regelmäßig checken:** Führen Sie das Ausgeizen regelmäßig durch, da Tomatenpflanzen schnell wachsen und bald neue Geiztriebe entwickeln werden. Alle zwei bis drei Wochen während der gesamten Wachstumsperiode können Sie danach suchen.

Nebentriebe der Tomatenpflanze werden nah an der Blattachsel ausgeknipst.

Beerenobst vermehren

Brombeeren, Himbeeren und Johannisbeeren können durch Stecklinge vermehrt werden. Nehmen Sie die Stecklinge im Frühsommer ab, weil jetzt die Pflanzen mit dem aktiven Wachstum beginnen und gut anwurzeln können.

Um Stecklinge zu gewinnen, werden gesunde Triebe von der Mutterpflanze abgeschnitten und in gut gelockerte Erde gepflanzt. Wählen Sie Triebe, die mindestens 10–15 cm lang sind und mehrere Blattpaare gebildet haben, aber noch keine Blüten tragen. Schneiden Sie die Triebe mit einem sauberen Messer schräg in Bodennähe ab. Entfernen Sie im unteren Drittel alle vorhandenen Blätter. Setzen Sie nun die Stecklinge ungefähr ein Drittel tief in Töpfe oder direkt in ein vorbereitetes Beet mit gut gelockerter Erde. Die Stecklinge sollten feucht gehalten werden, bis sie anwurzeln. Zusätzlich können Sie sie mit einer transparenten Plastiktüte vor dem Austrocknen schützen. Jetzt heißt es, Geduld zu haben: Bis die Triebe gut angewurzelt sind, kann es je nach Wetterlage einige Wochen dauern.

Kartoffelkrankheiten bekämpfen

Kartoffeln, besonders in Monokulturen, können arttypische Krankheiten bekommen, welche die Pflanze schädigen oder die Kartoffeln ungenießbar machen.

Mit einfachen Maßnahmen können Sie die Ausbreitung solcher Krankheiten verhindern oder eindämmen. Gegen alle aufgeführten Krankheiten hilft es, die Kartoffeln alle drei Jahre an einem anderen Ort anzubauen.

Kraut- und Knollenfäule

Die Krankheit erkennen Sie an dunklen Flecken auf den Blättern, die sich rasch ausbreiten und der Pflanze schweren Schaden zufügen können. Wenn die Krautfäule fortschreitet, können auch die Kartoffelknollen infiziert werden. Sie entwickeln dunkle Flecken und können schrumpfen oder verfaulen.

Verursacher der Kraut- und Knollenfäule ist ein Pilz namens *Phytophthora infestans*. Achten Sie darauf, Ihre Kartoffelpflanzen nicht zu dicht zu setzen und zwischen zwei Bewässerungen gut abtrocknen zu lassen. Sollten Sie am Kartoffellaub erste Anzeichen der Krankheit entdecken, schneiden Sie das Laub ab und entsorgen es im Hausmüll – auf keinen Fall auf dem Komposthaufen. Geschieht das rechtzeitig, kann eine Übertragung auf die Knollen meist verhindert werden. Die Knollen können bis zur Ernte im Boden verbleiben. Im Zweifel empfiehlt sich eine Probeernte.

WICHTIGER HINWEIS

Achten Sie schon von Anfang an darauf, nur Saatkartoffeln von einem vertrauenswürdigen Händler zu kaufen. Verwenden Sie keine eigenen Kartoffeln zur Neu-Aussaat und entfernen und entsorgen Sie befallene Pflanzen, sobald Sie eine Infektion festgestellt haben, in die grüne Tonne, **nicht** in den Kompost. Blattläuse gelten als Überträger dieser Krankheiten. Dämmen Sie darum Blattlausbefall ein, sobald Sie ihn feststellen. Gartengeräte sollten gesäubert werden.

Kartoffelschorf

Schorf erkennen Sie als raue, braune Flecken auf der Kartoffelschale, wobei das Innere der Kartoffel unversehrt bleibt. Die Krankheit wird von dem Bakterium *Streptomyces scabiei* in der Erde verursacht. Kartoffelschorf ist zwar unansehnlich, aber nicht schädlich und Sie können die Kartoffeln unbesorgt genießen.

Verticilliumwelke

Gelbe Blätter und Kümmerwuchs deuten auf Verticilliumwelke hin. Die Krankheit wird von einem Pilz verursacht. Es gibt einige Sorten, die gegen den Pilz resistent sind. Dazu gehören 'Nicola', 'Linda', 'Princess', 'Gala' und 'Gloria'.

Kein schöner Anblick. Wenn die Krautfäule zuschlägt, kann man nicht viel tun.

Gegen Pilzerkrankungen hilft es, einen großzügigen Pflanzabstand von mindestens 40–45 cm einzuhalten.

Kartoffelviren

Neben den genannten Krankheiten gibt es auch kartoffeltypische Viren, die zu Deformationen der Blätter und Knollen, Verkrümmungen und Verfärbungen führen können. Auch gegen diese Viruskrankheiten ist es wichtig, die richtigen Pflanzabstände einzuhalten.

Gemüse richtig ernten

Im Frühsommer beginnt im Garten die vielfältige Erntesaison. Los geht es mit Frühkohl, Möhren und Kohlrabi, danach werden auch Knoblauch und der allerletzte Rhabarber reif.

ZERKLEINERTE EIERSCHALEN ZUM SCHUTZ VOR SCHNECKEN

Umweltfreundlich und schnell zur Hand sind zerkleinerte Eierschalen zum Schutz vor Schnecken. Die scharfen Kanten der Schalenscherben wirken abschreckend auf die Weichtiere. Sammeln Sie die Eierschalen und säubern sie in einem Wasserbad. Lassen Sie die Schalen gut trocknen und geben Sie sie dann in einen festen Beutel. Nun können Sie die Schalen mit einem Nudelholz zerkleinern. Die Schalen können Sie dann ringförmig um die einzelnen Gemüsepflanzen oder um kleine Areale im Beet geben.

Der Frühsommer bringt bereits eine Vielzahl von köstlichem Gemüse hervor.

- **Möhren:** Sie sind ein Highlight des Frühsommers. Jetzt im Frühsommer ernten Sie Ihre Aussaaten aus dem Erstfrühling. Ziehen Sie die Wurzeln vorsichtig aus der Erde. Das Möhrengrün ist auch essbar. Sie können es als Würzkraut verwenden oder zu Pesto verarbeiten.
- **Frühkohl:** Dieses zarte und schmackhafte Blattgemüse ist eine der ersten Sorten, die im Frühsommer geerntet werden können. Die jungen, zarten Blätter können Sie bereits in dieser frühen Phase des Wachstums genießen. Sie schmecken auch als Rohkost gut.
- **Kohlrabi:** Die Knollen können ebenfalls in dieser Saison geerntet werden. Sie sollten fest und saftig sein. Die Blätter eignen sich hervorragend für Salate oder als Beilage.
- **Knoblauch:** Der Frühsommer ist auch die Zeit, in der Knoblauch reif wird. Die Knollen sind bereit zur Ernte, wenn die Blätter beginnen, sich gelblich zu verfärben und zu welken. Die Knollen können dann ausgegraben und getrocknet werden.

Zum Ernten ziehen Sie Möhren am Grünansatz fest und vorsichtig aus dem Boden.

Kohlrabi wird mit einem scharfen Messer dicht unter der Knolle abgeschnitten.

Lassen Sie den Knoblauch nach der Ernte einige Stunden in der Sonne abtrocknen.

Frühsommer

Bau einer Kräuterspirale

Da die meisten Kräuter mehrjährig sind, können sie einen dauerhaften Platz im Garten erhalten. Statt eines klassischen flachen Gartenbeets lohnt es sich, eine dreidimensionale Kräuterspirale anzulegen.

SIE BRAUCHEN DAFÜR:

- Pflöcke und Kordel zum Abstecken
- Spaten zum Ausheben der Basis
- Grober Schotter oder Kies als Fundament und Drainageschicht
- Gartenerde, Sand, Kompost als Pflanzsubstrat
- Bruchsteine, Holz oder Ziegel für die Mauer der Spirale

Kräuter sind ein Genuss für alle Sinne. Sie verleihen rohen und gekochten Gerichten ihren ganz eigenen Charakter und können frisch, eingelegt oder getrocknet zum Einsatz kommen.
In einer Kräuterspirale gedeihen die verschiedensten Kräuter mit ihren individuellen Ansprüchen auf kleinstem Raum. Durch die Gestaltung der Spirale entstehen verschiedene Mikroklimazonen innerhalb der Anbaufläche, die den unterschiedlichsten Kräutern gerecht werden.
Und so gehen Sie vor.

Schritt 1: Standort und Ausrichtung der Spirale bestimmen

Die Spitze der Kräuterspirale sollte nach Süden ausgerichtet sein, um die maximale Sonneneinstrahlung zu erhalten. Dort werden Kräuter gepflanzt, die viel Sonnenlicht benötigen und trockene Bedingungen bevorzugen.
Nach Möglichkeit sollte die Kräuterspirale von der Küche oder Terrasse aus leicht zugänglich sein, damit Sie die Kräuter später schnell und frisch zur Hand haben. Rechnen Sie mit einem Durchmesser der Spirale von 1–2 m.

Haben Sie eine geeignete Stelle im Garten gefunden, markieren Sie einen Kreis mit der gewünschten Größe und heben die Fläche etwa 30 cm tief aus.

Füllen Sie dann für das Fundament der Kräuterspirale die ausgehobene Fläche mit Schotter oder Kies aus. Dadurch gewinnen Sie auch eine Drainagefläche.

Nun wird die Spirale gemauert. Schichten Sie dafür spiralförmig die Steine auf. Zur Mitte hin werden sie mit 60–80 cm am höchsten.

Stehen die Mauern, geht es ans Befüllen mit Substrat. Geeignet ist Gartenerde, der Sie nach oben hin immer mehr Sand beimengen.

Ganz oben setzen Sie sonnenverwöhnte Kräuter wie Thymian, weiter unten Kräuter, die auch Halbschatten vertragen, wie Basilikum.

Schritt 2: Das Fundament legen

Stecken Sie mit Pflöcken und einem Seil eine kreisförmige Fläche des gewünschten Durchmessers ab. Markieren Sie den Kreis und heben dann die Fläche etwa 30 cm tief aus (→ Foto 1).

Befüllen Sie die ausgehobene Fläche mit Schotter oder Kies (→ Foto 2). Dadurch schaffen Sie gleichzeitig eine Drainageschicht und ein Fundament.

Schritt 3: Die Spirale mauern

Beginnen Sie mit dem Mauern der Spirale von außen nach innen, wobei Sie nach innen hin höher werden (→ Foto 3). Der höchste Punkt der Spirale sollte 60–80 cm hoch sein. Wenn Sie auf Mörtel verzichten, schaffen Sie durch die entstehenden Ritzen und Fugen Lebensraum für kleine Lebewesen, Amphibien und Reptilien. Außerdem können Sie Thymian oder Oregano in die Ritzen setzen.

Schritt 4: Das Substrat mischen und die Spirale befüllen

Jetzt können Sie das Substrat für die unterschiedlichen Klimazonen anmischen. Füllen Sie die Spirale mit normaler Gartenerde, der Sie nach oben hin immer mehr Sand beimengen. Der untere Bereich darf lehmig sein (→ Foto 4).

Schritt 5: Die Kräuterspirale bepflanzen

Nun kommt der schönste Teil. Vor der Bepflanzung sollte sich die Erde einige Tage setzen können. In der Zwischenzeit können Sie planen, welche Kräuter Sie gerne anbauen möchten und wo sie stehen sollen. Wenn Sie Jungpflanzen kaufen, bedenken Sie, dass diese größer werden, und räumen ihnen genug Platz ein. Auch bei Saatgut sollten Sie die Größe der späteren Pflanzen berücksichtigen.

Trockenzone: Hier können Kräuter, die volle Sonne lieben und trockenere Bedingungen vertragen, platziert werden, wie Thymian, Oregano, Lavendel oder Rosmarin (→ Foto 5).

Gemäßigte Zone: Die Pflanzen für diese Zone brauchen teilweise Sonne, kommen aber auch mit Schatten zurecht. Das sind Basilikum, Petersilie, Schnittlauch, Minze oder Zitronenmelisse.

TIPP

Die Kräuterspirale gießen

Die Feuchtigkeit in der Kräuterspirale reguliert sich selbst. Nur bei Trockenheit sollten Sie die Bepflanzung vorsichtig und langsam von der oberen Zone her gießen. Idealerweise bewässern Sie morgens oder abends, wenn die Verdunstung geringer ist. Faustregel: Gießen Sie, wenn die obere Zone trocken ist. Wasserbindende Materialien wie Mulch oder Tonkugeln verbessern die Feuchtigkeitsspeicherung.

Zwergsorten für das Hochbeet pflanzen

Wenn Sie den begrenzten Platz im Hochbeet für möglichst viele Sorten ausschöpfen möchten, sollten Sie zu speziellen Zuchtformen greifen.

Zwergsorten von Tomaten, Paprika und Co. wachsen niedrig und bilden kompaktere Wurzelsysteme aus. Neben der Platzersparnis erleichtert dies das Gießen und Pflegen und Sie brauchen kein Rankgitter aufzustellen.

- **Tomaten:** Zwergtomaten sind perfekt für Hochbeete, insbesondere auch für kleinere Exemplare. Viele Zwergtomatensorten sind resistent gegen Braunfäule und andere Pilzerkrankungen und benötigen daher nicht notwendigerweise eine Überdachung. Die aromatische 'Berner Rose' mit mittelgroßen, hellroten Früchten, die besonders ertragreiche 'Patio Princess' und die mit nur 30 cm Wuchshöhe besonders kleine Sorte 'Tiny Tim' mit ihren beerenartigen Cocktailfrüchten sind nur drei von unzählig vielen Sorten.
- **Paprika:** Zwergpaprika wie 'Lipstick' oder 'Mini Bell' oder 'Gelbe von Cuneo' bilden an jeder Blattachsel Früchte aus und sind deshalb auch trotz ihres kleinen Wuchses sehr ertragreich. Die Pflanzen bilden über eine Saison immer weiter Blüten und Früchte aus, wenn sie regelmäßig geerntet werden. Zwergpaprika sind im Hochbeet nicht nur ein hübscher Blickfang, sondern ein willkommenes Naschgemüse für Lunchboxen und als Snack.
- **Gurken:** Mini-Sorten von Gurken erhalten Sie im Handel oft unter dem Namen »Snackgurke«. Viele dieser Sorten sind entbittert und tolerant gegen gurkentypische Erkrankungen. Mit 40 cm Wuchshöhe ist die Zwerggurke 'Pickle Bush' hervorragend geeignet für Hochbeete. Sie bildet kompakte Ranken, die Sie an niedrigen Gittern fixieren sollten, und Früchte mit einer Länge von bis zu 12 cm aus. 'Beth Alpha' trägt 13–15 cm lange Früchte, die interessanten, hellen und zitronenförmigen Früchte von 'Limona' schmecken süßlich. Die »Mexikanische Minigurke« bildet traubengroße Früchte, deren Schale wie die von Melonen gemasert ist. Die Pflanze bildet unterirdisch kräftige Speicherwurzeln aus, weshalb sie seltener gewässert werden muss.
- **Kürbis:** Auch im Hochbeet müssen Sie nicht auf diese Gartenriesen verzichten. Von Natur aus kleine Sorten wie Hokkaido und Butternut können Sie dort so oder so kultivieren. Spezielle Mini-Kürbisse sind relativ neue Züchtungen, die in den letzten Jahren entwickelt wurden. Damit werden die Pflanzen auch tauglich für kleine Beete und Hochbeete. Zwergsorten gibt es in vielen unterschiedlichen Formen und Farben. 'Baby Boo' ist eine winzige Kürbissorte, die nur etwa 5 cm im Durchmesser erreicht. Die Schale der Früchte ist glatt und hell. 'Baby Boo' entwickelt keine ausladenden Ranken und ist damit platzsparend. 'Sweet Dumpling' hat eine schöne gelb-grün gemaserte Schale und ist etwa apfelgroß mit süßlichem Fruchtfleisch. 'Rondini' ist eine weitere kleine Sorte. Die Früchte sind rund mit hellem, faserigem Fruchtfleisch und dezentem Nussaroma. Die Schale des 'Rondini' ist nicht essbar. Der Kürbis wird im Ganzen gekocht, halbiert, dann mit Salz und Pfeffer gewürzt oder gefüllt und ausgelöffelt.
- **Zucchini:** Bekannt als ertragreiches Anfängergemüse, gedeiht dieses Kürbisgewächs auch gut im Hochbeet. Kleine Sorten sparen Platz und ergeben handliche Früchte, die nicht bitter werden. Verwendet werden die kleineren Zucchini wie ihre großen Verwandten. Buschig

Mit der richtigen Sortenauswahl erwartet Sie im Hochbeet reiche Ernte.

und kleinwüchsig sind zum Beispiel die Sorten 'Eight Ball', 'Patio Star' oder 'Nano Verde Di Milano'.

- **Salate:** Zwergsalate wachsen schnell und brauchen wenig Platz. Ihre handliche Größe ist praktisch für Alleinlebende und kleine Familien. Die Kopfsalate 'Gotte Doree', die historische Sorte 'Tom Thumb' oder die kleinen Romanasorten 'Tintin' und 'Little Gem' sind Beispiele dafür. 'Red Romaine' und 'Butterhead' sind kleine Pflücksalate, die schnell wachsen und wenig Platz brauchen. Zusätzlich bringen sie mit in rötlichen Tönen changierenden Blättern Farbe ins Beet.
- **Möhren:** 'Paris Market' und 'Thumbelina' sind ideal für kleine Hochbeete. Sie haben kurze, kompakte Wurzeln, die Wurzeln der historischen Sorte 'Pariser Markt' sind kugelrund und dunkelrot. 'Ochsenherz' ist eine schnell wachsende Möhrensorte mit dicken, kurzen, runden Wurzeln. Kleine Möhrensorten eignen sich auch gut, wenn Sie ein Hochbeet für oder mit Kindern anlegen möchten.
- **Kohl:** Kohlköpfe sind oft zu groß für den Anbau im Hochbeet, vor allem wenn Sie daneben noch viel anderes Gemüse anbauen möchten. Die alte Blumenkohlsorte 'Erfurter Zwerg' bildet bis zu 20 cm große Blüten aus, die sogar im Ganzen gekocht werden können. Andere Zwergkohlsorten sind der kompakte und relativ kleine 'Dwarf Blue Curled Kale' – ein Grünkohl – mit etwa 20 cm langen Blättern.

Okra anpflanzen im Hochbeet

Okra oder »Gemüseeibisch« aus der Familie der Malvengewächse gehört in afrikanischen und asiatischen Ländern zu den Grundnahrungsmitteln.

Okra kann auch in Deutschland angebaut werden, sofern es sich um eine milde, sonnige Lage handelt. In warmen Hochbeeten findet sie ein optimales Zuhause. Okrasamen gibt es im Handel vor Ort oder online. Ab Anfang April können Sie die Samen in Anzuchtschalen im Haus vorziehen. Sobald sich das erste echte Blattpaar zeigt, sollten sie in größere Töpfe verpflanzt werden. Wenn die Temperaturen frostfrei werden, dürfen die kleinen Pflanzen ins Hochbeet umziehen.

Die Pflanze bildet essbare, grüne, etwa 5–15 cm lange Kapselfrüchte aus, die Okraschoten. Sie entstehen schon einige Tage nach der Blüte und werden frühzeitig unreif geerntet. Die Pflanze produziert fortlaufend neue Blüten und Kapseln, wenn sie kontinuierlich beerntet wird. Schneiden Sie dazu die Früchte mit einem scharfen Messer vom Stängel ab. Sie lassen sich in perforierten Plastikbeuteln im Kühlschrank mehrere Tage aufbewahren.

Okraschoten sind ballaststoffarm und warten mit einer Fülle an Vitaminen auf. Auch die Mineralstoffe Kalium, Magnesium und Eisen sind reichlich enthalten.

Gemüse ernten im Hochbeet

Die Haupternte einiger Gemüsesorten geht im Hochbeet jetzt zu Ende.

Frühjahrssalate, wie Kopfsalate und Römersalat, schießen bei warmem Wetter, das heißt, sie gehen in die Blüte, was die Blätter bitter macht. Das Gleiche gilt für Spinat. Radieschen und Kohlrabi werden im Sommer zu groß und holzig, weshalb Sie sie jetzt entnehmen sollten. Erbsen neigen dazu, bei steigenden Temperaturen ihren Zucker in Stärke umzuwandeln. Dadurch schmecken sie weniger süß und zart.

Frühkartoffeln ernten im Hochbeet

Frühkartoffeln sind Sorten, die speziell für eine frühe Ernte gezüchtet wurden.

Frühkartoffeln wachsen schneller, haben eine dünnere und zartere Schale und sind schneller erntereif als »normale« Lagerkartoffeln. Frühe Kartoffeln sind im Frühsommer erntereif, wenn ihr Laub gelb und welk wird. Graben Sie die Knollen vorsichtig mit einer Handforke oder mit den Händen aus. Lassen Sie sie auf dem Beet einen Tag abtrocknen. Frühkartoffeln schmecken frisch am besten.

Bewässerung und Wassermanagement

Im Sommer sind Hochbeete durch Zersetzungsprozesse des organischen Materials und der erhöhten Sonneneinstrahlung durch den dreidimensionalen Aufbau stärkerer Verdunstung ausgesetzt.

Deshalb sollten Sie sich jetzt Gedanken um eine effiziente Bewässerung machen.

- Behalten Sie die Bodenfeuchtigkeit im Auge. Dazu graben Sie etwa 2 cm tief in den Boden. Wenn die Erde darunter trocken ist, ist es Zeit zum Gießen.
- Anstatt die gesamte Beetfläche mit Wasser zu besprengen, gießen Sie gezielt an die Basis Ihrer Pflanzen. Sie können eine Gießkanne mit Sparaufsatz oder einen Schlauch mit einer dünnen Düse verwenden, um den Wasserstrahl zu regulieren.
- Größere Hochbeete lassen sich gut über ein Tropfsystem mit Wasser versorgen. Diese Systeme liefern das Wasser über installierte Schläuche in kleinen Portionen direkt an die Pflanze. Modelle mit Zeitschaltuhr erleichtern das Gießen, auch wenn Sie im Urlaub sind.
- Gruppieren Sie Pflanzen mit ähnlichen Wasserbedürfnissen. Damit können Sie effizienter gießen und sparen Wasser: beispielsweise Tomaten mit Paprika, Zucchini mit Gurken, Salat und Spinat, Petersilie und Basilikum.

→ S. 19, Bewässerung

Hitzeschutzmaßnahmen fürs Hochbeet

Steht Ihr Hochbeet in der vollen Sonne, müssen Sie einige Schutzmaßnahmen treffen, um die Pflanzen im Beet trotz des begrenzten Platzes vor starker Sonneneinstrahlung und dem Austrocknen zu schützen.

Hochbeete haben weniger Bodenvolumen als Beete im Freiland, weshalb die Wurzeln weniger Raum haben, um sich vor übermäßiger Erwärmung zu schützen. Die Wände des Beets sorgen zusätzlich für eine stärkere Erwärmung der Erde.

Mulchen

Auch im Hochbeet ist Mulchen eine der einfachsten und effektivsten Methoden, um den Boden vor Hitze zu schützen. Das Mulchen im Hochbeet erfüllt besonders den Zweck, die Bodentemperatur zu regulieren. Mulchen Sie mit Grünschnitt, Rasenschnitt oder Kompost. Aufgrund der niedrigen Bodentiefe müssen Sie im Hochbeet nicht so dick mulchen wie im Freiland; eine 10 cm dicke Mulchschicht ist ausreichend.

Sonnensegel

Einen temporären Schutz gegen Hitzestress in heißen Wochen bieten installierbare Sonnensegel. Sie können solche Segel im Handel kaufen oder alternativ das Beet mit Sonnenschirmen für Garten oder Balkon beschatten.

Hitzetolerante Sorten wählen

Hochbeete, die aufgrund ihres Standorts viele Sonnenstunden sammeln können, sind bestens geeignet, um mit hitzetoleranten Gemüsen bestückt zu werden. Auch bei der Sortenauswahl können Sie auf hitzeresistentere Sorten setzen. Die Tomaten 'Heatwave', 'Solar Fire' oder 'Phoenix' tolerieren hohe Temperaturen

Sonnensegel überspannen die Hochbeete und beugen Hitzestress an den Pflanzen vor.

besser als andere Sorten. Die Paprikasorten 'California Wonder' oder 'Cayenne' stammen aus heißen Klimazonen und passen gut in reichlich besonnte Hochbeete. Auberginen sind von Natur aus hitzetolerant. 'Black Beauty' oder 'Florida Highbush' sind eine gute Wahl für vollsonnige Standorte.
Auch unter den Kräutern gedeihen einige in der vollen Sonne am besten. Darunter befinden sich mediterrane Arten wie Rosmarin, Oregano oder Thymian.

Mischkultur

Eine günstige Mischkultur, bei der die Pflanzen so angeordnet werden, dass sie sich gegenseitig beschatten, kann die Auswirkungen von Hitze und intensiver Sonneneinstrahlung minimieren. Beispiele für eine solche hitzegünstige Mischkultur sind:

- **Tomaten und Basilikum:** Tomaten beschatten die zarten Blätter des Basilikums und schützen es vor starker Sonne.
- **Klettergurken und Radieschen:** Die Gurken wachsen entlang der Seiten des Hochbeets, die Radieschen darunter. Die großen Blätter der Gurken spenden den darunter wachsenden Radieschen Schatten.
- **Paprika und Spinat:** Paprika haben größere Blätter und können Spinat vor zu viel Sonne schützen. Setzen Sie die Paprikapflanzen in eine sonnige Ecke des Hochbeets und den Spinat davor.

→ S. 204, Tabelle Mischkultur

Eine Wurmröhre für das Hochbeet bauen

Eine clevere Möglichkeit, Ihre Pflanzen im Hochbeet mit wertvollem Wurmkompost zu versorgen, ist es, eine Wurmfarm (→ S. 92) *direkt in das Hochbeet zu integrieren.*

Eine solche Wurmfarm oder Wurmröhre wird aus Maschendraht oder einem alten Abflussrohr, in das Sie Löcher gebohrt haben, hergestellt. Besonders Starkzehrer wie Gurken, Paprika oder Tomaten profitieren von der Wurmröhre.

So gehen Sie vor

1 | Um den Behälter vorzubereiten, formen Sie aus Drahtgeflecht eine Rolle von ungefähr 60 cm Länge mit einem Durchmesser von 10–15 cm. Die Röhre können Sie mit Kabelbindern oder Draht schließen.
Auch ein altes Abflussrohr, das Sie mit Löchern versehen, lässt sich als Wurmröhre verwenden.

2 | Graben Sie die Wurmröhre vertikal in Ihrem Hochbeet ein und verfüllen Sie sie am Rand zur besseren Stabilität gut mit Erde.

3 | Füllen Sie den Behälter zur Hälfte mit zerkleinerten, unbedruckten Eierkartons oder unbedrucktem Karton, befeuchten Sie das Material gründlich und geben Sie eine Handvoll Kompostwürmer darauf.

4 | Fügen Sie jetzt die organischen Abfälle hinzu. Beginnen Sie mit einer dünnen Schicht. Bedecken Sie diese Schicht wieder mit feuchtem Karton. Füllen Sie nun nach und nach weiteres organisches Material im Wechsel mit Karton ein. Nach einigen Monaten haben die Kompostwürmer die Abfälle zu nährstoffreichem Kompost verwandelt.

5 | Gießen Sie das Hochbeet durch diese Röhre hindurch. Dadurch werden die Nährstoffe an die Wurzeln der Pflanzen gespült und die Wurmröhre wird durchfeuchtet.

DAS MÖGEN KOMPOSTWÜRMER

Kompostwürmer ernähren sich von organischen Abfällen. Es eignen sich Obst- und Gemüsereste, Teebeutel ohne Klammer, Kaffeesatz, Eierschalen und unbedruckte Eierkartons. Als Faustregel gilt, den Würmern 80 Prozent Bioabfälle und 20 Prozent Karton zu geben. Der Karton dient als Versteck sowie als Feuchtigkeitsspeicher und wird von den Würmern ebenfalls verwertet.

Hochglanzpapier wie Werbeprospekte, Holz, Brot und andere Getreideprodukte, gekochte Speisereste und Fleisch, Knochen, Milchprodukte, Zitrusfrüchte und deren Schalen sowie Zwiebeln dürfen die fleißigen Bodenhelden nicht bekommen.

Troubleshooting

Die Gartenarbeiten im Frühsommer beinhalten eine ausgewogene Mischung aus Säen und Ernten. Schossfeste Salate und Süßkartoffelkraut erweitern die Palette. Außerdem können Sie durchaus noch Tomaten ins Hochbeet setzen, dort ein Milpa-Beet oder einen Mini-Teich an der Kräuterspirale anlegen.

? | Ich habe Süßkartoffeln angebaut und staune über das schöne Kraut mit den herzförmigen Blättern und den violetten Blüten. Kann ich auch die anderen Pflanzenteile der Süßkartoffel essen?

Das Kraut der Süßkartoffel und auch die Blüten erinnern an die verschiedenen Windenarten und sind im Beet durchaus dekorativ. Und ja, Sie können das Kraut der Süßkartoffelpflanze essen. In Afrika, einigen asiatischen Ländern und Südamerika gehört das Kraut zu den Grundgemüsen. Die Blätter sind reich an Mineralstoffen (wie Eisen und Kalzium), Vitaminen (besonders A und C), Ballaststoffen und Proteinen und können auf verschiedene Arten in der Küche eingesetzt werden. Sie können die jungen Blätter und Triebe roh in Salaten verwenden, dämpfen, kochen oder braten und als Gemüsebeilage zu verschiedenen Gerichten servieren. Sie können sie auch in Suppen und Eintöpfen verwenden oder Smoothies zufügen. Nicht alle Sorten der Süßkartoffeln blühen, die Blüten lassen sich aber als essbare Deko verwenden. Wenn Sie das Kraut ernten, wenn die Knollen noch in der Erde sind, entnehmen Sie nur etwa ein Drittel, damit die Pflanze weiterwachsen kann.

→ S. 96, Süßkartoffeln anpflanzen

? | Ich habe nur ein kleines Hochbeet auf dem Balkon. Kann ich darin trotzdem Tomaten anbauen?

Wer nicht viel Platz im Hochbeet oder im Garten hat, muss nicht auf Tomaten verzichten. Sie gedeihen auch gut in Töpfen oder Kübeln mit mindestens 20 l Fassungsvermögen. Es gibt Tomatensorten, die nicht ranken. Solche sogenannten Buschtomaten wachsen kompakt und sind pflegeleicht. Die Sorten kommen früher zur Reife, was besonders in kälteren Klimazonen ein Vorteil ist.

? | Muss ich für Tomaten im Hochbeet ein eigenes Hochbeet anlegen oder kann ich sie auch einfach in die herkömmliche Erde neben die anderen Gemüsesorten setzen?

Die falsche Erde kann für Tomaten zu Problemen wie Nährstoffmangel, schlechter Drainage, ungünstigem pH-Wert, einem erhöhten Krankheitsrisiko und verzögertem Wachstum führen. Um diese Probleme zu vermeiden, ist es ratsam, spezielle Tomatenerde zu verwenden oder normale Blumenerde mit Kompost oder gut verrottetem Mist zu ergänzen, um die Bodenqualität zu verbessern und die idealen Bedingungen für gesunde Tomatenpflanzen sicherzustellen.
In einem Hochbeet können prinzipiell verschiedene Gemüsesorten zusammen angepflanzt werden, ohne separate Zonen oder Erden zu benötigen. Achten Sie aber immer auf eine gute Drainage und eine gute Grundversorgung mit Phosphor, Stickstoff und Kalium durch einen guten Aufbau der Schichten. Planen Sie eine geeignete Fruchtfolge, um Schädlings- und Krankheitsrisiken zu minimieren.
Es ist ratsam, Pflanzen mit ähnlichen Bedürfnissen in Bezug auf Nährstoffe, Sonnenlicht und Wasser zu gruppieren (zum Beispiel Tomaten, Paprika und Auberginen, Radieschen und Möhren).

→ S. 204, Tabelle Mischkultur
→ S. 86/87, 122/123, Pflanzpläne
→ S. 50, Das Hochbeet vorbereiten

? | Ich möchte auch Brunnenkresse in meiner Kräuterspirale anpflanzen. Die braucht aber viel Wasser. Funktioniert es trotzdem?

Brunnenkresse ist eine Wasserpflanze, die viel Feuchtigkeit benötigt. Wenn Sie Brunnenkresse in Ihrer Kräuterspirale anpflanzen möchten, können Sie am Fuß der Kräuterspirale eine Feuchtzone in Form eines Mini-Teichs integrieren. Heben Sie dazu eine 40 cm tiefe Grube aus, kleiden sie mit Teichfolie aus, perforieren sie an einigen Stellen und geben eine Drainageschicht aus Kies hinein. Dann füllen Sie diese Grube mit etwa 10–20 cm Gartenerde und Kompost auf. Am Rand Ihres Mini-Teichs können Sie außerdem Wasserspinat, Schnittlauch und Wasserminze pflanzen.

? | Muss ich regelmäßig Würmer in die Wurmröhre nachfüllen oder vermehren sie sich von selbst?

Kompostwürmer vermehren sich normalerweise von selbst, wenn sie ausreichend Nahrung und geeignete Bedingungen haben. In der Regel ist es nicht notwendig, ständig neue Würmer hinzuzufügen, sofern Ihre Wurmpopulation gesund ist. Das bedeutet auch, dass sie normalerweise in der Wurmröhre bleiben, da sie dort optimale Bedingungen für ihren Lebensraum finden. Die Röhre bietet einen geschützten und feuchten Lebensraum, der für die Würmer attraktiv ist.
Um die Wurmpopulation in der Röhre zu überprüfen, können Sie gelegentlich in die obere Öffnung der Röhre schauen. Wenn die Bedingungen in der Röhre optimal sind, sollten die Würmer dort bleiben, den Kompostprozess fortsetzen und sich auch an Ort und Stelle fortpflanzen. Gern können Sie Würmer entnehmen und weitere Wurmfarmen eröffnen.

→ S. 107, Eine Wurmröhre für das Hochbeet bauen

? | Ich habe nur noch wenig Platz in meinem Beet. Kann ich ein Milpa-Beet auch im Hochbeet anlegen oder ist dafür mehr Platz erforderlich?

Ein Milpa-Beet ist traditionell zwar für den Anbau im Freiland konzipiert, aber es ist durchaus möglich, eine kleinere Version davon in einem Hochbeet anzulegen. Versuchen Sie, mit kleineren Sorten zu experimentieren, um den Platz im Hochbeet gut auszunutzen. Ansonsten können Sie beispielsweise Mais in der Mitte pflanzen, der als Stützpflanze für Kletterbohnen fungiert. Um Platz zu sparen, könnten Sie die Bohnen an den Seiten des Hochbeets wachsen lassen, wo sie am Hochbeet hinaufranken können. Die Kürbisse können gut am Rand des Hochbeets platziert werden, wobei sie über den Rand hinaus in den umgebenden Gartenbereich wachsen können.
Sie können Ihre Milpa-Pflanzung auch mit Kräutern ergänzen. Koriander, Thymian, Bohnenkraut und Petersilie halten Schädlinge fern und begünstigen die Pflanzung. Ringelblumen erfüllen diese Funktion ebenfalls.

→ S. 92, Ein Milpa-Beet anlegen

? | Ich habe gehört, dass es schossfeste Salate gibt. Was ist darunter zu verstehen und wann kann ich sie säen?

Es gibt Salatpflanzen, die bei Hitze dazu neigen, in die Blüte zu gehen. In den Blättern werden dann Bitterstoffe eingelagert, die den Geschmack beeinträchtigen. Schossfest bedeutet, dass diese Sorten auch bei heißem Wetter nicht schnell in die Blüte gehen. Solche schossfesten Sorten können Sie im Frühsommer ins Freiland säen. Das gilt besonders für Salate und Gemüse für die Herbsternte. Zu den schossfesten Salatsorten gehören zum Beispiel der 'Lollo Rossa' mit krausen, dunkelrot gefärbten Blättern, der würzig und pikant schmeckende Rucola oder die hitzefeste Endivie, deren Blätter leicht bitter schmecken.

HOCHSOMMER

Willkommen im sonnenreichsten und wärmsten phänologischen Monat! Gießarbeiten sind zu dieser Zeit morgens oder abends wichtig. Viele Gemüse befinden sich immer noch in der Wachstumsphase und erfordern Ihre Aufmerksamkeit durch Anhäufeln und Jäten. Ihre Mühen werden reichlich belohnt – Sie können nun fast täglich frisches Beerenobst und die ersten Fruchtgemüse ernten. Machen Sie sich mit der richtigen Ernte und Lagerung vertraut.

Regelmäßige Arbeiten im Hochsommer

Die trockenen Tage des Hochsommers erfordern eine gute Gießroutine. Von Wassergaben profitiert leider auch das Unkraut.

Wässern

Wenn die Temperaturen jetzt besonders hoch sind und die Sonneneinstrahlung stark ist, sollten Sie sich an die Grundlagen für eine richtige Bewässerung erinnern.

- Gießen Sie tief und gleichmäßig.
- Gießen Sie idealerweise morgens oder abends dicht an der Pflanze.
- Achten Sie darauf, Spritzwasser auf den Blättern zu vermeiden.

Kratzprobe: Dadurch sehen Sie, ob das Gießen nötig ist. Kratzen Sie den Mulch und die oberste Erdschicht beiseite. Ist die Erde dort feucht, ist es noch nicht nötig zu gießen.

Unkraut jäten

Das regelmäßige Jäten ist im Hochsommer ebenfalls noch erforderlich. Unkraut wächst auch jetzt noch fleißig heran und macht Ihren Gemüsepflanzen Konkurrenz um Nährstoffe und Wasser. Das Jäten hilft auch dabei, die Verbreitung von Schädlingen und Krankheiten zu reduzieren. Eine Hacke und ein Unkrautstecher leisten Ihnen dabei gute Dienste, um Pflanzen und Wurzeln der Unkräuter zu entfernen.

UNKRÄUTER IM HOCHSOMMER JÄTEN

Name	Anmerkung
Löwenzahn	Mit einer Grabegabel oder einem Unkrautstecher unter der Pflanze die Pfahlwurzel anheben und entfernen; Blätter und Blüten sind essbar.
Giersch	Gründlich jäten, wobei alle Wurzelteile aus der Erde entfernt werden sollten, weil sie schnell wieder austreiben; Blätter sind essbar.
Quecke	Tief graben, alle Wurzelteile entfernen, regelmäßige Kontrolle.
Distelarten	Handschuhe tragen, Wurzel entfernen mit Grabegabel oder Unkrautstecher.
Sauerampfer	Ist leicht zu ziehen, sollte entfernt werden, bevor er Samen bildet! Regelmäßige Kontrolle; Blätter sind essbar.
Mittlerer, Spitz- und/oder Breit-Wegerich	Jäten, bevor Samen gebildet werden; ist leicht zu ziehen; Blätter sind essbar, Heilpflanze gegen Hautirritationen.
Ackerschachtelhalm	Tief jäten und graben, um das Wurzelsystem zu entfernen. Achten Sie auf die Standortbedingungen, da Schachtelhalm auf feuchten Böden gedeiht. Aus der Pflanze kann eine Pflanzenjauche zur Pflanzenstärkung hergestellt werden.
Gewöhnliche Wolfsmilch **Kreuz-Wolfsmilch** **Klebrige Wolfsmilch** **Hirschsprung-Wolfsmilch**	Vorsichtig mit einem Unkrautstecher entfernen, dabei Handschuhe tragen, um Hautreizungen zu vermeiden.
Ehrenpreis	Regelmäßig jäten, bevor die Pflanze blüht und Samen ansetzt.
Ackerwinde	Sorgfältig jäten, um alle Wurzeln zu entfernen. Ein Unkrautvlies oder eine dichte Mulchschicht kann die Ausbreitung einschränken.

Anzucht im Haus für Herbst und Winter

Regulär ist die Anzucht im Haus abgeschlossen. Eine Ausnahme bilden aber Herbst-/Winterkulturen, bei denen eine Voranzucht im Hochsommer Sinn macht.

Kohlrabi, Rote Bete, Mangold, Feldsalat und Winterportulak brauchen eine längere Wachstumsperiode. Eine Voranzucht für die kühleren Monate bedeutet, dass Sie deren Wachstumsphase verlängern und bereits kräftige Setzlinge zur Verfügung haben, wenn die Bedingungen im Herbst wieder günstiger werden.

Beim Vorziehen im Haus im Hochsommer sollten Sie besonders darauf achten, dass die Jungpflanzen nicht in der prallen Sonne stehen.

Gemüse säen im Freiland

Im Hochsommer ist es wegen der Wärme und hohen Sonneneinstrahlung für die meisten Gemüsearten schwierig, zu keimen und zu wachsen. Das Auspflanzen der angezogenen Pflanzen aus dem Haus ist deshalb sinnvoll.

Einige Sorten dürfen aber, sofern die Saat feucht gehalten wird, immer noch gesät werden. Gemüse wie Buschbohnen, Kohlrabi, Rote Bete und Mangold gehören dazu. Auch einige Kräuterklassiker können noch gesät werden.

- **Buschbohnen:** Sorten wie 'Goldkind' und 'Purple Teepee' sind bekannt für ihre Hitzeresistenz und eignen sich gut für die Sommeraussaat.
- **Kohlrabi:** 'Superschmelz' und 'Azur Star' sind Sorten, die auch in der Hitze gut gedeihen.
- **Rote Bete:** 'Bulls Blood' und 'Detroid Dark Red' werden auch bei Hitze nicht holzig.
- **Mangold:** 'Bright Lights' ist ein echtes Highlight im Beet und gedeiht auch gut bei sommerlichen Temperaturen.
- **Radieschen:** Die Sorten 'Saxa' und 'French Breakfast' keimen und wachsen auch bei hohen Temperaturen schnell.
- **Salate:** 'Salanova' und 'Lollo Rossa' sind sehr gute Sommersorten, die nicht schnell in die Blüte gehen.
- **Petersilie:** Die Sorte 'Gigante d'Italia' hat einen kräftigen Geschmack und kann auch im Sommer gesät werden – vorausgesetzt, Sie halten die Saat gut feucht, da Petersilie länger zum Keimen benötigt.
- **Kresse:** Die Sorte 'Gartenkresse' wächst schnell und kann ganzjährig gesät werden. Saat feucht halten.
- **Dill:** Die Sorte 'Fernleaf' wächst kompakt und keimt auch im Hochsommer.
- **Winterportulak** ist ein bekanntes Wintergemüse, kann aber auch im Hochsommer und Spätsommer für die Herbst- und Winterernte gesät werden. Legen Sie die Saat dünn im Abstand von 10–15 cm in Reihen von 20–30 cm. Postelein ist ein schnell wachsendes Blattgemüse, das Sie schon nach etwa sechs bis acht Wochen blattweise ernten können.
- **Rettich** gibt es als Frühjahrs-, Sommer- oder Wintervariante. Die Rettiche, die Sie jetzt ab Hochsommer aussäen, werden als »Sommerrettiche« bezeichnet. Sie können bis zum späten Herbst geerntet werden. Die Sorten 'Sommergarten' oder 'Schnellwachsender' sind hitzetolerant. Die Aussaat erfolgt in gut durchlässigem Boden im Abstand von 10–15 cm und in Reihen von 20–30 cm. Die Samen sollten 1–2 cm tief liegen.

TIPP
Keimung beschleunigen

Sie können alle diese Saaten über Nacht in kaltem Wasser quellen lassen, um die Keimung bei trockenem Wetter zu beschleunigen.

Malabarspinat macht mit seinen violetten Stängeln auch optisch etwas her.

Hitzeresistenten Spinat säen

Spinat im Hochsommer zu pflanzen, gelingt schlecht, weil er schnell blüht.

Es gibt einige hitzeresistente Sorten, die auch im Hochsommer wachsen, ohne zeitig zu blühen. 'Neuseeländischer Spinat' kommt beispielsweise mit hohen Temperaturen gut zurecht. Diese Sorte hat eine zitronige Unternote, die sich gut in sommerlichen Salaten und Smoothies macht.

TIPP
Malabarspinat als Spinatersatz

Eine interessante Sorte, um Spinat im Garten im Hochsommer zu ersetzen, ist der aus Indien stammende hitzeliebende Malabarspinat. Dieses Gemüse bildet dekorative, grün bis violett changierende Ranken, die Sie an einem Gitter emporziehen können. Die fleischigen Blätter lassen sich wie Spinat zubereiten.

Hochsommer

Regelmäßige Arbeiten im Hochsommer

Langsam kommen Sie ins Schwitzen: So viel zu ernten! Auch das Auspflanzen ist noch nicht beendet.

- **Auspflanzen ins Freiland:** Die letzten Anzuchten von Endiviensalat und Feldsalat sowie auch schon einige Wintergemüse wie Grünkohl und Rosenkohl können nun ausgepflanzt werden.
- **Ernten:** Beerenobst wie Johannisbeeren, Himbeeren, Brombeeren und Stachelbeeren sowie Gemüse wie Tomaten, Gurken, Zucchini, Auberginen, Paprika, Bohnen, Mais, Kartoffeln, Möhren, Zwiebeln, Knoblauch, Bohnen, Lauch, Brokkoli, Blumenkohl, Kohlrabi und Sellerie sind erntereif. Auch Salate und Kräuter können Sie nun verwerten.

Von der Hand in den Korb: Selbstversorgung aus dem eigenen Garten macht glücklich.

Vergessene Schätze anpflanzen

Eine kulinarische Zeitreise können Sie unternehmen, wenn Sie vergessene Gemüse wie Erdbeerspinat, Knollen-Ziest oder Pastinaken anbauen. Zeit, sie zurück ins kollektive Gartengedächtnis zu holen!

Erdbeerspinat – traditionsreiche Doppelnutzung

Erdbeerspinat oder Erdbeermelde gehört zur Familie der Fuchsschwanzgewächse. Er hat grüne spinatähnliche Blätter, die mild und leicht säuerlich schmecken und ähnlich wie Spinat verarbeitet werden können. Auch in Smoothies und Salat glänzt die Pflanze als gesunde Zutat wegen ihres hohen Eisen-, Kalzium- und Vitamin-C-Gehalts. Besonderer Blickfang sind die kleinen, roten, erdbeerförmigen Früchte des Erdbeerspinats, die in knubbeligen Trauben wachsen. Diese sind ebenfalls essbar und eignen sich als hübsche Deko zum Beispiel für Desserts.

Der Anbau von Erdbeerspinat ist unkompliziert, weil die Pflanze keine Ansprüche an Nährstoffe und Standort stellt. Lediglich einen durchlässigen Boden wünscht sie sich. Erdbeerspinat ist bei uns seit der Römerzeit heimisch und bestens an unser gemäßigtes Klima angepasst. Erdbeerspinat wird in einer Saattiefe von etwa 1–1,5 cm angebaut, die Reihen sollten einen Abstand von 30–45 cm voneinander haben.

Knollen-Ziest – Delikatesse aus der Vergangenheit

Der Knollen-Ziest heißt auch Japan-Kartoffel und stammt ursprünglich aus China und Japan. Er kam im 19. Jahrhundert nach Europa und bildete eine wichtige Kohlenhydratquelle. Die Pflanze entwickelt unterirdische Knollen, die leicht nussig schmecken und roh und gekocht genossen werden können. Ihr interessantes Aroma erinnert an Kartoffeln und Artischocken.

Der Anbau erfordert etwas Geduld, weil die weißlichen, bis 7 cm langen Knollen erst nach sieben bis zehn Monaten erntereif sind. Gepflanzt und gepflegt wird der Knollen-Ziest ähnlich wie Kartoffeln: Sie setzen kleine Knollen etwa 5–7 cm tief in die Erde. In der Reihe benötigen sie einen Abstand von etwa 30–45 cm.

Mit dem Anbau von Knollen-Ziest entdecken Sie nicht nur eine kulinarische Rarität, sondern unterstützen auch unsere Insekten, denn die dekorativen weiß-purpurfarbenen Blüten werden gern von Wildbienen, Hummeln, Tagpfauenaugen und Distelfaltern angeflogen.

Saubohnen – saulecker und gesund

Schon in der Antike wurden die nährstoffreichen Bohnen dieser Hülsenfrucht als wichtige Proteinquelle geschätzt. Saubohnenkerne sind etwas größer als die Kerne von anderen Bohnenpflanzen. Sie sind hell gelbgrün und schmecken angenehm mild und nussig. Die Pflanzen wachsen aufrecht 60–150 cm hoch mit einer definierten Hauptachse und benötigen keine Kletterhilfen oder Stützen, was den Anbau besonders unkompliziert macht. Saubohnen gedeihen am besten in einem gut durchlässigen, humusreichen Boden und bevorzugen einen sonnigen Standort. Die Saattiefe beträgt etwa 5–7 cm, der Abstand zwischen den Pflanzen sollte etwa 15–20 cm betragen. Saubohnen enthalten etwas mehr Oligosaccharide als andere Bohnenarten und verursachen deshalb bei empfindlichen Menschen leichter Bauchschmerzen und Verdauungsstörungen. Ein einfacher Trick mildert diese Nebenwirkung aber ab: Weichen Sie die Bohnen vor dem Kochen über Nacht ein, so reduzieren Sie die Oligosaccharide. Die Verfügbarkeit von Nährstoffen wie Eisen und Zink wird erhöht und unerwünschte Nebeninhaltsstoffe ausgespült.

Ysop – antikes Feuerwerk der Aromen

Seine lilafarbenen Blüten erinnern von Weitem an Lavendel, miteinander verwandt sind die beiden Pflanzen aber nicht. Ysop ist eine alte Gewürz- und Heilpflanze mit großer Bedeutung für die Volksmedizin. Das Kraut soll Husten lindern und Schleim lösen, den Geist klären und Verdauungsbeschwerden heilen. Die Studien zur Heilwirkung des Ysops sind leider begrenzt. Auch in der Bibel wird der Ysop als Symbol für Reinigung und Buße erwähnt.

Ysop hat ein interessantes Aroma, das in viele Speisen und Getränke passt. Es changiert zwischen Minze, Salbei und Thymian, mit leicht zitronigen Noten und angenehmer Schärfe. Ysop bereichert Duftbeete und Staudenbeete. Im Kräuterbeet passt er neben Rosmarin, Thymian und Oregano.

Ysop wird am besten in gut durchlässigem Boden an einem sonnigen Standort angebaut. Säen Sie die Samen flach, etwa 1–2 cm tief, und drücken Sie sie leicht an. Es ist empfehlenswert, einen Abstand von etwa 30–45 cm zwischen den Ysop-Pflanzen zu lassen.

Portulak – zart und gesund

Die Blüten dieser kleinblättrigen Gemüsepflanze bilden Samenkapseln, die sich wie kleine »Türchen« öffnen, was der Pflanze den Namen verliehen hat. Die kleinen Blätter des Portulaks sind nicht nur lecker, sondern auch reich an Eisen und Vitamin C. Portulak schmeckt gedünstet als Gemüsebeilage oder als Beigabe zu Salaten oder Sandwiches.

In der Küche des Mittelalters spielte das grüne Gemüse eine Hauptrolle und wurde auch als Heilmittel gegen Hauterkrankungen verwendet. Portulak verdient auch heute ein Revival im Gemüsebeet. Die Pflanze gedeiht auf nährstoffarmen Böden, was ihn robust und dankbar macht. Im Sommer säen Sie Gemüse-Portulak. Im Hochsommer empfiehlt es sich, die Samen in gut durchlässigen Boden etwa 1 cm tief zu säen. Die Pflanzen sollten ausreichend Sonnenlicht erhalten. 20–30 cm Reihenabstand sind richtig.

→ S. 166, Portulak für Sommer und Winter

Pastinaken – natürlich süßer Gemüseallrounder

Die Pastinake ist ein Wurzelgemüse mit langer Tradition, das lange in Vergessenheit geraten war und seit einigen Jahren eine verdiente Renaissance erfährt. Im mittelalterlichen Europa galten die weißen Wurzeln als unverzichtbares sättigendes Lebensmittel. Bis ins 16. Jahrhundert hinein wurden in England etwa 100 kg pro Kopf jährlich gegessen. Pastinaken waren aber nicht nur Grundnahrungsmittel, sondern auch ein wichtiges Heilmittel. Ein weicher Brei aus Pastinaken sollte beispielsweise Verdauungsbeschwerden lindern. In der Küche sind Pastinaken vielfältig im Einsatz. Ob gekocht, gedünstet oder gebacken – die Wurzel, deren Geschmack an Möhre und Sellerie erinnert, würzt Suppen, Aufläufe oder Eintöpfe wunderbar.

Um ihre Wurzeln tief ausstrecken zu können, brauchen Pastinaken ein tiefgründig gelockertes Beet. Pastinaken wachsen langsam und brauchen von der Aussaat bis zur Ernte vier bis sechs Monate. Säen Sie die Samen etwa 1 cm tief. Der Abstand zwischen den Samen sollte etwa 5–7 cm betragen. Es ist ratsam, die Pflanzen später auf einen Abstand von etwa 10–15 cm zu vereinzeln.

Gemüsepflanzen auslichten

Im Hochsommer sollten Sie Pflanzen, deren Laub zu dicht geworden ist, ein wenig auslichten, um den Früchten mehr Licht zu gönnen. Dies betrifft besonders Tomaten, Paprika, Auberginen und Gurken.

Das Auslichten bietet mehrere Vorteile. Erstens verschaffen Sie den ausreifenden Früchten mehr Licht, zweitens kann die Pflanze ihre Energie in das Ausreifen der Früchte stecken statt in den Unterhalt vieler grüner Blätter. Auch das Risiko von Pilzerkrankungen reduziert sich, wenn Sie dichtes Laub auslichten. Seien Sie dabei vorsichtig und achten Sie darauf, die Pflanzen nicht zu beschädigen. Arbeiten Sie am besten mit einer sauberen, scharfen Gartenschere oder einem sauberen Messer. Um Hitzestress zu vermeiden, lichten Sie die Pflanzen in den kühleren Morgen- oder Abendstunden aus. Das Auslichten der Pflanzen ist auch eine gute Gelegenheit, die Pflanzen auf kranke Früchte oder Blätter zu untersuchen und diese zu entfernen.

SELBST- UND FREMDBEFRUCHTUNG: WER BRAUCHT INSEKTEN?

Pflanzen nutzen verschiedene Strategien, um sich sexuell fortzupflanzen. Die Bestäubung durch Insekten – und das ist nicht nur die Honigbiene! – ist eine davon.

- **Selbstbefruchtung:** Diese Pflanzen sind in der Lage, sich ohne fremde Hilfe selbst zu bestäuben. Das bedeutet, dass die Pflanze sowohl weibliche als auch männliche Geschlechtszellen bildet, die innerhalb der Blüte miteinander verschmelzen. Obwohl Selbstbefruchtung ein evolutionärer Vorteil sein kann, da die Pflanzen unabhängig von externer Hilfe sind, sind sie dadurch gleichzeitig anfälliger für Inzucht. Bohnen und Erbsen gelten als Selbstbefruchter.
- **Fremdbefruchtung:** Diese Pflanzen brauchen fremde Hilfe, damit der Pollen einer Blüte auf die Narbe einer anderen Blüte gelangt. Insekten oder Wind sind Beispiele dafür. Dadurch werden die Pflanzen anfälliger für Umweltbedingungen. Obstbäume, Beerensträucher, Mais, Kürbisse, Melonen und Zucchini sind Beispiele für Fremdbefruchter.

Insekten spielen eine entscheidende Rolle bei der Bestäubung. Bienen, Hummeln, Fliegenarten und Käfer sind die Hauptakteure in diesem Prozess. Der Einsatz von Pestiziden, die Ausbreitung von Krankheiten, der Klimawandel und eine Verödung der Agrarlandschaften machen es Insekten schwer.

Ein naturnaher Garten mit Totholzecken und Blühstreifen mit insektenfreundlichen Pflanzen sowie gezielte Maßnahmen wie der Verzicht auf großflächigen Einsatz von Pestiziden, der Einsatz natürlicher Schädlingsbekämpfungsmittel und das Schaffen von Lebensräumen tragen zu einer Artenvielfalt im Garten bei, die bestäubende Nutzinsekten fördert.

Kräuter aus Stecklingen vermehren

Im Frühsommer haben Sie einige Ihrer Kräuterstauden geteilt. Vermehren lassen sie sich aber auch durch Stecklinge.

Basilikum, Thymian, Minze, Rosmarin, Lavendel und andere eignen sich für diese Methode. Stecklinge zu gewinnen, macht Spaß und ist sehr einfach.

So gehen Sie vor

1 | Wählen Sie einen kräftigen Trieb ohne Blüten und Knospen.

2 | Schneiden Sie den Trieb mit einer scharfen Schere oder einem Messer direkt unterhalb eines Blattpaares ab. Der Steckling sollte 7–10 cm lang sein. Entfernen Sie dann alle unteren Blätter, damit sie im Wasser nicht faulen.

3 | Stellen Sie den Zweig in einem Glas Wasser an einen hellen Ort. Wechseln Sie das Wasser regelmäßig. Geduld ist gefragt: Es kann einige Wochen dauern, bis der Steckling bewurzelt.

4 | Wenn die Wurzeln etwa 2–3 cm lang geworden sind, dürfen Sie die Pflanze in ein geeignetes Substrat umsetzen.

5 | Stellen Sie den Topf mit dem Steckling an einen hellen warmen Ort. Zu frostfreien Zeiten mit 15–25 °C dürfen Sie den Steckling auch direkt ins Freiland pflanzen. Gewöhnen Sie das Jungpflänzchen vorher nach und nach an das Leben im Außenbereich.

Königsblüten entfernen

Als Königsblüte bezeichnet man die erste Blüte, die sich an der Spitze des Haupttriebs einer Pflanze bildet.

Die Königsblüte erhält im Gegensatz zu späteren Blüten und Fruchtständen die meiste Aufmerksamkeit der Pflanze, was Energie und Nährstoffe betrifft. Das Ausknipsen dieser Königsblüte regt die Pflanze an, mehr Seitentriebe und Blüten auszubilden, wodurch Sie eine gleichmäßigere und reichere Ernte erhalten. Zudem verjüngt das Ausknipsen die Pflanze so, dass sie ein kräftigeres Wurzelsystem ausbildet, was durch bessere Wasser- und Nährstoffaufnahme wiederum zu einer allgemein stärkeren Pflanze führt. Empfehlenswert ist das Ausknipsen bei Tomaten, Chili, Auberginen und Paprika.

Ganz Mutige können junge Brennesseln auch ohne Handschuhe ernten.

Wildkräuter im Garten nutzen

Essbare Wildkräuter sind eine unterschätzte Ressource im Garten, dabei wachsen sie ohne unser Zutun und bieten häufig eine Fülle an kulinarischen Möglichkeiten.

Machen Sie sich den Feind zum Freund und das tägliche Jäten zu einem kulinarischen Streifzug durch den Garten.

- **Löwenzahn:** Von ihm sind alle Pflanzenteile essbar. Die Blüten erfreuen mit ihrer leuchtenden Farbe das Sommerbuffet und lassen sich zu Löwenzahngelee verarbeiten. Die leicht bitter und nussig schmeckenden Blätter können im Salat zum Einsatz kommen. Wer experimentierfreudig ist, kann die Pfahlwurzeln ausgraben, trocknen und geröstet und vermahlen als Kaffeeersatz verwenden.
- **Gänseblümchen:** Dieses Symbol für Bescheidenheit kann sich durchaus in der Küche sehen lassen. Die Blüten schmecken mild-würzig und sind eine hübsche Garnitur für Salate, Suppen und Desserts.
- **Brennnesseln:** Wenn Sie noch nicht alles für die nützliche Brennnesseljauche geerntet haben, können Sie dieses sehr eisen- und kalziumhaltige Wildkraut im Frühjahr roh essen und später im Jahr zu einem spinatähnlichen Gemüse oder zu entwässernden Tees zubereiten. Keine Angst! Die brennenden Härchen der Brennnessel werden bei der Zubereitung unschädlich gemacht.
- **Giersch** gehört zu den hartnäckigsten Unkräutern im Garten. Er breitet sich über Wurzeln schnell aus und ist schwierig loszuwerden. Umso praktischer, dass Sie ihm durch Aufessen beikommen können! Die Blätter haben einen milden, leicht würzigen Geschmack und bereichern grüne Smoothies, Suppen, Salate oder Gemüse. Die Wurzel kann wie anderes Wurzelgemüse zubereitet werden.
- **Gundermann** ist ein hübscher Bodendecker, dessen runde Blätter fast wie Minze schmecken. Sie verleihen roh Salaten oder Sandwiches eine erfrischende Note. Aus den frischen Blättern können Sie auch einen Tee zubereiten.
- **Wiesenschaumkraut:** Das Wiesenschaumkraut erscheint zumeist im Frühjahr in Rasen und in Wiesen. Das langstielige Kraut bildet zartviolette Blüten, die dann über der Fläche wie Schaum (Name!) zu schweben scheinen. Wiesenschaumkraut ist wie Kohl ein Kreuzblütler und hat dessen charakteristische, scharf-würzige Geschmacksnote. Das Vitamin-C-reiche Kraut können Sie zum Würzen von Salaten oder Fischgerichten verwenden.
- **Knoblauchsrauke:** Dieses frischgrüne Kraut verdankt seinen Namen dem zwiebelartigen, würzigen Geruch und Geschmack. Die Blätter können Sie Quarkspeisen, Wildkräuterbutter oder Salatsaucen zugeben. Auch als Hauptzutat in einem Wildkräuterpesto wird die Knoblauchsrauke zur Delikatesse.

Gemüse und Salat richtig ernten

Im Hochsommer ist die Erntezeit für viele Gemüsesorten gekommen. Farbe, Duft oder Festigkeit zeigen Ihnen, ob die Früchte Ihrer Arbeit bereits im Erntekorb landen dürfen.

- **Tomaten:** Sie sollten fest und voll ausgefärbt sein, damit Sie sie ernten können. Tomaten reifen zwar nach, ernten Sie dennoch nur vollreife Exemplare und gönnen Sie den anderen noch einige Tage Sonne für besseren Geschmack. Reife Früchte lösen sich leicht durch Anheben vom Strauch. Schneiden oder drehen Sie die Früchte vorsichtig ab. Achten Sie darauf, die Früchte nicht zu drücken.
- **Zucchini:** Zucchinipflanzen sind tolle Einsteigergemüse, die immer wieder neue Blüten und Früchte abwerfen. Die Zucchini schmecken besser und sind zarter, wenn sie noch klein geerntet werden. Schneiden Sie sie mit einem scharfen Messer nahe des Stiels ab, wenn sie etwa 15–20 cm lang sind.
- **Gurken:** Hier gilt das Gleiche wie bei der Zucchini. Ernten Sie Gurken, bevor sie Samen bilden und bitter werden. Schneiden Sie die Früchte mit einem scharfen Messer vom Stiel ab.
- **Paprika** können in verschiedenen Reifestadien geerntet und gegessen werden. Rote Paprika sind vollreif und süß, während grüne saftig und leicht bitter schmecken. Paprika reifen nach, wenn sie grün geerntet werden. Die Früchte schneiden Sie mit einem scharfen Messer vom Stiel ab.
- **Auberginen:** Wenn die Früchte ihre typische Größe haben und bei leichtem Druck etwas nachgeben, sind sie erntereif. Die Schale glänzt spiegelnd und ist fest und gespannt und von satter Farbe.
- **Bohnen** können Sie fortlaufend ernten. Dadurch werden die Pflanzen zu neuer Blütenproduktion angeregt. Die Hülsen sollten fest sein und die Bohnen sich darin abzeichnen. Sie können die reifen Bohnen abknipsen oder abschneiden.
- **Salate:** Von Pflücksalaten wie Mizuna, Lollo Bionda und Rossa, Eichblatt und Rucola schneiden Sie die äußeren Blätter ab, um die Pflanze weiterwachsen zu lassen. Kopfsalate schneiden Sie mit einem scharfen Messer vom Strunk ab.
- **Radieschen** reifen innerhalb weniger Wochen. Ziehen Sie sie am Grün nah am Boden vorsichtig aus der Erde.
- **Spinat:** Handhaben Sie ihn wie Pflücksalat und ernten Sie fortlaufend die äußeren Blätter. Vermeiden Sie die Ernte bei heißem Wetter, weil der Spinat dabei bitter werden kann.
- **Kohlrabi:** Ernten Sie die Knollen, wenn sie noch klein sind. Zwar warten manche Gärtnerinnen und Gärtner oft mit spektakulären Kohlrabi-Erfolgen auf, die Knollen werden aber zäh und holzig, je größer sie werden. Schneiden Sie sie vom Stiel knapp über dem Boden ab, sobald sie etwa Tennisballgröße haben.

Zucchini können Sie bis zum Herbst ernten.

VOGELSCHUTZ FÜR CHILIS UND PEPERONI

Chilis und Peperoni können ähnlich wie Paprika in verschiedenen Reifestadien geerntet werden. Im Hochsommer unter hohen Temperaturen und vermehrter Sonneneinstrahlung können die Schoten eine stärkere Schärfe entwickeln. Die Pflanzen setzen den Scharfstoff Capsaicin zur Abwehr von Schädlingen und Fressfeinden ein. Nicht alle Tiere lassen sich aber von den scharfen Früchten abschrecken. In den Herkunftsländern tragen die Vögel durch das Ausscheiden der Samen zur Verbreitung der Pflanzen bei. Auch heimische Vogelarten picken gern Chilis und Peperoni. Elstern zum Beispiel sind immun gegen das Capsaicin und fressen die scharfen Schoten. Sollten Sie die Vögel dabei beobachten oder Fraßschäden entdecken, können Sie die Kulturen mit einem Vogelschutznetz abdecken.

Gemüse richtig lagern

Oft kann man sich im Hochsommer nicht vor Gemüse retten. Manche Sorten können im Beet verbleiben, bis sie zubereitet werden. Alles andere können Sie im Haus und im Keller aufbewahren, bis es verzehrt wird.

→ S. 101, Gemüse richtig ernten

Je nach Gemüseart können Sie Ihre Ernte direkt zubereiten oder einlagern.

- **Im Kühlschrank:** Das Gemüsefach des Kühlschranks weist eine hohe Luftfeuchtigkeit auf. Das ist gut, um das Gemüse vor dem Austrocknen zu schützen und Nährstoffe zu erhalten. Hier sind neben allen Blattgemüsen Zucchini und Gurken gut aufgehoben. Auch Brokkoli und Blumenkohl sowie alle anderen Kohlsorten halten sich im Kühlschrank bis zu zwei Wochen frisch. Vermeiden Sie es, Gemüse in direkter Nähe zu Obst aufzubewahren, weil das Obst Reifegase abgibt, welche die Gemüse vorzeitig welken lassen.
Ein paar Tage länger frisch halten sich Blattgemüse, Kräuter, Spargel, Radieschen und Sellerie, wenn sie in feuchtes Papier oder ein feuchtes Küchentuch eingeschlagen werden.
- **Im Tiefkühlfach:** Viele Gemüse lassen sich einfrieren, um sie lange haltbar zu machen. Besonders feste Gemüsesorten wie Bohnen, Brokkoli, Möhren oder Erbsen können Sie gut einfrieren. Auch Spinat und Paprika sind gefrierfähig. Größere Stücke können Sie zerkleinern. Blanchieren Sie das geputzte Gemüse einige Sekunden in kochendem Wasser und lassen Sie es danach in Eiswasser abkühlen. Geben Sie es dann in Gefrierbeutel, denen Sie die Luft entziehen. Eingefrorene Gemüse halten sich acht bis zwölf Monate im Tiefkühlfach frisch. Beschriften Sie die Gefrierbeutel mit dem Tag des Einfrierens.
- **Im Keller:** Manche Gemüse müssen nicht unbedingt im Kühlschrank aufbewahrt werden. Ein dunkler, kühler und gut belüfteter Keller hält viele Schätze über Monate frisch und lecker.
Stapeln Sie **Kartoffeln** in einem luftigen Korb oder in Holzkisten, um die Luftzirkulation zu ermöglichen. **Zwiebeln** können Sie in Netzbeuteln aufhängen oder in Körben in einem Regal lagern. Die Dunkelheit im Keller verhindert vorzeitiges Keimen. Genau wie auch Zwiebeln lässt sich **Knoblauch** am Kraut zu Zöpfen flechten (→ S. 133) und im Keller aufhängen. Wurzelgemüse wie Möhren, Rüben und Knollensellerie fühlen sich ebenfalls im Keller wohl. Entfernen Sie das Grün vor der Lagerung. **Möhren** können in einen Eimer mit feuchtem Sand gegeben werden, damit sie länger halten. **Kohl** und **Kürbisse** überdauern im kühlen, dunklen Keller bis zu fünf Monate – vorausgesetzt, die Stücke sind nicht beschädigt. Bei Kohl entfernen Sie die äußeren Blätter, da diese schneller welken und faulen. Kontrollieren Sie Ihr Gemüselager im Keller regelmäßig auf Verderb oder Mäusebefall und entfernen Sie betroffene Stücke.

→ S. 151, Info Gemüse haltbar machen

Knoblauch lässt sich zum Lagern ganz leicht zu solchen malerischen Zöpfen binden.

KNOBLAUCH, ZWIEBELN UND TOMATEN LAGERN

Knoblauch und Zwiebeln sollten Sie nicht im Kühlschrank lagern, weil die Knollen aufgrund der kalten Temperaturen zum Keimen angeregt werden. Tomaten verlieren im Kühlschrank an Festigkeit und Aroma und sollten nur notfalls dort liegen.

Allgemeine Arbeiten im Hochbeet

Im Sommer können Sie im Hochbeet hitzeresistente Sorten säen, erste Sorten abernten und diese durch weitere ersetzen.

- **Säen:** Bevor Sie loslegen, stellen Sie sicher, dass der Boden unkrautfrei und gut gelockert ist. Dann geht's ans Säen! Radieschen, Mangold, Spinat, verschiedene Kohlsorten, Rote Bete, Winterlauch und Pflücksalate sind jetzt dran. Platzieren Sie die Samen in der richtigen Tiefe und mit genügend Abstand zwischen den Reihen. Vergessen Sie nicht, die Saat bei warmen Temperaturen ausreichend feucht zu halten.

→ S. 208, Tabelle Saatkalender Gemüse

- **Pflanzen:** Nachdem die Bohnen abgeerntet sind, schneiden Sie die Pflanzen bodennah ab. Die Wurzeln verbleiben in der Erde, wo sie während ihrer Zersetzung den in den Wurzelknöllchen gespeicherten Stickstoff freigeben. Nutzen Sie diese Düngung, um Jungpflanzen anderer Gemüsesorten zu setzen, wie Salate, späte Kohlsorten, Mangold, Zucchini, Gurken, Auberginen und Tomaten.
- **Ernten:** Fruchtgemüse, Bohnen, Salate, Spinat, Radieschen und Kohlrabi können geerntet werden. Bei Zwergsorten können Sie von der Hand in den Mund ernten. Andere Sorten lagern Sie im Kühlschrank oder an einem kühlen Ort.

→ S. 119, Gemüse richtig lagern

Schädlinge abwehren auf natürliche Art

Der gut durchlüftete und trockene Boden, das wärmere Klima und die höhere Pflanzendichte im Hochbeet machen es zu einem Paradies für Blattläuse, Kartoffelkäfer, Ameisen und Erdflöhe.

Bevor Sie zur chemischen Keule greifen, rücken Sie den Tieren lieber mit einigen einfachen und natürlichen Mitteln zu Leibe. Dabei kommen Kräuter und Gewürze genauso zum Einsatz wie Schmierseife und Schafwolle.

Ameisen vergrämen

Ameisen finden ihren Weg besonders gern ins Hochbeet, weil sie dort ein geschütztes Klima und ein reichhaltiges Nahrungsangebot vorfinden. Der Schaden an Blättern oder Wurzeln spielt dabei nur eine untergeordnete Rolle.
Ameisen sind eine bemerkenswerte Partnerschaft mit Blattläusen eingegangen. So legen sich die geschäftigen kleinen Gartenbewohner in Beeten regelrechte Blattlausfarmen an, indem sie diese Schadinsekten gezielt auf junge Blattaustriebe setzen. Die zuckerhaltigen Ausscheidungen der Blattläuse, die als »Honigtau« bezeichnet werden, dienen den Ameisen als Futter. Im Gegenzug schützen die Mini-Bauern die Blattläuse vor Fressfeinden und zeigen ihnen geeignete Futterplätze.

Sobald Sie Ameisenstraßen sowie Blattläuse und Ameisen gleichzeitig auf einer Pflanze bemerken, sollten Sie Maßnahmen ergreifen. Grundsätzlich ist eine gute Prävention gegen Ameisen wichtig. Die Tiere lieben eine unordentliche Umgebung. Jäten Sie also regelmäßig und entfernen Sie abgestorbene Pflanzen und Früchte aus dem Beet. Wenn es schon zu einer Ansiedlung von Ameisen im Beet gekommen ist, streuen Sie Pfeffer um die Ameisenstraßen und Nester herum, um die Tiere zu vergrämen. Auch gleichmäßig verstreuter Kaffeesatz kann nützen, die Tiere zu vertreiben.

Kräuter gegen Schädlinge anbauen

Kräuterpflanzen sind nicht nur eine leckere Küchenzutat, sondern können Ihnen auch gute Dienste im Kampf gegen Schädlinge leisten. Ätherische Öle und

Zitronenschalen gehören nicht ins Beet. Der Sud daraus hält Ameisen fern.

sekundäre Pflanzenstoffe vertreiben schädliche Falter, Blattläuse und Co.

- **Lavendel:** Der intensive Duft hält Blattläuse, Schadfliegen und Motten fern, deren Nachwuchs an Gemüsepflanzen frisst. In großen Hochbeeten können Sie eine Umrandung aus Lavendelpflanzen anlegen. In kleineren Beeten lassen sich die Pflanzen locker zwischen Tomaten und Kohlpflanzen platzieren.
- **Basilikum** hält besonders die Weiße Fliege, Tomatenhornwürmer und Blattläuse fern. Paprika, Tomaten und Auberginen profitieren von einer Basilikumpflanzung.
- **Minze:** Ameisen, Mäuse und Kohlweißlinge mögen keine Minze. Setzen oder säen Sie Minze deshalb zwischen Kohlpflanzen und Wurzelgemüse.
- **Rosmarin** ist reich an ätherischen Ölen, die abstoßend auf Kohlweißlinge und Karottenfliegen wirken. Die Sträucher können sehr groß werden und sollten im Hochbeet regelmäßig beschnitten werden, damit sie nicht zu viel Platz einnehmen. Zum Einsatz kommt die Pflanze zwischen Wurzelgemüse und Kohl.
- **Chili und Knoblauch:** Strategisch platziert, wirken diese Pflanzen gegen Kartoffelkäfer, pflanzensaugende Wanzen und Blattläuse. Stecken Sie Knoblauch zwischen die Reihen von Salat und Kartoffeln. Chilipflanzen wirken als Schutzschild gegen Schnecken.

Schmierseifenlösung gegen Blattläuse

Schmierseife wird aus Kalilauge und natürlichen Pflanzenölen hergestellt. Sie ist biologisch abbaubar und ungiftig. In Garten und Hochbeet lässt sich eine Lösung aus 1 l Wasser mit 1 EL Schmierseife verwenden, um gegen Blattläuse vorzugehen. Füllen Sie die Lösung in eine Sprühflasche und besprühen Sie damit gezielt die Blattläuse. Wiederholen Sie den Vorgang nach Bedarf und besonders nach dem Wässern und nach Regenfällen.
Achtung: Besprühen Sie mit der Schmierseifenlösung nur nicht essbare Teile Ihrer Pflanzen.

ZITRONENSUD GEGEN AMEISEN

Eine einfache und wirksame Methode gegen Ameisen, die obendrein noch einen angenehmen Duft verströmt, ist Zitronensud. Zerkleinern Sie dazu ungespritzte Zitronenschalen von zwei bis drei Zitronen und legen Sie sie einige Stunden oder noch besser über Nacht in 500 ml Wasser. Seihen Sie die Mischung über ein Sieb ab und füllen Sie sie in eine Sprühflasche. Sie können jetzt die Mischung auf die Ränder des Hochbeets und im Beet auf die Pflanzen, Ameisenstraßen und Ameisennester sprühen. Der starke Zitronenduft vertreibt die fleißigen Krabbler. Keine Angst, der Zitronensud schadet Ihren Gemüsepflanzen nicht. Wiederholen Sie die Anwendung nach Bedarf, insbesondere nach Regenfällen.

TIPP

Scharfes gegen Schädlinge

Chili und Knoblauch wirken als Spray oder Pulver noch konzentrierter.

Chilipulver: Trocknen und vermahlen Sie die Chilis zu einem feinen Pulver, das Sie gezielt um Pflanzen im Hochbeet streuen. Die Scharfstoffe in den Chilis halten Schnecken (und im Garten auch Nagetiere) fern.

Knoblauchspray: Zerkleinern Sie einige Knoblauchzehen und weichen Sie sie in 500 ml kaltem Wasser über Nacht ein. Seihen Sie das Ganze durch ein Sieb und bringen Sie den Aufguss mittels einer Sprühflasche auf Pflanzen auf, die Blattlausbefall aufweisen.

Achtung: Sprühen Sie das Spray nur auf nicht essbare Teile Ihrer Pflanzen.

Das Hochbeet pflegen

Heißes, trockenes Wetter bedeutet nicht unbedingt, dass Sie sehr viel gießen müssen. Wichtig ist vielmehr, die Bodenfeuchtigkeit regelmäßig zu prüfen.

Im Hochbeet sollten Sie im Hochsommer eine gute Bewässerungsroutine etablieren. Wenn Sie per Hand gießen, nutzen Sie die frühen Morgenstunden und die späten Abendstunden und gießen Sie gezielt an der Pflanze. Vermeiden Sie oberflächliche Wassergaben mit einem Brauseaufsatz.
Auch jetzt sprießt noch das Unkraut, das Sie weiterhin entfernen sollten.

Das Hochbeet im Hoch- und Spätsommer

Jetzt ist kluge Pflege des Hochbeets das A und O. Beim Hacken und Gießen können Sie den Fruchtgemüsen beim Reifen zuschauen. Regelmäßig geerntet, bilden sich immer neue Gurken nach.

Die Illustration zeigt das Hochbeet Mitte Spätsommer.

Im Hochsommer sollten Sie zunächst die Hacke der Gießkanne vorziehen. Wenn Sie die oberste Bodenschicht offen und feinkrümelig halten, kann weniger Wasser verdunsten und Sie müssen weniger gießen. Wird das Gießen dennoch nötig – Kratzprobe durchführen! (→ S. 112) –, gießen Sie wie gewohnt dicht an der Pflanze und vermeiden Sie Spritzwasser. Gerade jetzt breiten sich in den Kulturen nämlich gern Pilzkrankheiten aus. Gönnen Sie den Starkzehrern etwas Dünger (→ Tipp).

So gehen Sie vor

1 | Ernten Sie die letzten **Roten Beten**, bevor sie zu groß und holzig werden. Lassen Sie den **Spitzkohl** im Spätsommer nicht zu groß werden und ernten Sie, bevor die Köpfe platzen.

2 | Ernten Sie den letzten **Pflücksalat** spätestens, sobald er zu blühen beginnt. Geschossene Salate neigen dazu, Bitterstoffe auszubilden, die den Geschmack dominieren können. Sollten Sie bei später Ernte unsicher sein, empfiehlt sich eine Kostprobe vorab. Jetzt werden auch die ersten **Tomaten** reif. Je nach Sorte können sie einzeln oder rispenweise geerntet werden. Sie haben samenfeste Sor-

ten gewählt, um eigenes Saatgut zu gewinnen? Dann sollten Sie jetzt den Geschmack einer reifen Tomate probieren und bei Gefallen eine weitere als Mutter der Folgegeneration auswählen. Diese lassen Sie voll ausreifen und entnehmen dann die Samen. Auch die Paprika tragen jetzt Früchte. Sie können sowohl grün als auch rot geerntet werden. Für die Saatgutgewinnung gilt Gleiches wie bei den Tomaten: Wählen Sie nach Verkostung eine vollreife, also rote Frucht.

3 | Die Erntezeit der ersten **Möhren** ist gekommen. Ernten Sie vorsichtig, um in der Reihe verbleibende nicht versehentlich zu entwurzeln.

4 | Ernten Sie die **Frühlingszwiebeln** bis zum Spätsommer ab. In dieser Reihe können Sie anschließend **Feldsalat** für die Herbsternte einsäen. Saattiefe: 0,5–1 cm. Säen Sie nicht vor Spätsommer, da Feldsalat bei lang anhaltend heißen Temperaturen unzuverlässig keimt. Bei spätsommerlichen Hitzephasen hilft das Befeuchten der Aussaatreihe, bevor Sie die Samen in die Reihe legen, und eine Beschattung, zum Beispiel mit einem Vlies.

5 | Sobald das Laub der **Zwiebeln** verwelkt ist, sind sie erntereif. Solange Regen ausbleibt, nehmen Sie sie aus der Erde und lassen sie zum Abtrocknen des Laubs, der Schale und der Wurzeln ein paar Tage an Ort und Stelle liegen. Lagern Sie sie anschließend kühl und trocken.

6| Die **Pastinaken** wachsen ähnlich langsam wie die Möhren. Sie sollten jetzt auf einen Abstand von 5–7 cm vereinzelt werden. Verwenden Sie die »aussortierten« Mini-Pastinaken wie schon die Möhren (→ S. 87).

7| Die Schoten der **Buschbohnen** reifen schnell. Zwei- bis dreimal pro Woche sollten Sie die Pflanzen jetzt kontrollieren und abernten, denn sie werden durch die regelmäßige Ernte angeregt, neue Blüten zu bilden.

8| Sie können nun auch **Gurken** ernten, denn sie bilden wie die Bohnen dadurch weiterhin regelmäßig Früchte!

BEPFLANZUNG IM SPÄTSOMMER

Reihe	Gemüse	Sorte	Bemerkung	Alternative
1	**Spitzkohl**	--	Spitzkohl ernten, bevor er platzt	--
2	**Paprika, Tomate**	--	werden fortlaufend geerntet	--
3	**Möhren**	--	werden fortlaufend geerntet	--
4	**Feldsalat**	'Vit'	Saatgut kaufen, Direktsaat ins Beet	Spinat
5	**Zwiebeln**	--	ernten, wenn das Laub verwelkt; kühl und trocken lagern	--
6	**Pastinaken**	--	sollten jetzt vereinzelt werden	--
7	**Buschbohnen**	--	werden fortlaufend geerntet	--
8	**Gurken**	--	werden fortlaufend geerntet	-

TIPPS

Pflegemaßnahmen

- Um die Starkzehrer wie Tomaten, Paprika, Spitzkohl und Gurken zu unterstützen, geben Sie dem Gießwasser alle vier Wochen etwas Brennnesseljauche zu. Sollten Sie den Zeitpunkt, diese anzusetzen, verpasst haben, wählen Sie einen Dünger für Tomaten aus. Im Fachhandel erhalten Sie Produkte, die für ökologischen Anbau zugelassen sind.
- Entfernen Sie Blätter, die Anzeichen von Mehltau tragen, und entsorgen Sie sie im Hausmüll.
- Leiten Sie die Ranken der Gurkenpflanzen in die Höhe. Setzen Sie die Stützen rechtzeitig und achten Sie darauf, dass die Ranken nicht abknicken.

Troubleshooting

Fruchtgemüse sind im Hochsommer die Stars der Beete. Im Gegensatz zu den anderen Gemüsepflanzen weisen sie einige Besonderheiten auf. Die Pflege ist bei etwas Kenntnis aber ganz leicht.

? | Meine Tomatenpflanzen tragen viele Blüten, aber die Früchte fallen ab, bevor sie reifen. Woran liegt das und was kann ich tun?

Dieses Phänomen, das auch an Paprika, Auberginen und Zucchini auftreten kann, bezeichnet man als »Blütenendfäule«. Es wird durch Kalziummangel bzw. mangelnde Wasserversorgung verursacht. Kalzium ist ein Nährstoff, der für die gesunde Zellstruktur und das Wachstum der Pflanzen sorgt. Eine regelmäßige Wasserversorgung sichert die Aufnahme von Kalzium. Gießen Sie deshalb nach Empfehlung sparsam, aber regelmäßig.

? | Meine Fruchtgemüse wachsen trotz Kompostgaben nicht. Woran liegt das?

Zum Pflanzenwachstum werden Kalium, Stickstoff und Phosphor benötigt. Kompost aus dem Garten ist vor allem reich an Phosphat. In der Regel enthält er nur eine begrenzte Menge an Stickstoff und Kalium. So ist zum Beispiel Stickstoff meist nur mit 1 g pro l vertreten. Wenn Ihre Pflanzen also trotz regelmäßiger Kompostgaben nach den allgemeinen Düngeempfehlungen (3–4 l Kompost pro m^2 Beetfläche) nicht richtig wachsen wollen, könnte es am Stickstoffmangel liegen. Gurken, Tomaten, Zucchini und Kohlpflanzen benötigen ungefähr 20 g Stickstoff pro m^2. Wenn Sie also mit einem stickstoffarmen Boden gestartet sind, können Sie den Mangel nicht mehr mit Kompostgaben ausgleichen. Sie müssen dann Stickstoff gezielt zuführen. Mehr Stickstoff im Boden können Sie durch eine geschickte Mischkultur mit stickstoffbindenden Pflanzen wie Hülsenfrüchten oder durch den Anbau von Gründüngungspflanzen binden. Klee, Luzerne oder *Phacelia* eignen sich dafür.

→ S. 145, Gründüngung einbringen

? | Meine Gurkenpflanzen tragen viele Früchte, aber die Gurken sind bitter und ungenießbar. Liegt das an der Sorte?

Gurken neigen dazu, in den Früchten Bitterstoffe einzulagern, wenn sie unregelmäßig gewässert werden oder extremer Hitze ausgesetzt sind. Vor zu viel Sonne können Sie die Früchte mit Hitzeschutznetzen bewahren. Um ganz sicherzugehen können Sie auch zu Sorten greifen, die durch Züchtung entbittert sind. Auf den Saatguttüten finden Sie entsprechende Hinweise.

? | Meine Zucchini wachsen fleißig, faulen aber an den Enden. Was mache ich falsch?

Ähnlich wie die Blütenendfäule wird dieses Phänomen durch Kalziummangel hervorgerufen. Probieren Sie, gemahlene Eierschalen oder kohlensauren Kalk als natürliche Kalziumquelle in den Boden einzuarbeiten. Gießen Sie regelmäßig.

? | Meine Paprika bleiben klein und reifen nicht. Woran kann das liegen?

Paprika brauchen viel Sonnenlicht, um wachsen und ausreifen zu können. Sie sollten von vornherein an sonnige Standorte gesetzt werden, um mindestens sechs Stunden Sonne täglich zu erhalten. Sollten die Früchte zur Erntezeit noch grün sein, können Sie sie abnehmen und an einem warmen Ort nachreifen lassen. Auch grün sind die Schoten genießbar.

? | Meine Paprikapflanzen haben bräunliche Flecken und wachsen unregelmäßig und verformt. Kann ich sie noch essen?

Die Beschreibung deutet auf die Blattfleckenkrankheit hin, die durch einen Pilz hervorgerufen wird. Sie zeigt sich durch kreisförmige Läsionen an den Paprikapflanzen. Die Verletzungen sind wassergefüllt, hell und dringen leicht ins Fruchtfleisch ein. Im Verlauf der Krankheit wachsen die Läsionen auf bis zu 1 cm Durchmesser an und nehmen allmählich eine schwarze Verfärbung an. Befallene Blätter und Früchte sollten Sie entsorgen. Die Erkrankung tritt besonders in feuchten Sommern und bei falscher Bewässerung auf. Gießen Sie zur Vorbeugung immer dicht an der Pflanze und setzen Sie die Pflanzen nicht zu dicht.

? | Die Blätter meiner Auberginenpflanzen werden gelb und fallen ab. Was könnte die Ursache sein?

Ein häufiger Grund für das Gelbwerden ist ein Nährstoffmangel. Es fehlen dann Stickstoff, Eisen oder Magnesium. Geben Sie ein wenig organischen Dünger in den Boden und beobachten Sie die Pflanzung über ein paar Tage hinweg. Eine andere Ursache können Krankheiten wie die Verticillium- oder die Fusarium-Welke sowie verschiedene Schädlinge sein. Halten Sie einen ausreichenden Pflanzabstand ein, damit sich solche Erkrankungen nicht ausbreiten können. Bauen Sie in Beeten, in denen Auberginen gestanden haben, im nächsten Jahr keine Nachtschattengewächse wie Tomate oder Paprika an. Gegen Schädlinge sollten Sie durch eine naturnahe Gartengestaltung vorsorglich Nützlinge ansiedeln.

→ S. 120, Schädlinge abwehren auf natürliche Art

? | Die Blätter meiner Tomaten- und Zucchinipflanzen sind von Mehltau befallen. Wie kann ich die Ausbreitung stoppen?

Entfernen Sie die befallenen Blätter und sorgen Sie in der Kultur für eine gute Luftzirkulation. Lichten Sie dazu das Blattwerk der Pflanze etwas aus. Bei der Bewässerung sollten Sie dafür sorgen, dass Sie die Blätter der Pflanzen nicht benetzen. Gießen Sie in der Regel lieber morgens oder abends.

? | Selbst im Hochbeet sind meine Fruchtgemüse und Kräuter nicht sicher vor Schnecken. Was kann ich gegen die Weichtiere tun?

Dass Schnecken keinen Weg ins Hochbeet finden, ist ein Mythos. Die Tiere und deren Gelege werden mit der Erde von Pflanzen, die Sie in das Hochbeet setzen, durch Kompost und manchmal auch durch Pflanzen, mit denen Sie mulchen, eingetragen. Manche Schnecke kriecht auch über die Außenwände des Hochbeets nach oben und findet dort ein regelrechtes Schlaraffenland vor.
Um Schneckengelege im Hochbeet aufzuspüren, sollten Sie die Erdoberfläche regelmäßig absuchen. An den Schleimspuren erkennen Sie oft, wo sich die Weichtiere verstecken. Schneckeneier sind halbtransparente, weißliche Kugeln, die in Gruppen abgelegt werden. Kontrollieren Sie auch die Mulchdecke nach solchen Gelegen. Gefallenes Laub bietet den Tieren ebenfalls willkommene Verstecke. Chilipulver ist eine bewährte Methode gegen Schnecken im Hochbeet (→ Tipp S. 121). Daneben gibt es zwei weitere Methoden, um Schnecken fernzuhalten:

- Im Handel finden Sie Kupferbänder, die rings um das Hochbeet geklebt werden. Die Kupferionen reagieren chemisch mit dem Schleim der Schnecken, was die Tiere davon abhält weiterzukriechen.
- Ebenfalls wirksam sind Gewebebänder, auf die Schafwolle aufgebracht ist. Die raue, trockene Textur behindert die Schnecken auf ihrem Weg.

→ S. 101, Info Zerkleinerte Eierschalen zum Schutz vor Schnecken

SPÄTSOMMER

Im Spätsommer hüllt sich unter der warmen Sonne die Welt langsam in wärmere Farben. Es blühen Sonnenblumen, Herbstastern und Dahlien. Die Temperaturen morgens und abends sind jetzt deutlich kühler und die Tage merklich kürzer. Endlich fällt wieder mehr Regen, sodass Sie weniger zur Gießkanne greifen müssen. Dieser Abschnitt des Jahres bietet eine besondere Vielfalt an Ernten, da sowohl Sommer- als auch Herbstgemüse nebeneinander gedeihen.

Den Boden bearbeiten

Die Bodenpflege steht jetzt mit Lockern des Bodens, Erneuern der Mulchdecke und Bewässern im Vordergrund.

- **Den Boden lockern:** Im Sommer kann es vermehrt zu Starkregenfällen kommen, was den Boden verdichtet und die Aufnahme von Gießwasser erschwert. Lockern Sie deshalb jetzt den Boden, um die Luftzirkulation sowie die Wasser- und Nährstoffaufnahme in Gang zu halten. Arbeiten Sie dazu zwischen den Reihen und besonders im Wurzelbereich der Pflanzen. Achten Sie darauf, die Wurzeln und die Pflanzen nicht zu verletzen.
- **Mulchen:** Durch die intensive Sonneneinstrahlung hat sich die bestehende Mulchschicht zersetzt. Deshalb ist es ratsam, jetzt die Mulchdecke ggf. durch neues Mulchmaterial zu ersetzen.

→ S. 22, Mulchen

- **Bewässerung fortsetzen:** Auch im Spätsommer sollten Sie die Bewässerung der Pflanzen im Blick behalten. Insbesondere große Kürbissorten und Melonen brauchen Wassergaben und auch Tomaten, Zucchini und Paprika sind durstig.
- **Starkzehrer düngen:** Obwohl Sie viele stark zehrende Gemüsesorten bereits geerntet haben, kann es sinnvoll sein, später reifendes Gemüse wie Tomaten, Paprika oder Kürbisse mit Pflanzenjauchen nachzudüngen.

Gemüse versorgen

Im Spätsommer wächst und gedeiht es immer noch üppig im Gemüsebeet. Alle Pflanzen bedürfen Ihrer Pflege.

Kürbisse polstern

Im Spätsommer reifen die Kürbisse heran. Damit sie nicht auf der dem Boden aufliegenden Seite faulen, sollten Sie sie mit einem schützenden Polster versehen. Weiches Material wie Heu, Stroh, alte Kleidungsstücke oder eine dicke Schicht Zeitungspapier eignen sich dafür.

Gemüsepflanzen auslichten

Im vergangenen Monat haben Sie begonnen, Ihre Fruchtgemüse auszulichten. Schauen Sie jetzt noch einmal, ob große Blätter die Gemüsefrüchte beschatten und ihr Ausreifen erschweren. Sie können die Blätter unbesorgt mit einer Gartenschere entfernen, weil die Pflanze nun keine aktive Fotosynthese mehr betreibt.

- **Tomaten:** Untere Blätter entfernen, um Bodenkontakt zu minimieren und die Luftzirkulation zu verbessern.
- **Zucchini und Kürbisse:** Große Blätter entfernen für bessere Luftzirkulation.
- **Paprika und Auberginen:** Auslichten für bessere Energiekonzentration auf Hauptstämme und Fruchtansätze.
- **Brokkoli und Kohl:** Entfernen Sie seitliche Triebe und Blätter für gesunde Köpfe und gute Belüftung.

Eigenes Saatgut gewinnen

Mit dem Gewinnen von eigenem Saatgut schließt sich der Kreis zwischen Säen und Ernten. Sie sichern damit jene bewährten lokalen Sorten, die sich ideal an das hiesige Klima angepasst haben.

Von den eigenen Gemüsen Saatgut zu gewinnen, bereitet Freude. So können Sie bewährte Sorten wieder einsetzen. Ein schöner Nebeneffekt ist, dass Sie viel Geld für neues Saatgut im nächsten Jahr sparen. Sie ernten die Samen je nach Gemüse entweder direkt aus der reifen Frucht oder aus dem abgeblühten Blütenstand. Um aus den Früchten zu ernten, sollten Sie die Früchte vollständig ausreifen lassen. Zur Ernte von Samen aus Früchten bieten sich Gurken, Zucchini, Kürbis, Tomaten, Chili und Paprika an.

- **Paprika, Chili:** Öffnen Sie die Schoten mit einem scharfen Messer und kratzen Sie die Samenstände aus dem Inneren heraus. Entfernen Sie vorsichtig und sorgfältig das weiße Fruchtfleisch, um späteres Faulen zu vermeiden. Spülen Sie die Samen unter kaltem Wasser ab und lassen Sie die Samen dann auf einem Küchentuch oder einem Papiertuch einige Tage an einem warmen Ort ohne Sonneneinstrahlung trocknen. Wenn das Saatgut gut durchgetrocknet ist, können Sie es in Papiertütchen oder Schraubgläser geben. Denken Sie auch daran, die

Behältnisse mit dem Abfülldatum und der Pflanzenart zu beschriften.

- **Hülsenfrüchten** – Von **Hülsenfrüchten** wie Bohnen und Erbsen essen wir in erster Linie die Samen. Sie lassen sich auch trocknen und als Saatgut verwenden. Lassen Sie bei der Ernte einfach einige Schoten an der Pflanze hängen und gut durchtrocknen. Wenn die Bohnen oder Erbsen in der Schote rasseln, können Sie sie abnehmen, die Hülse öffnen und die Samen entnehmen. Trocknen Sie sie ggf. an einem warmen Ort ein paar Tage nach, bevor Sie sie zur Aufbewahrung abfüllen.
- **Kürbis, Zucchini, Melonen:** Deren Samen liegen einbettet im weichen Fruchtfleisch der Frucht. Entfernen Sie die Samen zunächst mit einem Löffel und lösen Sie sie dann per Hand aus dem Fleisch. Spülen Sie die Samen in einem Sieb mit kaltem Wasser ab und entfernen Sie per Hand das Fruchtfleisch gründlich, aber vorsichtig. Breiten Sie die Samen dann auf einem Küchentuch aus und trocknen Sie sie an einem warmen Ort.
- **Tomatenkerne** kennen Sie bereits aus der Küche. Die kleinen gelben Samen können getrocknet und zur Wiederaussaat verwendet werden. Zuvor müssen sie fermentiert werden, um die gelartige Substanz um den Kern herum zu entfernen. Dazu entnehmen Sie zunächst die Samen mit einem Löffel aus der reifen Frucht, entfernen das Fruchtfleisch, so gut es geht, und geben die Kerne dann für zwei bis drei Tage in ein Glas Wasser. In dieser Zeit fermentieren die Samen. Nach Ablauf der Zeit gießen Sie die Kerne durch ein feines Sieb ab und spülen unter kaltem Wasser das verbliebene Gel ab. Anschließend trocknen Sie die Kerne auf einem Küchentuch.
- **Samen ernten aus Blüten:** Dies können Sie beispielsweise von Roter Bete, Basilikum, Spinat, Rucola, Radieschen, Mangold, Zwiebeln und Ringelblumen tun. Um die Samen zu gewinnen, müssen Sie die Pflanzen im Beet blühen und verblühen lassen. Die sich entwickelnden Samenstände dürfen aber nicht abfallen. Schütteln Sie die Samenstände vorsichtig in Ihre Hand oder über einer ausgebreiteten Zeitung aus. Mangold, Rucola und Spinat bilden knubbelige Samenstände, die Sie mit den Fingern abstreifen können, während Radieschen Schoten bilden, die sich öffnen lassen. Um Pflanzenreste zu entfernen, können Sie diese entweder aussieben oder vorsichtig wegpusten.

Um keimfähige Tomatensamen zu gewinnen, muss das Gel um die Kerne entfernt werden.

Manche Samen lassen sich so wie hier vorsichtig aus den Blütenständen schütteln.

TIPP

Lagerfähigkeit von eigenem Saatgut

Selbst gewonnenes Saatgut sollte spätestens innerhalb der nächsten zwei bis drei Jahre verbraucht werden. Gelagert wird das Saatgut bis zur Verwendung an einem trockenen Ort zwischen 0 °C und 10 °C.

Spätsommer

Anziehen auf der Fensterbank

Auch im Spätsommer müssen Sie auf das Vorziehen von Gemüse nicht verzichten.

Wir halten uns zwar immer noch mehr draußen auf als im Haus, doch bei Bedarf können Sie noch Gemüsesorten im Haus anziehen. Dann haben Sie für die Auspflanzung im frühen Herbst schon Pflänzchen in der Pipeline. Winterkohlsorten wie Brokkoli, Blumenkohl und Grünkohl, aber auch Lauch und Mangold gehören dazu.

Gemüse säen im Freiland

Ruckzuck gesät und gewachsen sind Radieschen und Co. So gehen Ihnen frische Gemüsezutaten bei den Sommerfesten nicht aus.

Wenn Sie für die diesjährige Ernte noch etwas säen möchten, bieten sich schnell wachsende Wurzel- und Blattgemüse an. Säen Sie Radieschen, Spinat, Rucola, ein letztes Mal Möhren, Kohlrabi, Feldsalat, Winterrettich und Asia-Salat. Auch mit Roter Bete können Sie noch einmal starten, wobei Sie von diesen ab Spätsommer eher die mineralstoffreichen, leckeren Blätter ernten. Portulak und Winterschnittlauch lassen sich im Spätsommer ebenfalls noch säen.

Eine Pilzzucht anlegen

Pilze sind Nährstofflieferanten der besonderen Art. Sie werden in der Biologie weder Pflanzen noch Tieren zugeordnet, sondern bilden ein eigenes Reich.

Pilze enthalten Vitamine und Mineralstoffe in hoher Dichte, weshalb es sich lohnt, ihnen im Gemüsebeet ein Plätzchen einzuräumen.
Pilze können genau wie Menschen und Tiere und anders als Pflanzen Vitamin D aus Sonnenlicht herstellen und speichern. Deshalb sind sie besonders im Winter nicht nur für Vegetarier oder Veganer eine willkommene Vitamin-D-Quelle. Sie enthalten außerdem Kalium, Selen, Phosphor und Niacin und sättigen mit einem niedrigen glykämischen Index langsam und nachhaltig. In der freien Natur wachsen Pilze vor allem im Frühjahr und im Herbst. Wenn Sie sich vor der Verwechslung mit giftigen Doppelgängern oder vor Schwermetallbelastung schützen wollen, können Sie die Schwammerl mit unterschiedlichen Methoden auch im Garten oder je nach Ihrem vorhandenen Platz sogar im Haus, auf der Terrasse oder im Hochbeet anbauen.

Ein Pilzbeet anzulegen, ist nicht schwer. Es verspricht wochenlang frische Pilze.

Anzucht im Haus

Im Handel erhalten Sie Fertigkulturen, auf denen in einem speziellen Substrat ein Pilzmyzel (das ist das Wurzelsystem des Pilzes) heranwächst und nach einigen Wochen die Fruchtkörper, also die eigentlichen Pilze austreiben. So ein Set wird an einem feuchten, unbeheizten Ort bei 10–15 °C aufgestellt. Zur Pflege muss das Substrat gelegentlich mit einer Sprühflasche befeuchtet werden. Übliche Pilzarten für solche Anzuchtkartons sind Shiitake, Kräuterseitling, Pioppino oder Champignons.

Anzucht im Freiland

Im Garten lassen sich sogenannte Pilzdübel ausbringen. Das sind mit Pilzsporen geimpfte Holzstifte, die in gefällte Stämme von Laubbäumen eingebracht werden. Von dort aus entwickelt sich das Myzel im Stamm und treibt nach einigen Wochen Pilze aus. Im Fachhandel, online

und in vielen Baumärkten können Sie solche Pilzdübel kaufen.
Für den Pilzanbau ist der Standort wichtig. Pilze vertragen keine direkte Sonneneinstrahlung, deshalb eignen sich schattige oder abseitige Bereiche des Gartens. Das kommt Ihnen zugute, weil Sie so auch Gartenbereiche nutzen können, die für andere Gemüse weniger geeignet sind, wie zum Beispiel die Nordseite oder Orte unter Bäumen. Die verschiedenen Pilzarten vertragen sich in der Regel nicht gut miteinander, weshalb Sie zwischen Beeten oder Standorten mit verschiedenen Pilzen mindestens 20 cm Abstand halten sollten, besser mehr.
Zum Anbau von Pilzen im Freiland eignen sich mehrere Jahreszeiten. Der Spätsommer ist günstig, weil die Temperaturen dann mild und stabil sind und die Luftfeuchtigkeit hoch ist. Je nach Pilzart können Sie im Frühherbst schon mit einer ersten Ernte rechnen – besonders Shiitake, Austernpilze und Champignons sind früh erntebereit.

Ein Pilzbeet vorbereiten und anlegen

Reizvoll ist auch ein spezielles Pilzbeet. Als Substrat für eine Pilzzucht in Beeten eignen sich Holzhäcksel von Laubbäumen, Stroh, Kaffeesatz oder Getreidekörner. Heben Sie zunächst das Beet in Ihrer Wunschgröße 20 cm tief aus und verteilen Sie den Abraum an einem anderen Ort im Garten oder häufeln Sie Kohl oder Kartoffeln damit an. Bringen Sie dann das gewünschte Substrat 10 cm hoch in das Beet ein und befeuchten Sie es gut.
Hinweis: Speisepilze zur Pilzzucht wachsen in der Regel nicht in normaler Gartenerde!

Pilzbrut anziehen

Um ein Beet mit Speisepilzen zu füllen, benötigen Sie genügend Myzel, das Sie gleichmäßig in Ihrem Beet verteilen können. Legen Sie deshalb zur Vorkultur der Pilze eine Pilzbrut an, die Sie später bequem im Beet ausbringen können.

So gehen Sie vor

1 | Sie benötigen dafür ein 1 l fassendes Glas mit Schraubverschluss, zum Beispiel ein Gurkenglas, einen sauberen Löffel, schimmelfreien frischen und ausgekühlten Kaffeesatz und Pilzdübel Ihrer gewünschten Pilzsorte. Geben Sie 3 Esslöffel Kaffeesatz in das Glas und verteilen Sie ihn locker.

2 | Geben Sie dann mit sauberen Händen die Pilzdübel ins Glas. Es wichtig, dass Sie mit sauberen Händen an einem zugluftfreien Ort arbeiten – am besten tragen Sie Handschuhe. Einige Stifte sollten im Kaffeesatz verschwinden, andere obenauf liegen. Bohren Sie in den Deckel des Glases einige Luftlöcher, dann verschließen Sie das Glas.

3 | Stellen Sie das Glas an einem warmen Ort ohne direkte Sonneneinstrahlung auf und warten Sie einige Tage ab, bis der Kaffeesatz mit dem weißen Myzel durchzogen ist. Das dauert in der Regel fünf bis zehn Tage. Schütteln Sie das Glas dann, um das Myzel aufzubrechen und zu verteilen.

4 | Geben Sie nun alle fünf bis zehn Tage in der gleichen Art und Weise Kaffeesatz in das Glas, bis es randvoll ist. Der Kaffeesatz wird vom Pilzmyzel völlig durchwachsen. Zusätzliche Flüssigkeit ist nicht nötig. Achten Sie bei der Handhabung des Glases auf eine saubere Umgebung und saubere Hände. Öffnen Sie das Glas nur, wenn unbedingt nötig.

Pilzbrut im Beet verteilen

Wenn das Glas gefüllt mit Kaffeesatz und dem Myzel des Pilzes ist, können Sie die Pilzbrut in Ihrem vorbereiteten Beet verteilen. Wählen Sie einen windstillen Tag, damit die Brut nicht mit anderen Pilzsporen aus der Luft kontaminiert wird. Tragen Sie zum Verteilen der Brut unbedingt Handschuhe. Krümeln Sie das Myzel-Kaffeesatz-Gemisch gleichmäßig über das befeuchtete Substrat im Beet. Arbeiten Sie es vorsichtig mit einer desinfizierten Harke in das Beet ein. Bedecken Sie es dann mit dem Substrat Ihrer Wahl und durchfeuchten Sie alles gründlich. Die Pilze wachsen je nach Art innerhalb einiger Wochen oder Monate heran. Befeuchten Sie das Beet regelmäßig mit einer Sprühflasche.

Gemüse auspflanzen

Von der Fensterbank kann jetzt noch einiges an Jungpflanzen in den Garten wandern.

- Besonders für **Erdbeeren** ist im Spätsommer der perfekte Zeitpunkt. Prüfen Sie, ob die Ableger in den Töpfen gesund und kräftig sind, und pflanzen Sie sie in das vorgesehene Beet.
Achtung: Auch bei Erdbeeren ist es wichtig, das Herz der Pflanze (→ S. 79) nicht mit Erde zu bedecken!
- **Chinakohl:** Diese zarte, mild und süßlich schmeckende Kohlart liebt kühles Wetter. Wenn Sie die Jungpflanzen jetzt im Spätsommer auspflanzen, können Sie den Chinakohl im Spätherbst ernten. Die gesunden Jungpflanzen setzen Sie in einem Abstand von 30–45 cm in Reihen von 30 cm Abstand. Achten Sie darauf, dass die Knospen knapp über der Bodenoberfläche liegen.
- **Kohlrabi** können Sie im Spätsommer für eine Herbst- und Winterernte pflanzen. Kohlrabi ist winterhart und wächst während des Herbstes für eine Ernte im Spätherbst und im Winter.
- **Winterharte Kohlsorten** wie Rosenkohl und Grünkohl sowie später Brokkoli wachsen in den kommenden kühleren Temperaturen besser und entwickeln über den Winter einen milden, süßeren Geschmack. Damit ernten Sie im zeitigen Frühjahr die ersten frischen Vitamine.

Knoblauch pflanzen

Knoblauch ist in der Küche ein wahres Allroundtalent, das zahllosen Gerichten die typische, kräftig-würzige Note verleiht.

Den jährlichen Bedarf an Knoblauch können Sie im eigenen Garten ganz leicht decken. Knoblauch hat eine lange Wachstumsphase von bis zu zehn Monaten. Im Spätsommer gesteckt, entwickeln sich die Knollen bis zum Frühjahr. Im Winter benötigt Knoblauch eine Periode mit niedrigen Temperaturen, um gut zu wachsen.

So gehen Sie vor

1 | **Den Boden vorbereiten:** Lockern Sie den Boden gut auf und entfernen Sie Unkräuter.

2 | **Pflanzen:** Brechen Sie eine Knoblauchknolle in einzelne Zehen. Sie können dazu herkömmlichen Bio-Knoblauch aus dem Laden oder eigene Knollen aus dem Garten verwenden. Stecken Sie die Zehen mit der spitzen Seite nach oben nur so tief in den Boden, dass die Spitzen nicht mit Erde bedeckt sind.

3 | **Pflege:** Halten Sie den Boden gleichmäßig feucht. Mulchen Sie dünn, um die Feuchtigkeit im Boden zu speichern. Gönnen Sie dem Knoblauch eine Düngung im Frühjahr. Im Frühsommer, wenn das Laub gelb wird, können Sie die Knollen ernten.

Triebspitzen von Bohnen ausknipsen

Wenn Sie die Triebspitzen von Bohnen regelmäßig ausknipsen (pinzieren), können Sie das Wachstum von seitlichen Triebspitzen fördern. Damit produziert die Pflanze mehr Blüten und infolge auch mehr Bohnen.

Die Bohnenpflanze wächst durch das Pinzieren kompakter und lässt sich später besser beernten. Besonders buschige Bohnensorten oder Prunkbohnen profitieren vom Ausknipsen. Bei Stangenbohnen fördert es einen kompakteren Wuchs. Beginnen können Sie mit dem Pinzieren, wenn die Pflanze etwa 15–20 cm hoch geworden ist. Gehen Sie von oben nach unten vor und knipsen Sie die Triebspitze um etwa 5–10 cm ab. Wiederholen Sie das Ausknipsen regelmäßig, um das Wachstum seitlicher Triebe kontinuierlich zu fördern. Achten Sie darauf, nicht alle Triebspitzen auf einmal auszuknipsen.

Das Ausknipsen sorgt für üppiges Wachstum.

Tomaten, Paprika und Gurken stützen

Mit den Früchten von Tomaten, Paprika und Gurken wachsen im Spätsommer auch die Anforderungen an den Halt der Pflanzen.

Mit Ihrer Vorarbeit in den beiden vorangegangenen Monaten haben Sie eine solide Basis geschaffen, um die Pflanzen vor dem Abknicken zu schützen. Kontrollieren Sie im Spätsommer Ihre Arbeit und verbessern oder ergänzen Sie die Stützen, damit die Pflanzen nicht von der Last ihrer Früchte zusammenbrechen. Falls es nötig sein sollte, binden Sie die Pflanzen mit zusätzlichen Schnüren fest. Ernten Sie Früchte, die jetzt reif sind, um die Pflanzen zu entlasten.

Sind die Früchte schwer, stützen Sie die Pflanze.

Kohlpflanzen anhäufeln

Ähnlich wie Kartoffeln kann auch Kohl angehäufelt werden, um ihm mehr Stabilität zu geben und eine bessere Nährstoffaufnahme zu gewährleisten.

Anhäufeln können Sie vor allem Weißkohl, Rotkohl, Wirsing sowie Brokkoli aus Ihren Pflanzungen für die Herbsternte. Die jungen Pflanzen werden etwa vier bis sechs Wochen nach dem Pflanzen angehäufelt, wenn die Stiele lang genug sind. Schieben Sie dazu rings um die Pflanze die umgebende Erde vorsichtig an die Basis der Pflanze.

Das Anhäufeln bietet den Pflanzen mehrere Vorteile, besonders, wenn es auf den Herbst zugeht. Zum einen fördert es ihre Stabilität bei Wind und Regen, zweitens hilft die zusätzliche Erde, die Wurzeln des Kohls vor den Larven der Kohlfliege zu schützen. Außerdem bildet die Pflanze in der Erde weitere Wurzeln aus, was ihrer Nährstoffversorgung zugutekommt. Die zusätzliche Erde um die Pflanze schafft einen kleinen Hügel, der das Abfließen von Regenwasser erleichtert. Dies kann dazu beitragen, Staunässe zu vermeiden und die Wurzeln vor Fäulnis zu schützen. Im Lauf der Wachstumsphase häufeln Sie den Kohl weiter an. Wässern Sie nach jedem Anhäufeln.

Zwiebeln und Knoblauch trocknen

Zwiebeln, Knoblauch und Schalotten können Sie praktisch in Zöpfen trocknen und aufbewahren. Bei den warmen Temperaturen des Spätsommers trocknen sie gut ab, sodass sie über Herbst und Winter gelagert und nach und nach verbraucht werden können.

Ernten Sie die Pflanzen mit dem Kraut und lassen Sie sie bei trockenem Wetter einige Tage auf dem Beet abtrocknen. Schneiden Sie den oberen Teil der Stängel ab, lassen Sie das Kraut aber ansonsten an der Pflanze. Gruppieren Sie nun gesunde und unbeschädigte Zwiebeln zu Sträußen von sechs oder neun Stück. Teilen Sie den Bund in drei Stränge und flechten Sie daraus einen Zopf. Binden Sie ihn am Ende mit einem Gummiband oder einer Paketschnur aus Jute zusammen.
Diese Stränge können Sie an einem luftigen, schattigen Ort aufhängen, um sie vor Schimmel zu bewahren. Die Zwiebeln trocknen innerhalb einiger Wochen allmählich, wodurch sie haltbarer werden. Vollständig getrocknet sind sie, wenn sie hart und spröde sind. Zur Aufbewahrung können Sie die Zöpfe hängen lassen oder an einen anderen kühlen, dunklen Ort bringen. Vor Staub schützen Sie sie in einem Baumwollbeutel. Bei Bedarf schneiden Sie die Zwiebeln vom Zopf ab. Überprüfen Sie die Stränge regelmäßig auf Schimmel und Fäulnis.

Pflanzenjauche selbst herstellen

Selbst angesetzte Pflanzenjauchen sind vielseitig einsetzbar. Sie düngen den Boden, stärken Ihr Gemüse gegen Krankheiten und vertreiben Schädlinge wie zum Beispiel Blattläuse.

Pflanzen, die sich gut zum Ansetzen einer Jauche eignen, sind Brennnesseln, Beinwell und Ackerschachtelhalm.

- **Brennnesseljauche:** Der brennende Schrecken aus Kindertagen ist im Garten nützlich, wenn Sie ihn zu einer bodenverbessernden Jauche verarbeiten. Ideal ist die Brennnesseljauche als allgemeiner Dünger für Tomaten, Kürbisse, Zucchini, Paprika, Gurken, Kartoffeln und Kohlsorten. Es lohnt sich, Brennnesseljauche immer zur Hand zu haben, weshalb Sie sie fortlaufend ansetzen sollten.

Achtung: Brennnesseljauche entwickelt einen starken Geruch, der lange an Kleidung und Haut haftet. Stellen Sie den Behälter nach Möglichkeit abseits vom Haus auf. Die Zugabe einer Handvoll Gesteinsmehl kann die Geruchsentwicklung etwas abmildern.

- **Ackerschachtelhalmjauche:** Wegen der reichlich enthaltenen Kieselsäure und Mineralstoffe ist die Jauche ein wirksames Mittel gegen Blattläuse. Außerdem wirkt sie zellstärkend gegen Pilzbefall, unterstützt das Wurzelwachstum und fördert die allgemeine Gesundheit der Pflanzen. Setzen Sie die Jauche an wie im Grundrezept beschrieben. Lassen Sie den Sud 24 Stunden ziehen und kochen Sie ihn dann in einem großen Topf auf. Dabei wird die Kieselsäure aus der Pflanze herausgelöst und ist so im Gießwasser enthalten. Lassen Sie den Sud abkühlen und sieben Sie ihn durch ein Tuch. Nützlich ist die Jauche für Obstbäume und Pflanzen, die unter Pilzkrankheiten leiden, wie Kürbisse oder Bohnen.
- **Beinwelljauche:** Beinwell ist ein Stickstoffanzeiger, der gern an feuchten Wegrändern und auf feuchten Wiesen in sonnigen bis halbschattigen Lagen wächst. Eine Jauche aus Beinwell ist reich an Kalium, Phosphor und Stickstoff und fördert das Wachstum von Blüten und Früchten gleichermaßen. Eine Gabe davon während der Wachstumsphase verbessert die Widerstandsfähigkeit der Pflanzen gegenüber Stress, Trockenheit und Schädlingen.

Besonders Kürbisse und Zucchini sowie Tomaten, Paprika, Chilis und Auberginen profitieren von der Beinwelljauche.

Grundrezept Pflanzenjauche

Sie brauchen ca. 1 kg frisches Kraut von Brennnesseln, Ackerschachtelhalm oder Beinwell, ca. 10 l Wasser, einen Eimer oder anderen Behälter mit Deckel und Gummihandschuhe.

So gehen Sie vor

1 | **Pflanzen vorbereiten:** Schneiden Sie die Pflanzen in kleine Stücke, um den Verrottungsprozess zu beschleunigen, und geben Sie die geschnittenen Blätter in den gründlich gesäuberten Eimer.

2 | **Wasser zufügen und abdecken:** Gießen Sie etwa 10 l Wasser über die Pflanzen. Sie sollten völlig bedeckt sein vom Wasser. Decken Sie den Eimer ab, um Insekten fernzuhalten und den Geruch einzuschließen.

3 | **Gären lassen:** Lassen Sie die Mischung etwa zwei bis drei Wochen an einem warmen, sonnigen Ort stehen. In dieser Zeit beginnt die Jauche zu gären. Rühren Sie sie gelegentlich um, um die Gärung zu fördern.

4 | **Die fertige Jauche filtern:** Nach zwei bis drei Wochen hat sich die Flüssigkeit dunkel verfärbt und schäumt beim Rühren nicht mehr – die Jauche ist fertig. Gießen Sie sie durch ein feines Sieb oder ein Tuch, um die festen Pflanzenreste zu entfernen. Die Jauche ist nun gebrauchsfertig.

→ S. 141, Pflanzenjauche anwenden

TIPP!

Jauchen gegen Blattläuse

Eine Jauche aus Brennnesseln oder Ackerschachtelhalm eignet sich wegen ihres hohen Anteils an Kieselsäure als Mittel gegen Blattläuse. Besprühen Sie Ihre Pflanzen vorbeugend oder nach anfänglichem Befall an den entsprechenden Stellen damit. Hierbei sollte die Jauche im Verhältnis 1:20 verdünnt werden, da sonst Ihre Pflanzen verbrennen.

Gemüse und Kräuter richtig ernten

Im Spätsommer reifen viele Gemüse, Salate und Kräuter im Garten. Freuen Sie sich auf das Erntefest!

Gemüse ernten

Tomaten in allen Formen und Farben, knallrote Paprika, saftige Zucchini, erfrischende Gurken und Melonen, knackige Bohnen, würziger Lauch und Knoblauch, zarte Frühlingszwiebeln, Kohlrabi, Möhren, erdig schmeckende Rote Bete, goldgelber Mais, Kartoffeln für alle herzhaften Gerichte, frische Salate, süße Beeren zum Naschen und aromatischer Stangensellerie – sie alle kommen jetzt aus der Erde und vom Strauch auf den Tisch und in den Keller.

Auch viele Kräuter haben jetzt Saison

- **Basilikum** sollten Sie vor dem ersten Frost abgeerntet haben. Die Pflanze ist in der Regel nicht winterhart. Wenn Sie sie samt Topf in die Erde gegeben haben, können Sie sie Ende des Spätsommers ausgraben und ins Haus nehmen.
- **Thymian:** Sie können die Pflanze nach neuen Triebspitzen untersuchen und diese für die Ernte schneiden. Lassen Sie einige Blütenstängel stehen. Sind sie abgeblüht, dienen die Samen Vögeln als Nahrung, während Stängel, die noch in der Blüte stehen, von Hummeln, Schmetterlingen und Bienen besucht werden.
- **Petersilie und Minze:** Beide Kräuter können prinzipiell das gesamte Jahr über geerntet werden, am besten vor der Blüte. Im Spätsommer haben die Pflanzen aber wieder vermehrt ätherische Öle und größere Blätter gebildet, die sich besonders zum Trocknen und Aufbewahren eignen.
- **Rosmarin:** Die »Rose des Meeres« können Sie zwar ganzjährig ernten, Rosmarin wächst aber besonders in den warmen Monaten und reichert dann in den nadelartigen Blättern die aromatischen ätherischen Öle an.

So ernten und trocknen Sie Rosmarin

1 | **Rosmarin ernten:** Sonnige, trockene Tage sind zur Rosmarinernte am besten geeignet, weil sich bei Wärme mehr ätherisches Öl in den Blättern anreichert. Wählen Sie grüne und gesunde Zweige aus, die in diesem Jahr gewachsen sind. Schneiden Sie die Triebspitzen mit einer scharfen Gartenschere bis zum verholzten Teil der Pflanze ab.

2 | **Die Zweige vorbereiten:** Entfernen Sie etwaige braune Blätter und Schmutz und bündeln Sie die Zweige zu kleinen Sträußen von drei bis fünf Zweigen.

3 | **Rosmarin trocknen:** Hängen Sie die Zweige kopfüber an einen warmen, gut belüfteten und trockenen Ort. Bis die Zweige so trocken sind, dass die Nadeln sich leicht vom Zweig lösen, kann es zwei Wochen dauern.

4 | **Die Nadeln entfernen:** Streifen Sie die Nadeln von den Zweigen. Sie lassen sich entweder vermahlen und das Pulver in Schraubgläsern aufbewahren oder im Ganzen in feste Papiertüten oder Schraubgläser geben.

Lauch bildet die Basis für viele Gerichte.

Rosmarin trocknet gut in Sträußen.

Verlängerte Anbausaison nutzen

Während im Freiland die Bodentemperaturen im Spätsommer bereits zu sinken beginnen, bleibt der Boden im Hochbeet länger warm. Dies können Sie sich zunutze machen.

Gemüse säen und pflanzen

Fruchtgemüse können im Hochbeet länger stehen bleiben, weil der Sommer im warmen Hochbeet länger dauert und sie länger Zeit für die Reife haben. Buschbohnen finden jetzt noch einen Platz im Hochbeet. Koriander und Möhren können Sie ebenfalls noch einmal aussäen. Rote Bete kommt aufgrund der günstigen Bedingungen im Hochbeet ebenfalls noch einmal zum Zug und bildet bis zum Herbstende reife Knollen aus.

Jungpflanzen nachpflanzen

Jungpflanzen von Basilikum, Petersilie, Stangensellerie, Auberginen, Spitzpaprika und Tomaten können Sie jetzt noch nachpflanzen. Basilikum, Petersilie und Stangensellerie können Sie dann im Frühherbst ernten. Spitzpaprika, Tomaten und Auberginen reifen im Vollherbst.

Ernten im Hochbeet

Auch im Hochbeet ist der Spätsommer eine reiche Erntezeit. Möhren, Knoblauch und Steckzwiebeln werden aus dem Boden gezogen, Salate, Kohlrabi und Brokkoli werden ebenfalls entnommen.

Schnell wachsendes Gemüse nachsäen

Wenn Sie Gemüse von der schnellen Sorte im Hochbeet angebaut haben, dürfen Sie im Spätherbst nach der Ernte gerne noch nachlegen. Viele Arten werden noch vor dem Herbst reif und halten den Speiseplan bunt.

Rucola, junger Mangold, Kopf- und Feldsalat, Rüben sowie Schnitt- und Pflückkohlsorten ernten Sie sechs Wochen nach der Aussaat. Romanasalat lässt sich etwas länger Zeit, ihn ernten Sie innerhalb von sechs bis acht Wochen. Die Blätter der Roten Beten und Möhren können Sie übrigens wie Salat verwenden.
Spinat und Radieschen sind Dauerlieblinge im Hochbeet, die man nie genug haben kann. Im August gesät, können sie schon im Oktober in die Salate wandern. Bei Kresse geht es noch schneller, von ihr können Sie das Microgreen ein bis zwei Wochen nach der Aussaat schneiden.
Eine leckere Basis für Rohkostsalate sind Pflücksalate wie Mizuna oder Senf. Die äußeren Blätter sind nach etwa drei bis vier Wochen groß genug für die Ernte.

TIPP!
Blätter ernten

Die Blätter von Roten Beten, Mangold oder Möhren können wie Salat verwendet werden. Mit Nüssen, Knoblauch, Parmesan und Olivenöl ergibt das Möhrengrün ein gutes Pesto.

Borretsch eindämmen im Hochbeet

Borretsch ist ein beliebtes Gewürzkraut, das wegen seiner dekorativen Blüten und der vielseitigen Verwendungsmöglichkeiten gern im Hochbeet angebaut wird. Hat sich Borretsch einmal etabliert, wächst er oft zu üppig für den begrenzten Platz im Hochbeet.

Die zarten, leicht behaarten Borretschblätter haben einen angenehmen, gurkenartigen Geschmack. Sie passen deshalb gut in alle frischen Salate, Suppen, Saucen und Dips. Auch die hübschen blauen Blüten sind essbar.
Borretsch neigt dazu, schnell und üppig zu wachsen. Dünnen Sie deshalb die Pflänzchen bereits nach der Keimung aus. Ernten Sie regelmäßig junge Borretschblätter, um den Wuchs etwas einzudämmen. Mit einem Rankgitter fördern Sie das Wachstum der Pflanze nach oben statt in die Breite. Mit runden Pflanzenstützen halten Sie die Pflanze zusammen. Wird die Pflanze dennoch zu groß, droht sie ihren Nachbarn im Beet Licht und Nährstoffe zu nehmen. Da Borretsch einjährig ist, lässt er sich nicht durch Teilen verkleinern. Schneiden Sie Seitenstängel des Borretsch dicht an der Basis heraus, um ihn zu verkleinern. Die Pflanze ist sehr blühfreudig und sät sich deshalb auch gerne und fleißig selbst aus. Um das zu verhindern, sollten Sie die Blüten rechtzeitig ernten.

Kräuter entspitzen

Wenn Sie die Triebspitzen Ihrer Kräuter im Hochbeet regelmäßig kappen, fördern Sie den Wuchs der Pflanzen und halten sie gesünder. Bei einigen Sorten hemmt das Entspitzen die Blütenbildung und regt zu kräftigerem Blattwachstum an.

Das gilt zum Beispiel für **Basilikum.** Entfernen Sie regelmäßig mit den Fingerspitzen oder einer scharfen Schere die oberen Triebe und Blätter. Dadurch wächst die Pflanze buschiger und bildet größere Blätter aus.
Oregano, Thymian und **Berg-Bohnenkraut** verzweigen sich stärker, wenn sie regelmäßig entspitzt werden. Achten Sie aber darauf, nicht mehr als ein Drittel der Pflanze zu entfernen. Da diese Kräuter schnell wachsen, können Sie die Spitzen der Pflanzen während der Wachstumsperiode alle vier Wochen zurückschneiden.
Salbei ist eine weitere Kräutersorte, die vom regelmäßigen Entspitzen der oberen Triebe profitiert. Sie fördern damit einen kompakteren Wuchs und intensivieren das Aroma der Blätter. Einen schönen, dichten Wuchs erzielen Sie, wenn Sie knapp über einem Blattpaar oder einem Seitentrieb schneiden. Der langsamer wachsende **Rosmarin** muss nur alle paar Monate entspitzt werden.
Die Triebe aller Kräuter können Sie in der Küche verwenden.

Bokashi im Hochbeet nutzen

Bokashi ist eine aus Japan stammende Kompostierungsmethode, bei der zerkleinerte Küchenabfälle unter Mitarbeit von Mikroorganismen ein nährstoffreiches Ferment ergeben.

Das Wort »Bokashi« bedeutet in etwa »fermentiertes Allerlei« und weist auf das Ferment hin. Anstatt die Abfälle zu zersetzen wie im Kompost, werden sie im Bokashi durch Fermentation einsatzbereit für die Beete gemacht. Der fertige Bokashi ist reich an nützlichen Mikroorganismen und Nährstoffen, die den Boden im Hochbeet beleben. Bokashi kann direkt in das Hochbeet eingearbeitet werden, ohne dass viel Platz nötig ist. Das kommt kleinen Gärten entgegen.
Die meisten organischen Küchenabfälle können im Bokashi verwendet werden. Ungekochte Gemüsereste, Obstschalen, Kaffeesatz und Eierschalen werden in einem luftdichten Eimer mit Deckel gesammelt. Schicht für Schicht werden die Abfälle mit einer speziellen Mischung aus Kleie und Mikroorganismen abgedeckt und befeuchtet. Die Umsetzung des organischen Materials unter den Mikroorganismen erfolgt geruchlos, wobei das verwendete Material noch erkennbar ist. Bokashi ist also kein Humus.
Nach etwa zwei Wochen ist das Ferment bereit zum Einsatz im Hochbeet. Sie können den Bokashi direkt in das Hochbeet einbringen. Arbeiten Sie das Material in die Erdoberfläche ein. Wen der Anblick der fermentierten Abfälle stört, kann Mulchmaterial darübergeben.
Eine Starterkultur für Bokashi können Sie auch selbst herstellen aus Getreidemehl, Wasser und Melasse. Nach der Fermentation ist der Teig reich an Mikroorganismen und dient als Starterkultur für den Bokashi-Eimer.

→ S. 188, Starterkultur selbst herstellen

Der Einsatz von Bokashi im Hochbeet hat mehrere Vorteile:

- effektive Nutzung von Abfällen
- Verbesserung der Bodenstruktur und Fruchtbarkeit
- Die in den Boden eingebrachten Mikroorganismen fördern die Zersetzung von organischem Material wie Mulch und Kompost in den tieferen Schichten des Hochbeets.
- Verbesserung der Wasserspeicherfähigkeit des Bodens und seiner Drainagefähigkeit

Weil Bokashi schnell hergestellt ist und seine Nährstoffe schnell verfügbar sind, kann Bokashi effektiv kurzfristig eingesetzt werden, wenn es im Sommer beispielsweise an die Nachdüngung von Kohl und Fruchtgemüsen geht.
Achtung: Fleisch, Fisch, Knochen, Milchprodukte und große Mengen Zitrusfrüchte (wenige ungespritzte sind erlaubt) dürfen nicht in den Bokashi gegeben werden.

→ S. 186, Einen Bokashi Eimer herstellen

Eine Olla zur Hochbeet-Bewässerung bauen

Ollas (sprich: o-ja) haben in den Kulturen des Nahen Ostens eine lange Tradition. Es handelt sich dabei um in die Beete eingegrabene, unglasierte Tonkrüge, die zur Bewässerung dienen.

SIE BRAUCHEN DAFÜR:

- **2 unglasierte Tontöpfe** mit unterschiedlichen Maßen. Die Töpfe müssen mit den Oberkanten ineinander- oder aneinanderpassen.
- Ungefärbter Mörtel
- Ein Stück Nylonstrumpfhose oder Ähnliches
- Faden oder Paketschnur

Die Krüge fungieren als langfristige Wasserspeicher und müssen nur hin und wieder mit Wasser aufgefüllt werden. Ollas kann man im Handel kaufen oder selbst machen. Keine Sorge, Sie müssen nicht selbst töpfern.

Ollas haben meist eine bauchige Form mit einem schmalen Hals und einer schmalen Öffnung. Durch den Kapillareffekt wird das Wasser nach und nach in den Boden abgegeben. Weil immer nur so viel Wasser abgegeben wird, wie der Boden abruft, sind Ollas nicht nur eine bequeme, sondern auch eine sehr wassersparende Methode der Bewässerung. Bis zu 70 Prozent Wasser lassen sich mit dieser Methode einsparen. Die Ollas werden tief im Boden vergraben und das Wasser gelangt direkt an die Wurzeln der Pflanze. Das ist besonders praktisch unter den trockenen Bedingungen im Hochbeet, wo sie eine konstante, tiefgründige Feuchtigkeitsversorgung gewährleisten.

Und so gehen Sie vor.

Schritt 1: Wahl der Blumentöpfe

Die Töpfe müssen auf jeden Fall unglasiert sein. Zwei Töpfe mit dem Durchmesser von 15 cm haben etwa 1 l Fassungsvermögen. Das reicht für etwa 1 m².

Der Boden der Olla wird mit einer Tonscherbe und Mörtel dicht verschlossen. Später diffundiert das Wasser durch den Ton.

Ein Gefrierbeutel mit aufgeschnittener Spitze kann zum einfachen Auftragen des Mörtels dienen.

Verstreichen Sie den Mörtel an den Kanten, damit er die beiden Töpfe sicher verbindet. Jetzt passt alles gut aufeinander.

Die Olla ist fertig! Wenn der Mörtel trocken ist, müssen Sie nur noch das obere Loch verschließen, dann kann sie ins Beet gesetzt werden.

Statt mit Nylonstoff lässt sich auch ein Topfuntersetzer als Deckel verwenden. So verunglücken keine Insekten.

Die Durchmesser können auch unterschiedlich sein, dann sollten die Oberkanten aber ineinanderpassen, zum Beispiel 13 cm und 16 cm.

Schritt 2: Das Loch des unteren Topfes verschließen

Verschließen Sie das Loch des unteren Topfes innen mit einer Tonscherbe und etwas Mörtel. Es darf kein Wasser durch das Loch in den Boden auslaufen (→ Foto 1).

Schritt 3: Die beiden Töpfe verbinden

Rühren Sie den Mörtel nach Anleitung mittels Spachtel an. Stecken Sie beide Töpfe mit den Oberkanten ineinander oder legen Sie die Kanten aneinander. Verbinden Sie die Kanten mit dem Mörtel (→ Foto 2). Das Trocknen des Mörtels kann zwei Tage dauern. Schützen Sie das Gefäß in dieser Zeit vor Feuchtigkeit und bewegen Sie es nicht unnötig (→ Foto 3 und 4).

Schritt 4: Die obere Öffnung verschließen

Spannen Sie dazu den Nylonstoff über die Seite der Olla, die noch das offene Loch hat, um zu verhindern, dass Tiere in den Töpfen ertrinken und Erde eingespült wird. Befestigen Sie den Stoff mit einem Bindfaden oder einer Schnur.

Schritt 5: Die Olla im Hochbeet platzieren

Graben Sie die Olla an Ihrem Wunschort so tief ein, dass der obere Rand nur wenig über den Erdhorizont ragt. Füllen Sie rund um die Olla die Erde gut an, damit die Wurzeln der Pflanzen sich weit ausbreiten können.

Schritt 6: Die Olla befüllen

Befüllen Sie die Olla mit Wasser. Das geht gut auch durch den Stoff hindurch. Rechnen Sie damit, dass Sie etwa alle fünf Tage Wasser nachfüllen müssen. Sie können den Wasserstand überprüfen, indem Sie einen trockenen Ast in die obere Öffnung einführen. Entfernen Sie dafür den Stoff. Um sicher zu sein, dass kein Tier in die Olla kommt, können Sie auf die sichtbare Oberseite der Olla einen umgedrehten Tonuntersetzer legen (→ Foto 5).

TIPP

Umgang mit der Olla

Beginnen Sie zunächst mit einer einzigen Olla und beobachten Sie, wie Sie und Ihre Pflanzen mit der Methode zurechtkommen. Sie können das Hochbeet später nach Bedarf mit mehreren Ollas bestücken.

Der poröse Ton der Olla nimmt auch im Winter Wasser auf. Dieses dehnt sich bei Frost aus und könnte das Gefäß sprengen. Deshalb ist es sinnvoll, die Olla im Herbst aus dem Beet zu entfernen.

Troubleshooting

Im Garten beruht vieles auf dem Prinzip von Versuch und Irrtum. Plötzliche Pflanzenausfälle, das Auftreten von Mehltau oder das Auftauchen rätselhafter Schädlinge können für Frust sorgen. Oft braucht es nur wenig Einsatz, um dem Übel beizukommen.

? | Meine Kürbisblätter haben verdächtige weiße Flecken. Ist das Mehltau und soll ich dagegen etwas unternehmen?

Bei diesem Belag handelt es sich wahrscheinlich um Mehltau, der besonders im Spätsommer beginnt, sich auf den Blättern großflächig auszubreiten. Checken Sie zunächst, ob es sich um Echten Mehltau oder Falschen Mehltau handelt (→ Info). Bei Echtem Mehltau sollten Sie die befallenen Blätter entfernen, damit sich der Pilz nicht weiter ausbreiten kann. Entsorgen Sie die Blätter über den Hausmüll. Sorgen Sie von vornherein immer für eine gute Luftzirkulation zwischen den Pflanzen und lichten Sie die Blätter ab Juni etwas aus. Bei Falschem Mehltau ist es besonders wichtig, die Kultur trocken zu halten. Gießen Sie darum im Spätsommer vor allem morgens, damit etwaiges Spritzwasser gut abtrocknen kann. Auch bei Falschem Mehltau sollten Sie die befallenen Blätter entfernen und über den Hausmüll entsorgen. Sollten Sie einen Befall sehr früh entdecken, können Sie die Blätter auch mit einer Lösung aus Backpulver in Schmierseife besprühen.

? | Wie kann ich verhindern, dass meine Zucchini und Gurken bitter werden?

Zucchini und Gurken bilden Bitterstoffe, sogenannte »Cucurbitacine«, aus, um sich gegen Schädlinge und ungünstige Umweltbedingungen zu schützen. Diese Stoffe sind normalerweise in geringen Konzentrationen vorhanden, verdichten sich aber, wenn die Pflanzen unter Hitzestress leiden oder unter den falschen Bedingungen angebaut werden. Um vorzubeugen, können Sie entbitterte Züchtungen anpflanzen. Achten Sie außerdem auf die pflanzentypischen Anbaubedingungen, die auf den Samentütchen vermerkt sind, und beschatten Sie die Pflanzen bei sehr hohen Temperaturen. Halten Sie den Boden gleichmäßig feucht und düngen Sie regelmäßig nach.

? | Wie erkenne ich Hitzestress an meinen Pflanzen und wie kann ich ihn verhindern?

Vorzeitig welke und schlappe Blätter, verbrannt wirkende Blattränder und frühzeitiges Blühen können Anzeichen für Hitzestress sein. Außerdem verlangsamen viele Pflanzen ihr Wachstum, um Ressourcen zu sparen. Um Hitzestress im Sommer zu vermeiden, sollten Sie Ihren Pflanzen temporären Schatten mit Netzen oder Sonnenschirmen spenden. Mul-

ECHTER ODER FALSCHER MEHLTAU?

Echter Mehltau tritt als weißer, mehliger Belag auf der Oberseite der Blätter sowie auch auf den Stängeln und Früchten auf. Die Blätter der Pflanze färben sich welk-braun und sterben schließlich ab. Die warmen Temperaturen im Sommer helfen dem Echten Mehltau bei der Ausbreitung.

Falscher Mehltau zeigt sich als weißlicher Belag auf der Blattunterseite. Der Belag erscheint samtig erhaben. Zusätzlich treten gelbe bis braune Flecken auf der Blattoberseite auf. Falscher Mehltau liebt feucht-warmes Wetter.

chen sorgt das ganze Jahr über für eine Temperaturregulierung, insbesondere im Wurzelbereich. Wässern Sie morgens und bei Bedarf abends.

? | Meine Tomatenpflanzen sind plötzlich von einem klebrigen Belag überzogen. Woran könnte das liegen?

Der klebrige Belag kann von den Ausscheidungen verschiedener Schadinsekten herrühren. Wahrscheinlich ist im Spätsommer aufgrund der warmen Temperaturen ein Befall mit der Weißen Fliege die Ursache. Dieser winzige Schädling stürzt sich gern auf Tomatenpflanzen. Paprika, Auberginen, Gurken, Zucchini, einige Kohlarten, Bohnen, Erbsen, Kartoffeln, Spinat und Mangold sind ebenfalls anfällig für einen Befall mit der Weißen Fliege. Die Tiere saugen an den Blätter, was diese schwächt. Die klebrigen Rückstände machen außerdem anfällig für den Schwarzen Rußtau. Leider ist es im Freiland nicht ganz einfach, einen Befall einzudämmen. In Gewächshäusern lassen sich Schlupfwespen ansiedeln, welche die natürlichen Feinde der Tiere sind. Im Freiland können Sie probeweise Gelbfallen zwischen die Pflanzen hängen. Ein Spray aus Knoblauch oder Chili (→ S. 121) kann als Repellent wirken.

? | Meine Pflanzen sind das ganze Jahr über fleißig gewachsen und sahen gesund aus. Jetzt im Spätsommer welken sie plötzlich und sterben ab. Woran liegt das?

Ein solcher unerklärlicher Pflanzenausfall im Spätsommer kann mehrere Ursachen haben. Krankheiten wie Pilzerkrankungen und Pflanzenviren treten oft erst an der ausgewachsenen Pflanze auf. Des Weiteren können sommerspezifische Schädlinge wie Blattläuse, Spinnmilben und Weiße Fliegen, Nährstoffmangel, extreme Wetterbedingungen durch Hitze oder Starkregen oder Pflegefehler wie Überwässerung oder unsachgemäße Bewässerung Ihren Pflanzen zusetzen. Um das Problem zu beheben, kontrollieren Sie Ihre Kulturen auf Schädlinge und Krankheitsanzeichen, entfernen Sie betroffene Pflanzen und überdenken Sie Ihre Gießroutine. Halten Sie auch weiterhin regelmäßig nach Schädlingen Ausschau und entfernen Sie diese.

? | Meine Pflanzen zeigen Anzeichen von Nährstoffmangel. Ich möchte sie mit Jauche gießen. Wie wende ich diese richtig an?

Verdünnen Sie die Pflanzenjauche mit Wasser im Verhältnis 1:10 (1 Teil Jauche und 10 Teile Wasser) und gießen Sie die Mischung um Ihre Pflanzen. Sie können sie alle zwei bis drei Wochen während der Wachstumsperiode anwenden. Verwenden Sie zum Ausbringen der Jauche eine Gießkanne ohne Gießaufsatz, damit Sie gezielt am Wurzelbereich der Pflanze gießen können.
Alle Pflanzenjauchen sollten nicht bei Sonnenschein ausgebracht werden, weil sie sonst zu Verbrennungen an den Pflanzen führen können. Der beste Zeitpunkt zum Ausbringen ist der frühe Morgen.
Achtung: Brennnesseljauche eignet sich nicht für Erbsen, Bohnen, Feldsalat und alle Kräuter.

→ S. 134, Pflanzenjauche selbst herstellen

? | Muss ich die Mulchschicht in den Beeten hin und wieder erneuern?

Gemüsebeete und Hochbeete sind das Jahr über länger anfällig für Austrocknung. Deshalb ist es sinnvoll, die Mulchdecke regelmäßig zu erneuern.
Im Spätsommer ist die Sonneneinstrahlung immer noch hoch und Sie müssen in allen Beeten, vor allem aber im Hochbeet immer noch häufig zur Gießkanne greifen. Eine schützende Mulchschicht bewahrt den Boden auch im Spätsommer vor Austrocknung. Entfernen Sie die alte verbrauchte Mulchschichtund ersetzen Sie sie durch eine frische.

FRÜHHERBST

Im Frühherbst verabschieden wir uns von heißen Tagestemperaturen und warmen Nächten. In den Hecken hängen die dunklen Beerendolden des Schwarzen Holunders. Morgennebel, Tau und vermehrte Regenfälle tragen zur Bewässerung bei. Im Hochbeet und im Gemüsebeet fallen im Frühherbst verschiedene Arbeiten an, darunter das Ernten von spät reifenden Gemüsesorten wie Kürbissen, und erste Vorbereitungen auf den Winter. Mulchen schützt vor Kälte und Austrocknung, und winterhartes Gemüse wie Grünkohl, Spinat und Winterrettich begrünen die Beete.

Vorbereitung auf Herbst und Winter

Im Frühherbst heißt es »Back to the Roots«. Sorgen Sie jetzt für eine gute Bodenpflege durch Unkrautkontrolle, Jäten und Mulchen.

Unkraut kontrollieren

Auch im Frühherbst kann bei milden Temperaturen im Gemüsebeet noch Unkraut hervorkommen. Halten Sie Ausschau nach Unkräutern wie Giersch, Ackerwinde und Löwenzahn, die sich noch im aktiven Wachstum befinden. Jäten Sie das Unkraut gründlich. Entfernen Sie auch alle Wurzeln im Boden, da die Wurzelunkräuter darüber im Frühjahr wieder neu austreiben können. Hacken Sie die Beete und entfernen Sie dabei die Reste von Wurzeln.
Auch die Neupflanzungen von winterharten Gemüsen sollten von Beginn an unkrautfrei gehalten werden. Wenn Sie nach dem Jäten mulchen, erschweren Sie dem Unkraut, jetzt oder im Frühjahr wieder hochzukommen. Entfernen Sie die Unkräuter gründlich, bevor sie Samen ausbilden, und geben Sie Unkräuter mit Samenständen unbedingt in den Hausmüll und nicht auf den Kompost!

Den Boden lockern

Während der Saison verdichtet sich der Boden durch Wind und Wetter und durch Ihre eigenen Pflegemaßnahmen im Beet. Lockern Sie die Erde deshalb im Frühherbst, wenn Sie Ihre Kulturen abgeerntet haben. Über einen gut gelockerten Boden können herbstliche Regenfälle gut versickern und Staunässe und Erosion wird vorgebeugt. Egal ob Sie die Beete mit einer Gründüngung oder einer Zwischenfrucht bepflanzt haben, die gelockerte Bodenstruktur erleichtert es den Wurzeln, in die Tiefe zu wachsen. Das Lockern des Bodens kann für die Unkrautkontrolle im nächsten Jahr helfen, wenn Sie dabei Wurzeln entfernen. Arbeiten Sie mit einer Gartenhacke oder einer Grabegabel.

Bewässerung anpassen

Einerseits fällt im Frühherbst häufig mehr Regen als in den vorangegangenen Sommermonaten, andererseits nimmt die Sonneneinstrahlung tagsüber ab, sodass Feuchtigkeit zwischen den Kulturen nicht mehr so gut abtrocknet. Das begünstigt besonders in dieser Jahreszeit die Ausbreitung von Pilzerkrankungen. Passen Sie Ihre Gießroutine deshalb an die neuen Witterungsbedingungen an. In trockenen Phasen gießen Sie morgens wie gewohnt dicht an der Pflanze. Achten Sie darauf, die Blätter nicht zu benetzen. Abendliches Gießen sollten Sie vermeiden, damit sich zwischen den Pflanzen über Nacht keine Feuchtigkeit staut.

Unkrautjäten hilft nicht nur Ihren Pflanzen, dabei lässt sich auch die Sonne genießen.

Beete mulchen

Mulchen kann man rund ums Jahr und das kann man gar nicht häufig genug sagen. Das Mulchen bewahrt die Bodenfeuchtigkeit, reguliert Temperaturen, unterdrückt Unkrautwuchs, verbessert die Bodenstruktur durch organische Zersetzung und dient als Nährstoffquelle.
Im Herbst ändert sich die Bedeutung des Mulchens. Während im Sommer vor allem die Feuchtigkeitsspeicherung des Bodens im Vordergrund stand, wird jetzt gemulcht, um die Pflanzen vor Kälte zu schützen. Das organische Material bildet eine isolierende Decke und ermöglicht eine längere Wachstumsdauer der Pflanzen. Gleichzeitig wirkt der Mulch als wertvolle Nährstoffquelle nach den zehrenden Sommermonaten. Kontrollieren Sie jetzt auch die Mulchdecken auf Lücken. Manches hat sich bereits zersetzt und Löcher sind entstanden.

Gründüngung einbringen

Der Herbst ist die ideale Zeit der Bodenvorbereitung für den Gemüseanbau im darauffolgenden Frühjahr. Gründüngung bietet eine Reihe von Vorteilen für Ihren Gemüsegarten.

Unter einer Gründüngung versteht man eine Nebenkultur im Gemüsegarten, die nicht zur Ernte gedacht ist, sondern die nach der Welke wieder in den Boden eingearbeitet wird. Eine nachwachsende Düngung sozusagen. Auch die Wurzeln der Gründüngerpflanzen verbleiben im Boden. Die Pflanzen und Wurzeln der Gründüngung werden im Boden abgebaut, dabei werden wertvolle Nährstoffe, besonders Stickstoff, Kohlenstoff, Kalium und verschiedene weitere Mineralstoffe freigesetzt.

Gründüngung ist eine nachhaltige Praxis, die der Erhöhung der Bodenfruchtbarkeit, der Unterdrückung von Unkrautwachstum und der Förderung des Bodenlebens dient. Gründüngung kann sowohl im Freiland als auch im Hochbeet angewendet werden. Im Freiland schützt die dichte Bepflanzung mit einer Gründüngung auch vor Bodenerosion bei Starkregen und Wind.

Die Wahl spezieller Gründüngerpflanzen erlaubt es Ihnen, gezielt auf die Bedürfnisse Ihres Gartens einzugehen.

- **Für die Bodengesundheit:** Rotklee und Weißklee sorgen für eine gute Stickstoffbindung im Boden und regen das Bodenleben an. Klee gilt als Stickstofffixierer, der Stickstoff aus der Luft in den sogenannten Wurzelknöllchen bindet und ihn bei seiner Zersetzung an den Boden abgibt. Wenn Sie den Klee im Herbst säen, können Sie ihn im späten Frühjahr oder im Sommer mähen und in den Boden einarbeiten. Alternativ können die Kleepflanzen auf der Bodenoberfläche verbleiben. Durch die Verrottungsprozesse werden der wertvolle Stickstoff und andere organische Substanzen freigesetzt. Im Frühjahr können Sie nach der Einarbeitung bzw. Verrottung des Klees die Beete dann neu bepflanzen.
- **Zur allgemeinen Nährstoffanreicherung:** *Phacelia* oder »Bienenfreund« hat tiefe Wurzeln, die Nährstoffe aus den unteren Bodenschichten aufnehmen. Beim Abbau der Pflanze werden diese Nährstoffe an den Boden abgegeben. *Phacelia* wächst schnell und kann im Frühjahr und im Herbst gesät werden. Bei einer Aussaat im Herbst blüht die Pflanze meist noch vor dem Frost. Sie ist auch zur Zwischenkultur geeignet. Arbeiten Sie die Samen leicht in den Boden ein. *Phacelia* ist zwar keine heimische Pflanze, sie bietet mit ihren wunderschönen lilafarbenen Blüten aber vielen heimischen Wildbienen, Hummeln, Schwebfliegen und Schmetterlingen Nahrung. Wenn die Blüten verwelkt sind, können Sie die Pflanzen abschneiden und auf dem Boden liegen lassen oder untergraben.
- **Zur Unkrautkontrolle:** Ölrettich ist bekannt für sein dichtes, üppiges Wachstum, insbesondere im Herbst. Seine Wurzeln reichen tief und bilden damit eine wirksame Konkurrenz gegen Wurzelunkräuter. Jäten Sie das Beet, bevor Sie den Ölrettich dicht 2–3 cm tief aussäen. Sie können den Ölrettich auch schon vor der Blüte mähen und leicht in den Boden einarbeiten. Ölrettichwurzeln bilden allelopathische Substanzen, das heißt, diese Substanzen hemmen das Wachstum von anderen Pflanzen. Das ist zur Unterdrückung von Unkraut nützlich. Wenn Sie Ölrettich zur Gründüngung verwenden, achten Sie darauf, keine Kohlgewächse als Nachkultur anzubauen, weil diese für ähnliche Krankheiten anfällig sind wie der Ölrettich.
Übrigens ist Ölrettich essbar. Die scharffrischen Blätter, deren Geschmack leicht an Kohlgewächse erinnert, können Sie Salaten zugeben. Die Wurzeln des Ölrettichs schmecken geraspelt in Salaten oder gekocht als Gemüse.
- **Als Erosionsschutz:** Wenn Sie im Garten von Erosion durch Wind und Wetter betroffen sind, können Sie leer stehenden Flächen mit Hafer sowohl als Gründüngung als auch zur Bodenbefestigung etwas Gutes tun. Mähen Sie den Hafer im späten Frühling, bevor er blüht. Hafer bildet dichtes Laub, das vor Erosion schützt, indem es Wind und Wasser abhält. Seine tiefen Wurzeln stabilisieren den Boden.

Beete und Beerensträucher nachdüngen

Von nichts kommt nichts: Gönnen Sie den Beerensträuchern und Beeten, die Ihnen eine solche Fülle an Früchten geschenkt haben, eine Nachdüngung mit Kompost oder Pflanzenjauche. Eine Bodenanalyse verrät Ihnen, an was es fehlt.

- **Für Gemüsepflanzen** wie Möhren, Kohlpflanzen, Rucola, Endivien, Mangold, Zwiebeln, Knoblauch oder Rettich sowie Salat, Petersilie und Schnittlauch ist im frühen Herbst ebenfalls eine Nährstoffzufuhr erforderlich. Verwenden Sie je nach den Ansprüchen der Pflanzen oder dem Ergebnis der Bodenanalyse reifen Kompost, gut verrotteten Mist, Kaffeesatz, Brennnesseljauche und zerkleinerte Eierschalen, um die Pflanzen für den Herbst und Winter zu rüsten.
- **Beerensträucher** haben während der Wachstumsphase über den Sommer Nährstoffe verbraucht und benötigen nun im Frühherbst eine zusätzliche Versorgung. Um gesund zu überwintern und im nächsten Frühjahr gesund austreiben zu können, sollten Sie jetzt Ihre Beerensträucher düngen. Verteilen Sie dazu gut verrotteten Kompost oder Mist um die Basis der Sträucher, harken Sie den Mist oberflächlich ein, gießen Sie das Ganze an und mulchen Sie anschließend.

→ S. 184, Tipp Eine Bodenanalyse durchführen

→ S. 134, Pflanzenjauche selbst herstellen

Beerensträucher schneiden

Der Schnitt von Beerensträuchern erfüllt im Herbst andere Zwecke als im Frühjahr. Gönnen Sie Ihren Beerensträuchern im Herbst einen Verjüngungsschnitt, um sie gut auf den Winter vorzubereiten.

Der Schnitt im Herbst wird zu einer Zeit durchgeführt, wenn sich das Wachstum der Pflanzen verlangsamt und die Sträucher abgeerntet sind. Der Rückschnitt hilft den Sträuchern, sich auf den Winter vorzubereiten, indem er Unterschlupfmöglichkeiten für Schädlinge reduziert und die Luftzirkulation zwischen den Pflanzen verbessert.
Himbeeren und Brombeeren dürfen erst nach dem ersten Jahr der Pflanzung geschnitten werden. Die alten abgetragenen Triebe beider Beerensträucher entfernen Sie in Bodennähe mit einer scharfen Gartenschere. Damit schaffen Sie Platz für neues Wachstum.
Auch Ihren Stachelbeer- und Johannisbeersträuchern können Sie jetzt im Frühherbst einen Formschnitt geben.

Den Kompost regelmäßig wenden

Organische Abfälle können immer noch auf den Kompost gegeben werden, auch wenn die Temperaturen gesunken sind.

Organische Abfälle, die beim Säubern der Beete und beim Abräumen einzelner Bereiche anfallen, wie Pflanzenreste, Laub, Gemüsereste, Rasenschnitt und andere organische Materialien, werden auch im Frühherbst noch zu wertvollem Kompost umgesetzt, sofern der Haufen gut belüftet ist. Dazu sollten Sie den Kompost regelmäßig wenden.
Das regelmäßige Wenden des Komposts ist während des gesamten Jahres wichtig, um das frische mit dem bereits zersetzten Material zu durchmischen, grobes Material von feinerem zu trennen und das gesamte Substrat zu lockern. Jetzt im Frühherbst gewendet, beschleunigen Sie den Kompostierungsprozess, sodass Ihnen im Frühling hochwertiger Dünger zur Verfügung steht, mit dem Sie Ihre Beete vorbereiten können. Kompoststarter kann die Zersetzung beschleunigen (→ S. 163).

HERBSTSCHNITT NICHT NÖTIG

- **Erdbeeren:** Entfernen Sie lediglich verwelkte oder beschädigte Blätter, ehe die Pflanze das aktive Wachstum einstellt.
- **Blaubeeren/Kulturheidelbeeren:** Schneiden Sie die Sträucher im späten Winter oder im zeitigen Frühjahr, um kranke oder beschädigte Triebe zu entfernen.

Aussäen im Freiland

Im Frühherbst sind die Witterungsbedingungen im Freiland immer noch günstig genug, um bestimmte Gemüsesorten direkt ins Freiland zu säen.

Salat und Gemüse

Besonders gut gedeihen bei den milderen Temperaturen dieser Jahreszeit zum Beispiel Feldsalat oder schnell keimende und schnell wachsende Radieschen (Sorten wie 'Topsi' oder 'Saxa'). Im Herbst produzieren die Pflanzen wegen der sinkenden Temperaturen größere Blätter, um ihre Fotosynthese aufrechtzuerhalten. Damit die Luft zwischen den Pflanzen trotzdem gut zirkulieren kann, brauchen sie etwas mehr Platz. Deshalb sollten Sie die Samen im Frühherbst breiter aussäen als im Frühjahr. Halten Sie einen Abstand von 8–10 cm zwischen den Pflanzen ein.

Auch Wintererbsen, Winterportulak, Möhren, Lauch, Koriander und natürlich Kohl können Sie nun für die Ernte im Herbst und Winter aussäen.

Kräuter

Neben den genannten Gemüsesorten eignen sich auch einige Kräuter hervorragend für die Direktsaat ins Gemüsebeet im Frühherbst. Petersilie, Dill, Schnittlauch und Koriander können jetzt gesät werden, um im kommenden Frühjahr eine reiche Ernte zu ermöglichen. Die milden Temperaturen und die reichen Regenfälle schaffen optimale Bedingungen für das Keimen und Wachsen dieser Kräuter.
Petersilie, Schnittlauch und Dill sind in der Regel kälteresistent und können milde Winter gut überstehen. Sie neigen dazu, auch bei niedrigen Temperaturen weiterzuwachsen, solange der Boden nicht gefriert.

Die richtige Beschriftung der Reihen ist wichtig, um die Übersicht zu behalten.

Die Vorfreude steigt, wenn sich die ersten zarten Spitzen des Schnittlauchs zeigen.

Koriander hingegen ist empfindlicher gegenüber Kälte, da er aus dem Mittelmeerraum und Mittleren Osten stammt. Er bevorzugt wärmere Temperaturen und sollte bei Frost mit Mulch oder Wärmevliesen geschützt werden.

TIPP!

Wintergemüse für das Frühjahr

- Wenn Sie in kälteren Regionen Deutschlands leben, etwa in höheren Lagen oder an der Küste, kann eine Voranzucht im Gewächshaus oder im Frühbeetkasten sinnvoll sein, um den Pflanzen einen stärkenden Vorsprung zu geben. Für die Wintergemüse wie Grünkohl, Rosenkohl, Brokkoli und Wirsing erzielen Sie damit eine frühe Ernte im Frühjahr.
- Wenn die frostigen Bedingungen vorüber und die Temperaturen im Frühjahr stabil sind, können die Jungpflanzen ins Hauptbeet umziehen. Grünkohl, Rosenkohl, Brokkoli und Wirsing können oft schon im späten Winter oder sehr frühen Frühling ausgepflanzt werden, sobald der frostfreie Boden bearbeitbar ist. Achten Sie darauf, dass die Pflanzen vor dem Auspflanzen ausreichend an Frischluft und Sonnenlicht gewöhnt sind, um ihnen den Übergang in die tatsächlichen Außenbedingungen zu erleichtern.

Exotischen Catalogna pflanzen

Begeben Sie sich auf eine gärtnerische Reise mit dem Anbau von Catalogna.

Diese mediterrane Form der Salat-Zichorie ist besonders in der Schweiz und in Norditalien bekannt. Immer häufiger findet man auch in Deutschland in Bio-Märkten oder auf Märkten die »Puntarelle«, wegen des spargelähnlichen Wuchses der Blüten auch Vulkanspargel genannt.
Anbau: Catalogna-Samen erhalten Sie im Fachhandel vor Ort oder online. Das attraktive tiefgrüne Gemüse kann im späten Frühjahr oder im zeitigen Herbst gesät werden. Halten Sie sich dabei an Reihen von 50–60 cm und an einen Pflanzabstand von 30 cm. Die Samen sollten bedeckt 1 cm tief liegen. Nach ungefähr acht Wochen werden die »Puntarelle« blattweise fortlaufend von außen her geerntet, sie können aber auch im Ganzen vom Strunk geschnitten werden. Es bilden sich bis zu den ersten Frösten im späten Herbst immer wieder neue Blätter.
Verwendung: In Italien und der Schweiz werden neben herzhaften Gemüsebeilagen auch würzige Pastafüllungen aus den dunkelgrünen, an Löwenzahn erinnernden Blättern gemacht. Die zarten Herzblätter können wie Salat verwendet werden. Die im Catalogna enthaltenen Bitterstoffe regen die Gallebildung an und wirken sich darum gut auf die Verdauung aus.

Die dunkelgrünen Blätter des Catalogna erinnern an Löwenzahn.

Kohlpflanzen pflegen

Im milden Frühherbst zieren sich die Pflanzen (und GärtnerInnen) noch nicht vor einem Gang ins Freiland. Fürsorge brauchen jetzt aber die schweren Kohlpflanzen.

Vorgezogenen Kohl auspflanzen: Haben Sie noch Voranzuchten von Brokkoli, Blumenkohl, Wirsing oder Rotkohl in Töpfen? Dann dürfen diese nun ebenfalls ins Freiland umsiedeln. Auch diese Kohlsorten profitieren von den noch milderen Temperaturen und der Feuchtigkeit im Boden.

Kohlpflanzen im Beet stützen: Kohlpflanzen wie Kohlrabi, Brokkoli, Rosenkohl oder Blumenkohl können im Frühherbst schon ordentlich gewachsen sein. Aufgrund ihres Gewichts neigen sie dazu, zu kippen oder abzubrechen. Das ist besonders ab Frühherbst bei aufkommenden Herbstwinden problematisch. Setzen Sie deshalb Stützvorrichtungen neben die Pflanzen und binden Sie sie mit weichem Juteband daran fest.

Herbstwinde können schweren Kohlpflanzen zusetzen. Sie sollten daher früh gestützt werden.

Endivien zusammenbinden

Endivien sind ein charakteristisches Herbstgemüse, das Sie sowohl roh als auch gekocht genießen können.

Die Endivie stammt zwar aus dem Mittelmeerraum, ist aber hierzulande eher im Herbst gängig. Wenn Sie dieses Vitamin-C-reiche Herbst- und Wintergemüse ins Beet gepflanzt haben, ist im Frühherbst ein guter Zeitpunkt, die Blätter zusammenzubinden.
Endivien enthalten gesunde, aber dominant schmeckende Bitterstoffe, deren Bildung durch das Sonnenlicht besonders gefördert wird. Das Binden von Endivien etwa zwei Wochen vor der Ernte kann die Bildung der Bitterstoffe unterdrücken, denn dadurch werden die inneren Blätter vor dem Sonnenlicht abgeschirmt – das Innere der Pflanze, die Herzblätter, bleibt hell. Binden Sie dazu die äußeren Blätter vorsichtig und nicht zu eng mit Bast oder einer Baumwoll- oder Juteschnur zusammen. Alternativ können Sie auch einen lichtundurchlässigen Eimer über den Salat stülpen. Zum Gießen nehmen Sie diese Haube ab. Sammeln Sie etwaig vorkommende Schnecken ein.
Hinweis: Nehmen Sie sich die Maßnahme des Bindens für eine trockene Periode im Garten vor und achten Sie darauf, dass die Pflanze bis ins Herz trocken ist, damit sie später nicht von innen her fault.

Rosenkohl entspitzen

Ähnlich wie bei Tomaten werden am Rosenkohl die Nebentriebspitzen entfernt, um das Wachstum der Hauptachse zu fördern.

Durch das Entspitzen bildet der Rosenkohl größere Röschen aus. Sobald sich die ersten Ansätze von Röschen am Hauptstamm zeigen, können Sie mit dem Entspitzen beginnen. Beachten Sie das Wetter: Wenn Frost angekündigt ist, sollte nicht entspitzt werden, weil es sonst Frostschäden geben kann.
Kontrollieren Sie die Röschen auch regelmäßig auf Faulstellen. Solche Röschen sollten Sie ebenfalls entfernen.
Die Triebspitzen, die Sie abgeschnitten haben, können roh im Salat oder gekocht zubereitet und genossen werden.

Herbstsalate ernten

Auch in der Herbstsaison lassen sich wieder Salate ernten. Sie heben sich von den zarteren, wasserreicheren Frühjahrs- und Sommersorten durch eine robustere Blattstruktur und oftmals durch eine schöne, kräftige Färbung ab.

Herbstliche Sorten wie Rucola, Radicchio, Lollo Rossa und Endivien warten darüber hinaus mit geschmacklicher Tiefe, angenehmen Bitterstoffen und frischer Schärfe auf, die gut zu herbstlichen Gerichten passen. Sie harmonieren gut mit den Früchten und Nüssen dieser Jahreszeit. Achten Sie darauf, die Blätter nicht zu groß werden zu lassen, damit sie nicht an Geschmack einbüßen.
Herbstsalate sind fester und lassen sich bis zu 14 Tage länger lagern als frühere Sorten. Nur Rucola und Feldsalat sind etwas empfindlicher und beginnen schon nach acht Tagen zu welken.

Salat schneiden Sie mit einem scharfen Messer dicht am Boden vom Strunk.

Gemüse richtig ernten

Im Frühherbst gibt es noch immer eine breite Palette von Gemüsen, die Sie ernten können.

- **Fenchel:** Sobald die Fenchelknollen etwa faustgroß sind, können sie geerntet werden. Wenn die Knollen größer werden, neigen sie dazu, zu verholzen. Möchten Sie die Knollen im Ganzen für Gemüse ernten, ziehen Sie sie vorsichtig aus der Erde. Schneiden Sie die Wurzelansätze ab.
Das an Dill erinnernde gefiederte Fenchelkraut können Sie mit einer Schere frisch abschneiden und direkt in Salaten oder als Topping für Suppen verwenden. Wenn Sie die aromatischen Fenchelsamen als Gewürz oder für Tee ernten möchten, lassen Sie einige Knollen im Beet in die Blüte gehen. Die Samen bilden sich in den Blütendolden. Sobald die Samen graubraun sind, können Sie die Dolden abschneiden und zum Trocknen kopfüber aufhängen.
- **Auberginen:** Bevor Auberginen von Menschen gezüchtet und kultiviert wurden, waren die Früchte deutlich kleiner und die Pflanze an Stängeln und Blättern mit Stacheln gegen Fressfeinde bewehrt. Durch Zucht hat sich ein Großteil der Stacheln heute in feine Härchen verwandelt. Dennoch können diese zu Hautreizungen führen, deshalb empfiehlt es sich, bei der Auberginenernte Handschuhe zu tragen. Reif sind die Früchte, wenn die Schale prall und glatt ist und spiegelnd glänzt. Reife Auberginen lösen sich durch Drehen vom Strauch. Um Verletzungen der Pflanzen vorzubeugen, können Sie die Früchte auch am Strauch mit ein wenig Stielüberstand abschneiden.
Auberginen können bis Oktober an der Pflanze bleiben.
Auberginen sollten nicht im Kühlschrank gelagert werden, weil sie zu Kälteschäden neigen. An einem zimmerwarmen Ort ohne direkte Sonneneinstrahlung bleiben sie bis zu einer Woche frisch.
- **Bohnen:** Alle Arten von Bohnenpflanzen bilden kontinuierlich neue Früchte aus, wenn sie regelmäßig beerntet werden. Pflücken Sie die Schoten, wenn sie noch jung und zart sind. Hängen sie zu lang an der Pflanze, werden sie faserig. Eine Ausnahme sind Stangenbohnen, die 15–20 cm lang werden dürfen, ehe sie geerntet werden.
- **Kohl:** Weißkohl, Rotkohl und Wirsing werden jetzt geerntet, sobald sich feste Köpfe gebildet haben. Die Köpfe können sowohl in einem feuchten Keller gelagert als auch an den Strünken aufgehängt werden.
- **Kürbis:** Herbstzeit ist Kürbiszeit. Butternut, Hokkaido, Muskatkürbis und Co. sind reif, wenn die Stiele trocken und leicht bräunlich sind und sich leicht von der Pflanze lösen lassen. Ernten Sie die Früchte, wenn sie sich warm orange färben und sich ihre Schale trocken und hart anfühlt. Butternutkürbisse haben eine hellere Farbe, die zwischen Beige und Braun changiert. Botanisch gesehen, sind Kürbisse übrigens Beeren.
Erste Nachtfröste signalisieren das Ende der Erntezeit. Schauen Sie auf den Wetterbericht und bringen Sie die Kürbisse in ein Lager, in dem Temperaturen um 15 °C herrschen.
- **Zwiebeln:** Diese Gemüsebasics ernten Sie ab jetzt fortlaufend bis zum Vollherbst. Das Laub färbt sich gelb und welkt, wenn sie geerntet werden können. Dazu ziehen Sie die Zwiebeln aus der Erde und lassen sie danach noch einige Zeit auf der Erde zum Abtrocknen liegen, damit sie länger lagerfähig sind.
- **Lauchstangen** ziehen Sie mitsamt der zahlreichen Wurzeln aus dem Boden. Zur Aufbewahrung schütteln Sie die Erde ab.
- **Rote Bete:** Sie erkennen, dass die je nach Sorte purpur- oder orangefarbenen Knollen reif sind, wenn sich das oberirdische Laub gut entwickelt hat. Abhängig von der Sorte brauchen die Knollen 50 bis 70 Tage ab der Aussaat, bis sie bereit zur Ernte sind. Lockern Sie die Erde um die Wurzeln der Pflanze mit einer Schaufel oder mit einer Grabegabel. Greifen Sie dann die Ansätze der Stiele nah am Boden und ziehen Sie die Knollen aus dem Boden. Die Blätter schneiden Sie nah an der Knolle, aber nicht direkt an der Knolle ab, um ein Ausbluten der Knolle zu verhindern. Anhaftende Erde wird grob abgebürstet.

Rote Bete können Sie als Gemüse oder in Salaten verwenden.

- **Möhren aufbewahren:** Sie haben die Rüben fortlaufend über viele Wochen hinweg geerntet. Im Frühherbst neigt sich die Möhrenernte dem Ende zu. Wenn Sie die Wurzeln einlagern möchten, schütteln oder bürsten Sie die Erde behutsam ab und belassen Sie das Grün an den Möhren. So können die Wurzeln noch eine Weile aus den grünen Blättern versorgt werden und halten länger frisch. Haben Sie zu viele Möhren, können Sie Ihren Überschuss in einer Miete einlagern (→ S. 179).

Kürbisse sind reif und können geerntet werden, sobald der Stiel verholzt ist.

Bunt geschichtet wird das Gemüse aus dem Sommer zum Fermentieren vorbereitet.

GEMÜSE HALTBAR MACHEN

Der Frühherbst beschert im Freiland wie im Hochbeet eine Fülle an reifem Gemüse. Nicht alles lässt sich nach der Ernte lagern oder gar sofort verspeisen. Das meiste Gemüse aus dem Garten können Sie mit einfachen Methoden konservieren.

- **Einkochen oder Einmachen:** Mit dieser traditionellen Methode wird zerkleinertes Gemüse in Gläsern mit einer Wasser-Salz-Essig-Lösung, Obst mit einer Wasser-Zucker-Lösung übergossen und in einem Topf eingekocht. Geeignet sind Obst und Beeren, Tomaten, Paprika, Gurken, Kürbisse, Bohnen, Möhren oder Zwiebeln. Nach Wunsch können Sie Kräuter und Gewürze wie Senf, Pfeffer, Dill oder Petersilie hinzufügen.
- **Fermentieren:** Die Fermentation, eine alte Methode, ist seit einigen Jahren auch in Deutschland wieder populär geworden. Dabei werden stark zerkleinerte Kohlsorten, Gurken, Rote Bete oder Möhren in speziellen Gefäßen mit einer Salzlösung übergossen. Durch das Salz werden Milchsäurebakterien gefördert, die verantwortlich für das typisch säuerliche Aroma sind. Die im fermentierten Gemüse enthaltenen Milchsäurebakterien wirken probiotisch, das heißt, sie unterstützen die Darmflora, wirken entzündungshemmend und stärken das Immunsystem.
- **Trocknen:** Durch den Entzug von Feuchtigkeit wird Mikroorganismen und Schimmelsporen der Nährboden entzogen, damit wird der Verderb des Gemüses unterbunden. Bei vielen Gemüsesorten verstärkt sich der Geschmack durch den Trocknungsprozess sogar. Das Gemüse lässt sich sowohl im Backofen bei etwa 50 °C oder in einem Dörrautomaten trocknen.
- **Vakuumieren:** Bei dieser modernen Variante der Konservierung wird das vorbereitete Gemüse in spezielle Beutel gepackt, aus denen mittels eines Apparats die Luft entfernt wird. Das Vakuum verhindert das Wachstum von Bakterien und Schimmel.
- **Kräuter und Gewürze konservieren:** Pesto ist eine einfache Methode, um frisches Basilikum mit Nüssen, Knoblauch, Olivenöl und Käse zu einer cremigen Paste zu kombinieren. Variiert werden kann nach Belieben mit getrockneten Tomaten, Petersilie, Rucola oder Spinat. Chutney, eine süßsaure Sauce, wird aus Früchten, Essig, Zucker und Gewürzen hergestellt. Typische Zutaten sind Äpfel, Tomaten, Zwiebeln, Rosinen und Gewürze. In Würzpasten werden frische Kräuter wie Petersilie, Koriander oder Minze mit Knoblauch und Salz vermischt. Chilischoten sorgen für Extraschärfe.

Gründüngung im Hochbeet

Auch im Hochbeet lässt sich eine Gründüngung ausbringen. Niedrig wachsende Gründüngerpflanzen wie Klee oder Senf sind hier besser geeignet als Hafer oder Rettich.

Säen Sie die Pflanzen in das abgeerntete Beet oder auf entsprechende Flächen im Beet. Arbeiten Sie die Samen leicht in den Boden ein und achten Sie auf regelmäßige Befeuchtung. Im Frühling, bevor Sie Ihre Hauptgemüsekulturen ausbringen, können die Pflanzen dann geschnitten und in den Boden eingearbeitet werden.
Klee eignet sich gut nach ernteintensiven Gemüsen wie Tomaten oder Kohl.
Senf ist nicht nur ein auflockernder Bodenverbesserer, sondern wehrt auch Insekten ab. Senf ist eine gute Folgekultur für Paprika oder Tomaten.
Phacelia und **Luzerne** lockern mit ihren Wurzeln gründlich den Boden und sind deshalb gut, wenn danach auf der gleichen Fläche Blumenkohl oder Brokkoli angebaut werden sollen.

Die *Phacelia* dient nicht nur zur Gründüngung. Ihre violetten Blüten locken viele Insekten an.

Buchweizen wächst schnell und dicht und verdrängt dadurch Unkräuter aus dem Beet. Daher ist sein Anbau günstig für Wurzelgemüse, die Unkrautdruck nicht gut vertragen.
Bohnen sind keine Gründüngung im eigentlichen Sinn. Sie haben aber die Eigenschaft, Stickstoff aus der Luft zu binden und ihn in einer für Pflanzen verfügbaren Form im Boden abzugeben, was die Bodengesundheit fördert und zu einer verbesserten Stickstoffversorgung für nachfolgende Kulturen beiträgt.

Buchweizen verdrängt Unkraut effektiv.

SENF ALS GRÜNDÜNGER

Senf ist ein Kreuzblütler, genau wie alle Kohlarten, Kresse und Radieschen. Er sollte nur als Gründünger verwendet werden, wenn in den vergangenen drei Jahren kein anderer Kreuzblütler angebaut wurde und auch in den kommenden drei Jahren keine Kreuzblütler angebaut werden sollen. Damit verhindern Sie die Übertragung von Kohlhernie und anderen kohltypischen Viruserkrankungen.

Dekorativer Gründünger: blühender Senf.

Boden für Herbst und Winter vorbereiten

Wachsen und Weichen heißt es auch im Hochbeet. Lockern Sie den Boden und entfernen Sie alle Wurzelreste, damit Sie Neues säen und pflanzen können. Eine Ausnahme sind Bohnen.

Abgeräumte Flächen im Beet sollten Sie im Frühherbst vor einer Neubepflanzung auflockern, um die Durchlässigkeit zu verbessern und das Bodenleben in Gang zu halten oder zu bringen. Arbeiten Sie dazu mit einer Handharke und geben Sie acht auf noch bestehende Pflanzungen. Entfernen Sie Wurzeln und Pflanzenreste aus dem Beet. Eine Ausnahme sind die Wurzeln von Bohnen, die als Gründüngung dienen. Zerkleinern Sie diese Wurzeln und arbeiten Sie sie gut in den Boden ein. Geben Sie einige Schaufeln gut verrotteten Kompost in die Fläche und arbeiten Sie ihn oberflächlich ein.

Säen und pflanzen im Hochbeet

Im Frühherbst muss man auf gesunde Blätter nicht verzichten. Im Gegenteil! Die Bitterstoffe von herbstlichen Salaten helfen dem Immunsystem, wenn die Tage kürzer werden.

Aussäen von Salaten

Im frühen Herbst lässt sich im Hochbeet immer noch Salat säen. Feldsalat, Rucola, Spinat, Postelein, Winterkopfsalat wie zum Beispiel 'Winterbutterkopf', Radicchio und Asia-Salate sind ideale Sorten dafür. Die kürzeren Tage und die mildere Witterung im Frühherbst führen zu zarterem Blattwerk und einem milderen Geschmack dieser Salate. Ernten können Sie die Salate bis in den Spätherbst hinein – mit Vlies oder Folie abgedeckt, sogar noch bis in den Winter.

Aussäen von Wintergemüsen

Robuste Wintergemüse wie Spinat, Winterrettich, Mangold, Winterlauch, Möhren und Winterzwiebeln können ebenfalls jetzt ins Hochbeet gesät werden. Über die Ersteren können Sie sich bis in den Winter hinein freuen, über Möhren und Winterzwiebeln dann im Frühjahr.

Knoblauch stecken

Die kühlere Herbstzeit fördert das Wurzelwachstum des Knoblauchs. Wenn Sie ihn jetzt im Frühherbst stecken, kann er über den Winter kräftige Wurzeln und Knollen bilden. Gut drainierte Hochbeete kommen dem Knoblauch entgegen, der bei zu viel Nässe im Boden zu Fäulnis und Krankheiten neigt. Auch wenn die Zehen jetzt noch klein sind, sollte der Pflanzabstand bei etwa 10-15 cm liegen, um ihnen ausreichend Platz zu bieten.

Ernte der Fruchtgemüse beenden

Das Schöne am Hochbeet: Hier findet sich auch dann noch etwas zum Ernten, wenn im Erdbeet alles schon abgenommen ist.

Der Vollertrag der Fruchtgemüse ist im Hochsommer erfolgt. Im Frühherbst können Sie aber immer noch im Hochbeet nachgereifte Nachzügler ernten, insbesondere, weil hier die Saison verlängert ist. Buschbohnen werden zum letzten Mal abgenommen. Die Pflanzen sind gute Stickstoffbinder und ihre Wurzeln dürfen im Boden verbleiben, wo sie den wertvollen Stickstoff wieder freigeben.

Die letzten Bohnen werden abgenommen. Getrocknet lassen sie sich wieder aussäen.

Grüne Tomaten nachreifen lassen

Grüne Tomaten im Frühherbst bedeuten keine verlorene Ernte. Sie können abgenommen werden und reifen an einem warmen Ort nach. Raffinierte Rezepte gibt es auch mit grünen Tomaten.

Sie können Nachzügler von Tomaten, die noch hellrot oder grün sind, an einem warmen, trockenen Ort, zum Beispiel auf einem warmen Dachboden, nachreifen lassen. Für das Nachreifen ist keine Sonne, sondern lediglich Wärme erforderlich. Verpacken Sie die Tomaten in einer Papiertüte oder wickeln Sie sie in Papier ein. Durch das Einpacken nutzen Sie das Reifegas Ethylen, das die Tomaten absondern, zu ihrem Vorteil aus. Wenn Sie einen Apfel oder eine Banane mit in die Tüte legen, beschleunigen Sie den Prozess des Nachreifens, weil auch diese Früchte Ethylen abgeben.

Bananenschale hilft Tomaten auf die Sprünge.

Keyhole Gardening

Schlüsselloch-Hochbeete, auch bekannt als »Keyhole Gardens«, sind kreisförmig angelegte Hochbeete mit einer keilförmigen Aussparung, wodurch das Beet von oben betrachtet einem Schlüsselloch ähnelt. In der Mitte ist ein Kompostschacht in Säulenform integriert.

Das Konzept des Schlüsselloch-Hochbeets stammt aus der Permakulturbewegung und wird in sehr trockenen Gegenden, zum Beispiel in Afrika, seit Jahrzehnten erfolgreich eingesetzt. Diese Gartenmethode wurde entwickelt, um in trockenen und ressourcenarmen Umgebungen effizient Gemüse anzubauen. Der erste dokumentierte Keyhole-Garten wurde von Rosemary Morrow, einer australischen Umweltaktivistin und Permakultur-Expertin, in Lesotho eingeführt. Seither hat sich das Keyhole Gardening in verschiedenen Teilen der Welt als nachhaltige Anbaumethode verbreitet, insbesondere in Regionen mit herausfordernden klimatischen Bedingungen. Schlüsselloch-Hochbeete sind ressourcenschonend hinsichtlich Wasser- und Düngemittelverbrauch und ihr Einsatz wird deshalb auch in unseren Breiten mit immer trockener werdenden Sommern sinnvoll.

Bau des Schlüsselloch-Hochbeets

Ein solches Hochbeet wird ähnlich gebaut wie ein »normales« Hochbeet. Seine Umrandung besteht entweder aus Holz, Mauer- oder Natursteinen, Weidenzweigen oder anderen Materialien der persönlichen Wahl. Vor der Anlage bereiten Sie die Fläche so vor, wie Sie es auch bei einem normalen Hochbeet tun würden.
→ S. 27, Ein Hochbeet anlegen

Beetmaße: Es gibt keine Standardmaße für diesen Hochbeettyp. Richten Sie sich nach Ihrem individuellen Platz im Garten und nach Ihren Vorlieben. Bewährt hat sich ein Durchmesser von etwa 3 m bei einer Höhe von 60–80 cm.

Schichtung des Beets: Die Schichtung erfolgt ähnlich wie bei einem herkömmlichen Hochbeet: Zuunterst liegen Steine und Zweige als Drainageschicht, darauf kommen Holzasche, Mist oder Kompost im Wechsel, dann eine Lage angetrockneter Grasschnitt oder gehäckselte Grünabfälle. Den Abschluss bildet Gartenerde, in die gepflanzt wird.

Maße des Kompostschachts: Bevor Sie das Beet mit allen Schichten versehen, stellen Sie in die Mitte das Herzstück des Beets, den Kompostschacht. Geeignet ist grobmaschiger Hasendraht, den Sie zu einer Röhre formen. Wichtig ist, dass die Konstruktion durchlässig ist. Der Durchmesser der Säule sollte bei einem Beet von 3 m Durchmesser etwa 1 m betragen. Praktisch ist es, wenn der Schacht etwa 20 cm über die Erdoberfläche des Beets hinausragt. Dadurch sind die Befüllung und die etwaige Entnahme des Kompostes einfacher.

Schichtung des Kompostschachts: Geben Sie auf den Boden der Säule eine Schicht aus größeren Steinen als Drainage. Darauf wird das organische Material gefüllt. Geeignet sind neben den organischen Resten aus der Küche Pflanzenreste, welke Blätter, Unkraut, verblühte, samenlose Blumen und Schnittgut von Rasen oder Sträuchern sowie Holzhäcksel.

Das Prinzip

Das Besondere an dieser Hochbeetform ist der Kompostschacht. Er wird nach und nach von oben mit organischem Material befüllt. Auch das Gießen erfolgt über diese Kompostsäule. Das Gießwasser verteilt sich von dort aus in den Wurzelbereich der Pflanzen und gibt auf diesem Weg auch die wertvollen Nährstoffe an das Wurzelwerk weiter. Über die keilförmige Aussparung ist die Kompostsäule gut zugänglich und lässt sich von dort aus pflegen und mit Nachschub aus organischen Materialien versorgen.

Vorteile des Schlüssellochbeets gegenüber konventionellen Hochbeeten:

- Mit einem Schlüsselloch-Hochbeet müssen Sie nicht mehr extra düngen.
- Selbst auf kleinem Raum lassen sich mit einem Schlüssellochbeet große Erträge erzielen, ähnlich wie im Hochbeet.
- Nicht nur die runde Form des Beets ist optisch ansprechend, sondern auch der Komposthaufen wird ästhetisch in den Garten integriert.
- Sie können das Schlüsselloch-Hochbeet ähnlich wie ein herkömmliches Hochbeet bepflanzen und bei geschickter Bepflanzung ganzjährig nutzen.

Im integrierten Kompostschacht wird wertvolles Pflanzengut gesammelt.

Schlüssel zum Ernteglück: Das Keyhole Gardening bringt viel ein.

Wenn die Schichten im Schlüssellochbeet langsam verrotten, kann sich die Erde leicht setzen. Das ist auch in einem normalen Hochbeet der Fall. Sie können das Beet dann mit dem Kompost aus dem Schacht auffüllen, indem Sie ihn auf der Beetoberfläche verteilen. Damit wird der Kompost im Schlüssellochbeet regelmäßig erneuert, womit ein endloser Kreislauf entsteht. Schlüsselloch-Hochbeete können damit über einen längeren Zeitraum bewirtschaftet werden als klassische Hochbeete, deren Befüllung alle fünf bis sechs Jahre erneuert werden sollte.
Achtung: Auch in einem Schlüsselloch-beet sollten Sie nur gesunde Pflanzenteile auf den Kompost geben.

Das Hochbeet im Früh- und Vollherbst

Der Herbst ist eine ertragreiche Jahreszeit auch im Hochbeet. Zusätzlich zum Ernteglück können Sie auch weiterhin aussäen. Das beschert zusätzliche Sorten für die späten Ernten.

Die Illustration zeigt das Beet Anfang Vollherbst.

Das Hochbeet im Herbst wird zur Bühne für eine bunte Gemüsevielfalt. Nach der Spitzkohlernte ziehen Asiatische Blattsalate ein, die Sie schon bald blattweise ernten können. Tomaten und Paprika weichen dem ausdauernden Mangold, während knackiger Grünkohl und zarter Feldsalat als Wintergemüseklassiker ihren Platz im Beet beanspruchen. Pastinaken warten auf ihre Ernte. Abgerundet wird das Beet mit winterfestem Knoblauch, den Sie für das nächste Frühjahr säen, und Salatköpfen. Schutz vor Kälte bieten Mulch und Tannenzweige, während regelmäßige Pflege die Pflanzen im Winter gedeihen lässt.

So gehen Sie vor

1 | Ernten Sie, falls noch nicht geschehen, den letzten **Spitzkohl** und nutzen Sie die frei gewordene Reihe zur Nachsaat von **Asiatischen Blattsalaten**. Saattiefe: 1–2 cm. Der schnell wachsenden Mischung verschiedener Salatpflanzen können auch sinkende Nachttemperaturen nichts anhaben: In geschützten Lagen vertragen sie bis minus 10 °C.

2 | Ernten Sie weitere reif gewordene **Tomaten** und **Paprika**. Vollständig

abgeerntete Pflanzen können Sie entnehmen. Grüne Tomaten und Paprika reifen an einem warmen Ort nach. **Mangold** kann dann auf den Platz von Tomaten und Paprika gesät werden. Saattiefe: 1–2 cm. Unter einem Hochbeetaufsatz dürfen die Pflanzen über den Winter stehen bleiben. Sie lassen sich blattweise ernten, sofern Sie darauf achten, die Herzblätter nicht auszubrechen.

3 | Nach der Möhrenernte ist es im Vollherbst Zeit, **Grünkohl** zu säen. Grünkohl ist nicht nur ein wunderbarer Wintergemüseklassiker, sondern die zarten jungen Blätter lassen sich im Stil eines Pflücksalates in Herbstsalaten verwenden. Saattiefe: 1–2 cm.

4 | **Feldsalat** ist kältefest und kann auch bei ersten frostigen Nachttemperaturen bis zur Ernte im Beet stehen bleiben.

5 | **Spinat** können Sie noch in diese Reihe säen. Lockern Sie die Erde vor der Aussaat einige Zentimeter tief auf und halten Sie die Aussaatreihe bis zur Keimung handfeucht. Spinat lässt sich als Wintergemüse genauso wie als winterliche Rohkost verwenden. Saattiefe: 1–2 cm.

6 | Wenn Sie Ihre **Pastinaken** im Vollfrühling gesät haben, können Sie sie ab Vollherbst ernten, je nach Ihren Vorlieben. Früh aus der Reihe genommen, ernten Sie kleinere, zartere Pastinaken oder Anfang des Winters größere, süßere. Achten Sie darauf, dass der Boden nicht gefroren ist, wenn Sie die Wurzeln entnehmen, da sie sonst nach dem Auftauen matschig werden können.

7 | In dieser Reihe säen Sie eine winterfeste **Knoblauchsorte** für die Ernte im nächsten Frühjahr. Es bieten sich die Sorten 'Germidour', 'Deutscher Porzellan' und 'Rokambole' an. Stecken Sie die Zehen mit der Spitze nach oben. Die Spitze sollte unbedeckt bleiben.

8 | Setzen Sie 4 **Salatköpfe**. Endivie und Frisée sind beliebte Herbstsalate.

BEPFLANZUNG IM VOLLHERBST

Reihe	Gemüse	Sorte	Bemerkung	Alternative
1	**Asiatische Salatmischung**	'Oriental Mix'	Saatgut kaufen, Direktsaat ins Beet	Radieschen
2	**Mangold**	'Bright Lights', 'White Silver'	Saatgut kaufen, Direktsaat ins Beet	Pak Choi
3	**Grünkohl**	'Lerchenzungen'	3 Jungpflanzen zukaufen	Winterpostelein
4	**Feldsalat**		wird fortlaufend geerntet	
5	**Spinat**	'Verdil', 'Winterriesen'	Saatgut kaufen, Direktsaat ins Beet	zweite Reihe Feldsalat
6	**Pastinaken**		werden ab Vollherbst fortlaufend geerntet	
7	**Knoblauch**	'Germidour'	auf Wintersorte achten!	Wintersteckzwiebel
8	**Salat**	Endivie: 'Grüner Escardiol' oder Frisée 'Wallonne'	4 Jungpflanzen zukaufen	Spinat

TIPP!

Kälteschutz bereithalten

Im Herbst ist es entscheidend, die verbleibenden Pflanzen vor eisigen Winden zu schützen. Halten Sie einen Frühbeetaufsatz oder Folie bereit. Werfen Sie regelmäßig einen Blick auf den Wetterbericht. Prüfen Sie die Bodenfeuchte im Beet und wässern Sie die Pflanzen ausreichend. Gerade im Winter vertrocknen Hochbeet- und Kübelpflanzen im Freiland leicht unbemerkt.

Troubleshooting

Der Herbst, der Herbst, der Herbst ist da … und mit ihm Pilze, Igel und Co. Wie begegnet man den typischen Herbstphänomenen?

? | Wie kann ich sicherstellen, dass die Gründüngung im Hochbeet nicht meine angrenzenden Kulturen überwuchert?

Im Hochbeet ist es nicht so einfach, die Gründüngung in ihren Schranken zu halten. Schneiden Sie die Pflanzen, bevor sie blühen und aussamen, damit die Gründüngerpflanzen nicht später als Unkraut zwischen Ihren Gemüsen auftauchen und zu Wachstumskonkurrenten Ihrer Pflanzen werden.

? | Locke ich mit Gründüngerpflanzen Schädlinge in meinen Garten?

Im Prinzip schon, denn wie alle Pflanzen ziehen auch Gründüngerpflanzen verschiedene Fressfeinde an. Auf Senf oder Klee können sich zum Beispiel Kohlweißlinge oder Blattläuse ansiedeln. Damit sich diese nicht etablieren oder auf andere Beete übergehen, können Sie verschiedene Maßnahmen ergreifen. Kombinieren Sie mehrere Gründüngerpflanzen miteinander. Wenn Sie zum Beispiel Klee, Senf und *Phacelia* zusammen anpflanzen, profitiert Ihr Gartenboden von der Stickstoffbindung durch den Klee, während Senf und *Phacelia* nützliche Insekten anziehen. Mit so einem kleinen Ökosystem aus Gründüngerpflanzen schaffen Sie eine Balance zwischen Nützlingen und Schädlingen. Beachten Sie auch für Gründüngerpflanzen einen Fruchtwechsel und bauen Sie auf der gleichen Fläche nicht die gleiche Gründüngung an.

? | Ich lebe in einer kälteren Region. Wie bringe ich meine Gründüngerpflanzen über den Winter?

Sie können auch in kälteren Regionen Gründüngerpflanzen über den Winter stehen lassen. Greifen Sie zu winterharten Sorten wie Winterroggen, Winterrettich oder Winterraps, da sie kalte Temperaturen gut vertragen. Wenn Sie gegen Mitte des Spätherbstes säen, können Sie die Überwinterung der Gründüngung gut bewältigen.

? | Kann ich die abgeschnittenen Gründüngerpflanzen auch zum Mulchen meiner Winterkulturen auf anderen Beeten verwenden? Und was mache ich dann mit meinem abgeernteten Beet?

Ja, Sie können die abgeschnittenen Pflanzen als Mulchschicht zwischen Ihre Winterkulturen geben. Der Mulch hält willkommene Wärme und Feuchtigkeit im Beet. Jedoch bliebe in diesem Fall das Beet, das Sie mit dem Gründünger besät hatten, ohne Mulchschicht. Sie können dem Beet aber die Gründüngerpflanzen auch nur teilweise entnehmen und den anderen Teil häckseln und gleichmäßig im Gründüngerbeet verteilen, um dort die Nährstofffreisetzung zu fördern. Letztlich hängt diese Entscheidung von Ihren Bedürfnissen und Prioritäten ab, um sowohl den Bodenschutz als auch das Wachstum der Pflanzen zu fördern.

? | Meine Kohlpflanzen bilden keine Köpfe aus. Woran liegt das?

Die Kopfbildung bei allen Kohlpflanzen wird durch Temperatur, Wasser- und Nährstoffversorgung gesteuert. Wenn das Jahr heiß und trocken war, kann es passieren, dass die Pflanzen zwar viele lockere Blätter, aber keine Köpfe ausbilden. Wässern Sie im nächsten Jahr regelmäßig und sorgen Sie für eine gute Nährstoffversorgung durch Mulch und Kompost.

? | An meinen Tomatensträuchern hängen noch Tomaten, die ich gern daran ausreifen lassen würde. Es ist auch eigentlich noch warm genug dafür. Jetzt habe ich festgestellt, dass einige davon geplatzt sind. Was ist da los?

Im Frühherbst sind Tomatenpflanzen besonders anfällig für Fruchtplatzen. Das liegt zum einen an Temperaturschwankungen zwischen Tag und Nacht, besonders in warmen Frühherbsten. Zudem können Regenfälle, die in dieser Jahreszeit vermehrt auftreten, zusätzlich zu unregelmäßiger Bewässerung beitragen und das Platzen der Früchte verstärken. Wässern Sie deshalb sparsam und mulchen Sie den Boden, um die Feuchtigkeit zu stabilisieren.

? | Ich entdecke immer wieder Fraßspuren an meinem Kohl, an der Roten Bete und an meinen Kürbissen. Wer ist da der Übeltäter? Und kann ich diese Stücke dann überhaupt noch essen?

Im Frühherbst können immer noch verschiedene Gemüsesorten im Garten von Schnecken befallen werden, die Fraßspuren hinterlassen. Aufgrund der kühleren Temperaturen sind die Tiere aber nicht mehr so aktiv und können keine fatalen Schäden mehr anrichten. Einige der häufigsten Gemüsesorten, die im Frühherbst von Schnecken heimgesucht werden, sind Brokkoli, Blumenkohl, Rote Bete, Spinat, Salate und Kürbisse. Die Fraßspuren erkennen Sie an unregelmäßigen, zerknitterten oder gezackten Löchern. Suchen Sie das Beet und etwaige Verstecke nach Schnecken ab und sammeln Sie sie ein.

? | Ich habe im Baumarkt Thermokomposter entdeckt. Lohnt sich die Anschaffung?

Thermokomposter sind doppelwandige Tonnen aus Kunststoff ohne Boden, die unten mit einer Entnahmeklappe ausgestattet sind. Die Behälter lassen sich oben mit einer Klappe verschließen.

Das Prinzip des Thermokomposters funktioniert ähnlich wie ein Frühbeet oder ein Gewächshaus. Sonneneinstrahlung erwärmt den geschlossenen Behälter und entweicht nicht unmittelbar. Im Zusammenhang mit der Verrottungswärme im Kompost entstehen im Thermokomposter Temperaturen von bis zu 70 °C. Das beschleunigt und fördert die Umsetzung des Materials in relativ kurzer Zeit. Oft kann man mit einem Thermokomposter schon innerhalb von drei Monaten Kompost ernten. Wichtig ist beim Thermokomposter das richtige Befüllen, weil es hier schnell zu Nässe und Fäulnis kommen kann. Zerkleinern Sie den Abfall gut und wechseln Sie feuchten Abfall mit trockenem Laub oder Geäst. Rasenschnitt sollte vor dem Befüllen antrocknen oder mit Schnipseln von Eierkartons oder mit Stroh gemischt werden. Gestartet wird wie bei herkömmlichen Komposthaufen mit grobem Material wie Gehölzschnitt unten für gute Belüftung.

Vorteile des Thermokomposters:

- Schnelle Zersetzung in drei bis vier Monaten
- Platzsparende Modelle
- Praktische Entnahmeklappe auf Bodenhöhe
- Schutzgitter am Boden gegen Mäuse und Ratten
- Effektive Abtötung von Unkraut und Samen bei 70 °C
- Zersetzung auch an kühlen Tagen
- Nährstoffreicher Mulchkompost durch Regenschutz
- Optisch kein sichtbarer Abfall

Nachteile des Thermokomposters:

- Besteht aus Kunststoff (Recycling beachten)
- Möglicherweise zu klein für große Gärten mit viel Gehölzschnitt
- Kostspieliger als ein offener Kompost
- Richtiges Befüllen ist aufwendiger
- Bewässerung an sehr heißen Tagen

VOLLHERBST

Im Vollherbst zeigt sich die Landschaft in warmen Farben mit leuchtenden Blättern. In den Wäldern reifen Eicheln, Haselnüsse und Kastanien. Die Temperaturen sinken weiter und das Mulchen wird besonders wichtig, um den Boden vor Frost zu schützen. Die letzten Nachzügler-Ernten der Sommermonate werden eingefahren, der Fokus liegt jetzt aber endgültig auf winterharten Gemüsesorten.

Vorbereitungen auf den Winter

Im Vollherbst kehren einige Gartenarbeiten wieder, die Sie schon im Frühherbst begonnen haben.

Wintergemüse versorgen

Denken Sie daran, Kohlpflanzen, die über den Winter im Beet stehen bleiben sollen, sorgfältig anzuhäufeln, um ihnen einen stabileren Stand zu bieten. Knollensellerie und Pastinaken können eine Mulchschicht aus Stroh vertragen, um sie vor Frost zu schützen.

Schwere, verdichtete Böden lockern

Die Vorbereitung des Gartenbodens für den Winter bleibt eine zentrale Aufgabe. Im Lauf des Sommers hat er sich durch Witterungseinflüsse, natürliche Zersetzungsprozesse und Ihre eigene Arbeit im Beet verdichtet und gesenkt. Verdichteter Boden kann Wasser schlechter aufnehmen und ableiten. Auch Nährstoffe werden leichter ausgeschwemmt. Lockern Sie deshalb verdichtete Böden, die abgeerntet sind, im Vollherbst mit einer Grabegabel auf. Wenn Sie im Frühherbst eine Gründüngung gesät haben, können Sie sie jetzt schon untergraben.

Folientunnel errichten

Bei zunehmend kühleren Temperaturen kann es wichtig sein, empfindliche Gemüsesorten wie Chinakohl, Fenchel und Salat vor dem Frost zu schützen. Bereiten Sie Folientunnel und Vliese dafür vor. Sie können die Tunnel als Bausätze im Handel erwerben oder aus frostbeständiger Folie und Draht oder Kunststoffrohren selbst machen. Folientunnel sollten regelmäßig gelüftet werden, damit Feuchtigkeit entweichen kann. Bei wärmeren Temperaturen sollten Sie den Frostschutz längere Zeit lüften oder ganz entfernen.

Stangen und Stützen abbauen

Im Vollherbst können Sie beginnen, Stangen und Stützen von Bohnen und Fruchtgemüsen abzubauen, die jetzt nicht mehr gebraucht werden. Damit schaffen Sie Platz in den Beeten und erleichtern sich die Bodenvorbereitung für nachkommende Anpflanzungen. Bürsten Sie anhaftende Erde von den Stangen ab und lagern Sie sie regengeschützt, entweder überdacht oder in einem Schuppen, gegen Rost oder Fäulnis.

Schädlingen auf der Spur

- Auch Blattläuse treten jetzt noch auf, insbesondere an Kohlpflanzen. Checken Sie diese also darauf hin und streifen Sie eventuelle Läuse ggf. mit den Fingern ab.
- Im Gemüsebeet sind Schnecken, allen voran die Spanische Wegschnecke und die Gartenwegschnecke, gefürchtet. Beide Arten haben kaum natürliche Feinde. Beikommen lässt sich den Weichtieren, wenn Sie bei der Herbstpflege die Gelege entdecken und vernichten. Die gallertartigen, weißlichen Kugeln liegen in Mulden in der Erde. Erdrücken Sie sie, übergießen Sie sie mit heißem Wasser oder entsorgen Sie die Eier ganz einfach im Hausmüll.

→ S. 120, Schädlinge abwehren auf natürliche Art

Wenn sich das Ende der Gartensaison nähert, heißt es Rankhilfen und Stützen einpacken.

Kompostieren

Im Gemüsegarten und auch im angrenzenden Ziergarten fällt im Vollherbst viel Material an, das Sie auf den Kompost geben können.

Dabei gilt: Je kleiner das Material, desto besser kompostierbar. Häckseln oder zerschneiden Sie deshalb größere Pflanzenteile sowie langsam verrottende Teile von Nadelbäumen. Laub zerfällt von selbst in kurzer Zeit.

Herbstlaub kompostieren: Das abgefallene Laub vieler Baumarten bietet im Herbst eine wertvolle Ressource, um kompostiert oder als Mulch auf die Beete gebracht zu werden. Obstbaumlaub ist genauso geeignet wie das Laub von Ahorn, Birke, Eiche, Buche oder Linde. Kontrollieren Sie das Laub auf Krankheiten wie Mehltau, Rost oder Schorf, bevor Sie es verwerten. Verwenden Sie kein krankes Laub, sondern entsorgen Sie es im Hausmüll.

Herbstlaub ist eine wertvolle Ressource.

Das Laub von Walnuss oder Platanen sollten Sie nicht verwenden, weil beide bei der Zersetzung wachstumshemmende Stoffe freisetzen. Platanenlaub ist zusätzlich dick und fest, zersetzt sich daher nur langsam und bildet eine undurchlässige Schicht im Kompost.

KOMPOSTSTARTER UND KOMPOSTBESCHLEUNIGER

Diese Produkte sind im Handel erhältlich. Sie enthalten Mikroorganismen, Pilze und Enzyme, um die mikrobielle Zersetzung im Komposthaufen zu beschleunigen. Sie sind bei einem gesunden Komposthaufen normalerweise nicht erforderlich, aber nützlich, wenn der Gärungsprozess ins Stocken geraten ist. Dies zeigt sich durch fehlende Hitzeentwicklung und dass die ursprünglichen Abfallstoffe immer noch erkennbar sind. Die Bildung neuer Erde bleibt aus, der Kompost ähnelt immer noch Abfall. In solchen Fällen kann die Anwendung eines Kompoststarters oder -beschleunigers sinnvoll sein.

Wenn Sie die Zersetzungsprozesse beschleunigen möchten, weil Sie in kurzer Zeit eine größere Menge Kompost benötigen, können Sie ebenfalls Kompostbeschleuniger verwenden.

DREI-KAMMER-KOMPOSTIERSYSTEM

Ein Drei-Kammer-Kompostiersystem nutzt ein Rotationsprinzip für verschiedene Verrottungsstadien. Es fördert Luftzirkulation, beschleunigt Zersetzung und minimiert Gerüche im Vergleich zu herkömmlichen Haufen. Kauf oder Selbstbau ermöglichen Einsparungen für andere Gartenprojekte.

Die Vorteile des Drei-Kammer-Systems:

- **Effizienter Rotteprozess:** Das Drei-Kammer-System ermöglicht ein effizientes Wenden und Umsetzen des Komposts, was die Zersetzung beschleunigt.
- **Luftzirkulation:** Die Konstruktion fördert die Belüftung des Komposts, was zu besseren Verrottungsbedingungen führt.
- **Geruchskontrolle:** Durch die schnelle Zersetzung und bessere Belüftung riecht der Kompost weniger.

Wie funktioniert das Drei-Kammer-System? In der ersten Kammer sammeln Sie zerkleinerte Garten- und Gemüseabfälle sowie unbehandeltes organisches Material einschließlich Häckselmaterial und Rasenschnitt. Nach einigen Monaten bis zu einem Jahr wird der Inhalt in die zweite Kammer umgefüllt, wo er erneut durchmischt und belüftet wird. Hier setzt die finale Zersetzung durch Bakterien und Mikroorganismen ein. Nach einem weiteren Zyklus erfolgt die Verlagerung in die dritte Kammer, wo das Material dann zu fertiger Komposterde reift.

Gärtnern in Zeiten des Klimawandels

Wenn Sie einige Monate oder Jahre Gartenerfahrung gesammelt haben, werden Ihnen die Folgen des Klimawandels auch in Deutschland bewusst geworden sein.

Extreme Wetterereignisse wie Stürme, Starkregen und Hitzewellen sowie der allgemeine Temperaturanstieg schaffen neue Herausforderungen. Auch mancher Schädling, den wir aus südlicheren Gefilden kennen, breitet sich im heimischen Garten aus. Die Folgen des Klimawandels sind spürbar und wir müssen lernen, sie in unsere Gartenpraxis zu integrieren. Aus mancher Not lässt sich eine Tugend machen. Nicht alle Folgen des Klimawandels sind negativ für Ihren Garten.

Extreme Wetterereignisse einplanen

Da sind zuerst die veränderten Witterungsmuster mit anhaltenden Hitzewellen im Sommer bis in den Herbst hinein, allgemein milderen Wintern, Stürmen und starken Regenfällen während des gesamten Jahres zu nennen. Auch regionale Unterschiede prägen das Bild: Während in manchen Regionen der Grundwasserspiegel absinkt, kommt es in anderen Regionen zu Überschwemmungen. Gegen Überflutungen und Starkregen können Sie Ihren Garten durch Hochbeete und Hügelbeete schützen. Starkregen kann auch zu Bodenauswaschungen führen, sodass Sie öfter nachdüngen müssen. Die verstärkte Sonneneinstrahlung kann zu Hitzestress an Pflanzen beitragen. Schützen Sie Ihre Pflanzen deshalb mit Sonnensegeln oder schattenspendenden Netzen.
Investieren Sie grundsätzlich in eine gute Garteninfrastruktur mit Schattennetzen, Gewächshäusern und Regenwasserspeichern, um sich auf die Klimaveränderungen vorzubereiten.
Des Weiteren kann eine geschickte Sortenauswahl förderlich sein. Denken Sie an typische mediterrane Sorten und Kräuter. Schauen Sie auch international über den Tellerrand zu anderen Klimazonen. Ob Süßkartoffeln, Okra, Auberginen, Artischocken oder Kiwibeeren, Weintrauben oder sogar Mandeln – vieles gedeiht in Deutschland, das noch vor 50 Jahren nicht denkbar gewesen wäre. Sorgen Sie auch mit einer guten Bodenpflege, vor allem mit Hacken und Mulchen, für einen guten Feuchtigkeitsspeicher im Boden. Verwenden Sie automatische Bewässerungssysteme, um die Gießarbeit zu erleichtern und effizient zu gestalten. Häufiger geworden ist auch Hagelschlag, der Ihre Pflanzen beschädigen oder abknicken kann. Legen Sie deshalb Vliese und Folien bereit, um im Fall des Falles Ihre Pflanzen zu schützen.

HITZERESISTENTE SORTEN

In den letzten Jahren haben Züchter verstärkt versucht, Sorten zu entwickeln, die besser der Hitze standhalten können.
Tomaten: 'Sun Gold' oder 'Heatmaster'
Paprika: 'Corno di Toro' oder 'Gypsy'
Zucchini und **Kürbis:** 'Raven' und 'Ambassador'
Bohnen: 'Provider' oder 'Contender'
Spinat: 'Malabar' oder 'Amaranth'

Allgemeine Klimaerwärmung

Vor hundert Jahren lagen die durchschnittlichen Wintertemperaturen bei 0–2 °C, heute bewegen sie sich bei 1–3 °C. Ähnlich sieht es im Sommer aus. Während 1920 die durchschnittliche Tempe-

LASSEN SIE SICH VON ANDEREN KLIMAZONEN INSPIRIEREN

Effiziente Tropfbewässerungssysteme und platzsparende Terrassengärten aus mediterranen Ländern, Hügelbeete und Kraterbeete aus Südamerika und Afrika, Frühbeete und Gewächshäuser aus Skandinavien sowie der gegen Krankheiten und Schädlinge günstige Einsatz von Mischkulturen und Mulch aus tropischen Zonen kann uns inspirieren, mit neuen extremen Wetterbedingungen zurechtzukommen. Informieren Sie sich über Ihre lokalen Gegebenheiten und beobachten Sie das Wetter mittels Notizen rund ums Jahr, damit Sie sich auf die Bedingungen in Ihrer Region gut einstellen können.

Hagel setzt den Pflanzen stark zu.

Schön zu sehen: das M-förmige Rückenschild.

ratur der Sommermonate 17–19 °C betrug, ist sie bis heute auf 19–21 °C angestiegen. Aufgrund dieser milderen Winter und der wärmeren Frühjahre können Gemüsearten wie Radieschen, Salate, Spinat und Frühkartoffeln früher im Jahr gesät und gepflanzt werden. Dadurch können Sie früher im Jahr ernten und die Saison um einige Wochen verlängern. Grünkohl, Brokkoli und Wintersalate können in vielen Regionen über den Winter in den Beeten bleiben und neue Sorten (→ Info links) haben aufgrund der milderen Temperaturen eine Chance in unseren Klimazonen.

Schädlinge

Auch Schädlinge schätzen das mildere Klima. Der Traubenwickler verursacht große Ernteschäden im Weinbau, der Maiszünsler hat sich aufgrund des wärmeren Klimas bis in den Norden ausgebreitet und befällt Maispflanzungen auch im Garten. Spinnmilben, Schildläuse und Blattläuse gab es in Deutschland immer schon; sie vermehren sich unter wärmeren Bedingungen massenhaft und überwintern erfolgreicher. Auch bestimmten Pilzkrankheiten, wie Mehltau und Braunfäule, kommen die milderen Temperaturen entgegen, besonders im Zusammenhang mit Feuchtigkeit. Die Erwärmung begünstigt gleichzeitig die Ausbreitung und den Einzug neuer Arten.
Mit dem Klimawandel dürften Schädlinge verstärkt unsere Gärten beeinflussen. Dem erhöhten Schädlingsdruck und den vermehrten Krankheitsbildern können Sie begegnen, indem Sie so naturnah wie möglich gärtnern, die Biodiversität fördern, indem Sie Nützlinge ansiedeln – die ebenfalls vom wärmeren Wetter profitieren – und geeignete biologische Schädlingsbekämpfungsmittel anwenden.

→ S. 180, Biodiversität fördern

NÜTZLING »MADE IN CHINA«

Nicht mehr aufzuhalten ist die Ausbreitung des Asiatischen oder Harlekin-Marienkäfers *(Harmonia axyridis)*. Dieser aus Japan und China kommende, etwas größere Cousin unseres heimischen Siebenpunkt-Marienkäfers wurde in den 1980er-Jahren zur Schädlingsbekämpfung in Gewächshäusern eingesetzt. Von dort ist er in die Freiheit gelangt und hat sich ab etwa der Jahrtausendwende im milder werdenden Klima Deutschlands und anderen Teilen Westeuropas etabliert. Der »Leiharbeiter« vertilgt fünfmal so viele Blattläuse wie heimische Marienkäferarten.

Der Asiatische Marienkäfer kommt in unterschiedlichen Farbvarianten vor. Erkennen können Sie den Neuling an der häufig M-förmigen Zeichnung auf dem Rückenschild. Ob der Asiatische Marienkäfer heimischen Arten Konkurrenz um Futter und Wohnraum macht, ist aktuelles Forschungsthema und lässt sich noch nicht belegen. Fest steht aber sein Erfolgsgeheimnis, das in einer Kombination aus hoher Fortpflanzungsrate und Anpassungsfähigkeit liegt. Findet der Käfer nicht genug Blattläuse vor, stellt er auf Gallwespenlarven sowie auf die Raupen und Eier von Schmetterlingen und sogar auf Pollen, Nektar und Fallobst um, sogar auf andere Marienkäferarten.

Übrigens: Das Gerücht, dass der Asiatische Marienkäfer dem Weinbau schadet, konnte widerlegt werden. Der von mitgekelterten Marienkäfern verursachte sogenannte bittere »Marienkäferton« im Wein wird eher von heimischen Arten hervorgerufen.

Winterharte Gemüse aussäen

Im Vollherbst werden die Aussaatmöglichkeiten deutlich begrenzter. Einige winterharte Arten können Sie aber jetzt noch säen.

Dazu gehören Bärlauch, letzter Feldsalat, Wintersorten von Spinat, Winterportulak, -erbsen, -zwiebeln und Rucola.
Auch einiges an Gründüngung lässt sich jetzt noch säen. Im Vollherbst bieten sich dafür Ölrettich und Winterwicken an.
Unter Frühbeet oder Folie säen: Dort können Sie einige Gemüsesorten bereits jetzt für das nächste Jahr aussäen. Neben Dicken Bohnen und frühen Sorten von winterharten Erbsen lassen sich auch frühe Sommersorten von Blumenkohl säen. Kältetolerant sind ebenfalls Blattgemüse wie Spinat und asiatischer Mizuna, Wintersalate wie Rauke, Gartenkresse und Winterportulak, Frühlingszwiebeln, die gesät werden, und Steckzwiebeln.

Zwiebeln und Knoblauch stecken

Knoblauch und Zwiebeln werden im Herbst nicht über Samen, sondern über das sogenannte Stecken vermehrt.

Die beste Pflanzzeit für beide ist von Mitte September bis in den Oktober hinein. Sie lassen dazu Knollen und Zwiebeln keimen und stecken Sie dann aufrecht in die Erde (→ S. 132). Ziehen Sie zuvor Rillen oder Gräben von etwa 5 cm Tiefe und stecken Sie die Zehen oder Zwiebeln in einem Abstand von etwa 10–15 cm in den Boden. Bedecken Sie sie mit etwa 5 cm Erde. Drücken Sie die Erde leicht an, damit die Zehen festen Halt haben. Wässern Sie die Rillen dann gründlich.
Achtung: Die Spitze mit dem Keim sollte dabei nach oben zeigen und minimal aus der Erde ragen.
Zwar kann man Knoblauch und Zwiebeln auch im Frühjahr stecken, die beste Pflanzzeit, um hohe Erträge zu erzielen, ist jedoch von Mitte September bis in den Oktober hinein. Die Knollen und Zwiebeln profitieren von kühleren Temperaturen in Herbst und Winter, die ihr Wurzelwachstum fördern. Die Ernte der Wintersorten erfolgt dann im Hochsommer, wenn das Laub beginnt, braun zu werden.
Knoblauch und Zwiebeln können im Frühjahr auch gesät werden, das Stecken bringt aber bessere Ergebnisse.

TIPP!
Steckzwiebeln

Steckzwiebeln können Sie mit roter oder gelber Schale erwerben. Rote Sorten gehen bei wärmeren Temperaturen zügig in die Blüte und sind dann nicht mehr genießbar. Auf der sicheren Seite, besonders wenn Sie in milden Regionen gärtnern, sind Sie mit der gelben Variante. Auch Schalotten bekommen Sie als Steckzwiebeln.

PORTULAK FÜR SOMMER UND WINTER

Gemüse-Portulak *(Portulaca oleracea)***:** Dieser Portulak, der zu den Sukkulenten gehört, ist zart und kleinblättrig mit fleischigen Blättern. Gemüse-Portulak gedeiht gut in warmen Sommern und kann im Beet und Hochbeet angebaut werden. Um Gemüse-Portulak anzubauen, säen Sie die Samen in gut durchlässigen Boden an einem sonnigen Standort. Der Pflanze gefällt es, wenn der Boden leicht trocken ist.

Winterportulak oder Postelein *(Claytonia perfoliata)***:** Hier handelt es sich um eine andere Art, nur der Name »Portulak« ist gleich. Er gedeiht normalerweise im Herbst und Winter. Da er kühlere Temperaturen verträgt und bevorzugt, wird er oft als Gemüse für die kalte Jahreszeit angebaut. Dieser Portulak eignet sich nicht für den Hochsommeranbau.

Knoblauch setzen Sie mit der Spitze nach oben.

Besondere Knoblauchsorten anbauen

Wenn Sie den Geschmack von Knoblauch mögen, gibt es im Fachhandel auch besondere Sorten, die Sie im Garten säen oder stecken können.

- **Elefantenknoblauch:** Diese interessante Sorte ist meist nur im gut sortierten Fachhandel oder auf spezialisierten Höfen zu bekommen. Der Anbau lohnt sich aber in jedem Fall. Mit 7 cm Durchmesser der Knollen ist Elefantenknoblauch die größte Knoblauchvariante. Er ist enger mit Lauch verwandt als mit den gängigen Knoblaucharten, zeichnet sich aber durch dessen typisches, kräftig-würziges Aroma aus. Auch Elefantenknoblauch schätzt leicht sandige, gut durchlässige Böden. Frostfest ist die Sorte nur bedingt, weshalb Sie ab Frühherbst gut mulchen sollten. Elefantenknoblauch verträgt sich nicht gut mit anderen Zwiebelgewächsen und sollte getrennt von diesen angebaut und nicht als Zwischenfrucht von Lauch, Zwiebeln oder Knoblauch genommen werden.
In der Küche können Sie ihn wie jeden anderen Knoblauch verwenden, wobei er im Geschmack etwas milder ist. Besonders gut geeignet ist er aufgrund seiner Größe zum Füllen und Überbacken.
- **Bärlauch:** Der Bärlauch, auch als »wilder Knoblauch« bekannt, wächst im Frühjahr in frischen, schattigen Wäldern. Er hat saftige, elliptisch-lanzettliche Blätter, die am besten frisch verzehrt werden. Das Aroma erinnert an Knoblauch. Im Hochbeet ist Bärlauch eine ideale Ergänzung Ihrer Kräuterpalette, wenn Sie den Boden stets gut feucht halten. Ernten Sie im Frühjahr die Blätter einzeln, nicht die ganze Pflanze, sodass immer weiter Blätter nachkommen können. Bärlauch ist als heimische Art in der Regel frostfest. Im Hochsommer zieht er sich zurück und treibt dann im Herbst neu aus.
Bärlauch ist ein Kaltkeimer und wird in den Herbstmonaten ausgesät. Einmal unter günstigen Bedingungen angewachsen, breitet er sich bald großflächig aus. Damit er in den Beeten keinen Platz wegnimmt, können Sie ihn auch unter Büschen oder Bäumen ansäen.
Achtung: Besonders vor der Blütezeit ist Bärlauch mit den giftigen Maiglöckchen leicht zu verwechseln. Achten Sie bei der Wildsammlung immer genau auf den knoblauchartigen Geruch der Blätter.
- **Schnittknoblauch:** Schnittknoblauch ist eine aus Asien stammende Knoblauchvariante. Er zeichnet sich durch seine zarten, dünnen Halme aus, die sich hervorragend als leckere Garnitur für Suppen, Fleisch, Fisch und Eierspeisen oder als aromatische Küchenzutat eignen. Im Gegensatz zu herkömmlichen Knoblauchsorten wird vom Schnittknoblauch nicht die unterirdische Knolle geerntet, sondern ähnlich wie beim Schnittlauch die Halme geschnitten. Sie schmecken knoblauchartig mild, führen aber nicht zum berüchtigten Knoblauchatem. Die Pflanze mag humusreiche lockere Böden ohne Staunässe und eignet sich auch wunderbar für Töpfe und das Hochbeet. Vollständig frostfest ist die Art nicht, weshalb Sie kräftig mulchen sollten. Unter guten Bedingungen kann der Schnittknoblauch dann im Boden verbleiben und ist mehrjährig.

Langzeit-Gemüse setzen

Grundsätzlich lässt sich alles, was Sie direkt ins Freiland säen können, jetzt auch als Jungpflanzen ins Beet setzen.

Besonders sinnvoll ist das aber für all jene Pflanzen, die eine längere Vegetationsphase haben, wie Blumenkohl, Kohlrabi sowie Sommersorten von Wirsing. Solche Pflanzen profitieren in der kalten Jahreszeit von einem vorherigen Wachstumsvorsprung im Haus.
Anzucht im Haus: Haben Sie kein Gewächshaus für die Anzucht zur Verfügung, wählen Sie einen kühlen, hellen Raum im Haus mit Temperaturen bis 20 °C. Wegen des begrenzten Tageslichts kann der Einsatz von Pflanzenlampen während der Anzucht im Haus von Vorteil sein. Pflanzenlampen mit blauem und rotem Lichtspektrum gewährleisten ausreichend Licht für die Keimlinge.

Radicchio di Treviso anbauen

Radicchio di Treviso ist eine Radicchiosorte, die traditionell in Italien angebaut wird, namentlich in der Region um Treviso in Norditalien.

Die Blätter dieses Radicchios sind schmal und lang, mit gekräuselten Spitzen. Radicchio di Treviso ist leicht bitter und aromatisch und schmeckt roh im Salat oder gegrillt und überbacken delikat. Diese Sorte wird im Herbst und im Winter geerntet und kann auch in Deutschland angebaut werden, vorzugsweise von Frühherbst bis Spätherbst, wenn die Temperaturen milder sind. Die Pflanzen brauchen einen sonnigen Standort und einen gut durchlässigen Boden. Sie erhalten die Samen im gut sortierten Fachhandel und online. Säen Sie sie 0,5–1 cm tief und decken Sie sie leicht zu. Gönnen Sie den Pflanzen einen Abstand von 30 × 45 cm.

Herbstliche Färbung des Radicchio di Treviso.

Rhabarber umsetzen

Rhabarberpflanzen sind mehrjährig und sollten etwa alle acht bis zehn Jahre umgepflanzt werden. Bei dieser Gelegenheit können Sie die Pflanzen teilen und damit verjüngen.

Nach der Haupternte im Frühsommer geht die Pflanze bis zum Herbst in die Ruhephase über. Graben Sie dann den Wurzelballen tiefgründig mit einem scharfen Spaten aus. Rhabarber bildet große Wurzelsysteme, die nach einigen Jahren 10–20 kg schwer werden können. Inspizieren Sie den Ballen dann gründlich auf vorhandene Knospen. Teilen Sie ihn mit dem Spaten, sodass jedes Stück mindestens eine Knospe hat. Die abgetrennten Stücke sollten Sie auf dem Beet abtrocknen lassen, bevor Sie sie umsetzen. Auch wenn die Knospen jetzt noch klein sind, denken Sie daran, dass Rhabarber sehr ausladend wächst. Halten Sie daher einen Abstand von je 1 m zwischen den Abschnitten. So hat die Pflanze auch in den kommenden Jahren ausreichend Platz, damit die Ableger groß und stark werden.
Rhabarber braucht nährstoffreichen Boden. Pflanzen Sie ihn deshalb in gut mit Kompost durchmischte Pflanzlöcher. Diese Löcher sollten in der Regel etwa 30–45 cm tief sein. Dadurch hat die Pflanze ausreichend Platz für ihr Wurzelsystem, sie kann sich gut verwurzeln.

Welke Blätter vom Winterkohl entfernen

Im Vollherbst neigen die Kohlpflanzen aufgrund der kühleren und feuchteren Temperaturen dazu, unter den äußeren Blättern zu schimmeln.

Schimmel ist gesundheitsschädlich, da er giftige Mykotoxine freisetzen kann, die beim Einatmen oder Verzehr gesundheitliche Probleme, darunter Allergien und Atemwegsbeschwerden, verursachen können.
Um Schimmelbildung an Ihren Kohlpflanzen vorzubeugen, sollten Sie jetzt die äußeren, oft welken Blätter von Rotkohl, Grünkohl und Wirsing entfernen. Der Schimmel kann sich ansonsten von den äußeren Blättern auf benachbarte Blätter ausbreiten, insbesondere wenn die Luftfeuchtigkeit hoch ist. Dazu sollten Sie die Pflanzen regelmäßig checken und die entsprechenden Blätter, die fleckig, welk oder schlaff wirken, entfernen.
Verwenden Sie eine saubere Gartenschere oder ein scharfes Messer, um diese Blätter vorsichtig abzuschneiden. Schneiden Sie nah am Strunk des Kohls, ohne den Rest der Pflanze zu beschädigen. Die abgeschnittenen Blätter können Sie auf den Komposthaufen geben oder damit mulchen, wenn sie nur welk, aber sonst gesund sind. Blätter mit gelblichen oder graubraunen Flecken sollten Sie lieber in den Hausmüll geben.

Gemüse weiterhin ernten

Im Vollherbst setzt sich die Erntezeit vieler Gemüsesorten aus dem Frühherbst fort.

Ernten Sie Blumenkohl, Bohnen, Brokkoli, Chinakohl, Endivien, Grünkohl, Knollensellerie, Pflücksalate, Kohlrabi, die letzten Kürbisse, Mangold, späte Möhren, Pastinaken, Lauch, Radieschen, Rote Bete, Rotkohl, Rosenkohl, Süßkartoffeln, Spinat, Zuckerhut und die letzten Zucchini. Obwohl im Frühherbst einige Sorten abgeerntet wurden, können andere noch bis in den Vollherbst hinein ausreifen. Dazu gehören Paprika und Chilis sowie Auberginen, solange das Wetter mitspielt. Um Ihre Zucchinipflanzen bis in den Vollherbst produktiv zu halten, empfiehlt es sich, regelmäßig reife Früchte zu ernten. Dies fördert nicht nur das kontinuierliche Wachstum neuer Zucchini. Der milde Geschmack und der hohe Vitamin-C-Gehalt machen Chinakohl zu einem idealen Gemüse für die kalte Jahreszeit.

Kartoffeln ernten

Etwa zwei bis drei Wochen nach der Blüte beginnen die Kartoffelpflanzen zu welken. Jetzt können Sie die Knollen ernten.

Zum Ernten stechen Sie mit einer Grabegabel neben der Pflanze ein und hebeln diese nach oben aus dem Boden heraus. Säubern Sie die Knollen und lassen Sie sie auf dem Beet abtrocknen. Verletzte Knollen sollten Sie zeitnah verwerten. Generell gilt: Früh geerntete Kartoffeln sollten zeitnah verzehrt werden. Sie sind wegen ihrer zarten Schale noch nicht lagerbar. Solange die Witterung es zulässt und dauerhafte Regenfälle ausbleiben, können die Kartoffeln auch im Boden bleiben und später geerntet werden. Sie bilden eine festere Schale aus und sind im Anschluss an die Ernte dann länger lagerfähig. Auch im Herbst sollten Kartoffeln nach der Ernte bei 7–10 °C und in einem dunklen Raum gelagert werden, um lange zu halten und kein Solanin zu bilden.

KARTOFFELBEET GRÜNDLICH ABERNTEN

Wenn Sie Ihr Kartoffelbeet abernten, achten Sie darauf, auch kleine Kartoffeln oder beschädigte Knollen aus dem Beet zu entfernen. Kartoffelstücke und kleine Kartoffeln können im nächsten Jahr neu austreiben und sich an Stellen ausbreiten, die Sie schon für andere Pflanzen vorgesehen haben.

Außerdem können sie Krankheiten an nachfolgende Kulturen weitergeben. Das betrifft besonders Nachtschattengewächse wie Tomaten und Paprika.

→ S. 83, Kartoffeln anbauen

Kartoffeln richtig lagern

Kartoffeln sind mehr als eine Sättigungsbeilage. Sie enthalten viel Vitamin C, Kalium, Ballaststoffe und Antioxidanzien. Viele Sorten sind bei richtiger Lagerung vier bis sechs Monate haltbar.

Entfernen Sie schon bei der Ernte beschädigte oder faule Kartoffeln. Nur gesunde eignen sich für die Lagerung. Überprüfen Sie auch während der Lagerung stets die Kartoffeln auf verdorbene Knollen.

- **Im Keller lagern:** Kartoffeln müssen kühl und dunkel gelagert werden, am besten in einem Keller ohne Fenster. Licht fördert die Bildung des Giftes Solanin in der Schale. Die ideale Lagertemperatur liegt bei 7–10 °C. Prüfen Sie regelmäßig, ob dieser Temperaturbereich eingehalten wird. Eine gute Belüftung des Lagers ist wichtig. In Holzkisten, Papier- oder Jutesäcken sind die Knollen gut aufgehoben.
- **In einer Erdmiete lagern:** Erdmieten sind eine traditionelle Methode und eine Alternative zur Kartoffellagerung im Keller. Hierzu graben Sie eine etwa 1 m tiefe Grube aus, die gut vor Wind und direkter Sonneneinstrahlung geschützt ist. Fügen Sie eine Isolierung aus Stroh hinzu. Darauf können Sie nun Ihre Kartoffeln stapeln. Decken Sie am Ende alles mit Stroh oder Laub ab und isolieren Sie alles mit einer dicken Erdschicht.

→ S. 179, Gemüse einmieten

Das Hochbeet auf den Winter vorbereiten

Eine der wichtigsten Aufgaben im Hochbeet ist nun die Vorbereitung auf die kommenden kalten Monate.

Pflanzung: Entfernen Sie alle abgestorbenen Pflanzen und Pflanzenreste, da sie Schädlinge und Krankheiten beherbergen können, die mit der Zersetzung der Pflanzen in den Boden übergehen und sich von dort aus in Ihren neuen Kulturen verbreiten können. Danach können Sie das Hochbeet mit Kompost oder Laub mulchen. Decken Sie bestehende Pflanzungen, die nicht winterhart sind, ab, um sie vor Kälte und Wind zu schützen.

Holzbeete sollten mit einer Holzschutzlasur oder -farbe behandelt werden, um sie vor Feuchtigkeit, Schädlingen und Witterungseinflüssen zu schützen. Es bieten sich hierfür ungiftige, umweltfreundliche Holzlasuren oder natürliche Öle an.
Metallbeete: Überprüfen Sie Metallbeete auf Roststellen und entfernen Sie diese, bevor Sie das Beet mit einem Rostschutzmittel und bei Bedarf mit einer zusätzlichen Farbbeschichtung behandeln.
Kunststoffbeete behandeln Sie mit UV-Schutzmittel, um Schäden durch Sonneneinstrahlung zu minimieren.
Stein- oder Betonbeete behandeln Sie mit wasserabweisenden, farbvertiefenden oder UV-Schutz-Versiegelungen, die in Baumärkten erhältlich sind.

Hochbeete aus Edelrost sind nicht nur pflegeleicht, sondern auch ein Eyecatcher im Garten.

Anbauen im Vollherbst im Hochbeet

Wenn die Bodentemperaturen im Spätherbst im Freiland bereits deutlich gesunken sind, erlaubt das Mikroklima im Hochbeet immer noch die Möglichkeit des Anbaus.

Die Wände des Hochbeets bieten nicht nur Schutz vor leichten Frösten, sondern schaffen ganzjährig ein milderes Mikroklima gegenüber dem Freiland.
Eine Vielzahl von Gemüsen, die im Beet nicht mehr wachsen, können Sie deshalb auch im Vollherbst im Hochbeet noch anbauen. Für andere Gemüse verlängert sich im Hochbeet die Saison um einige Wochen. Der zarte Feldsalat und der saftige Postelein sind die Hauptakteure unter den Wintersalaten. Vitamin-C-reich und winterfest sind beide. Aber auch Spinat und andere Blattsalate sowie Radieschen und Winterrettich begrünen jetzt per Aussaat das Hochbeet. Kohlpflanzen gedeihen selbstverständlich ebenfalls.
Sollte Ihr Hochbeet zur Aussaatzeit noch mit Vorkulturen belegt sein, verwenden Sie später nach dem Abernten dieser Kulturen vorgezogene Jungpflanzen aus eigener Anzucht oder aus dem Handel.

Ein Winterklassiker ist der Feldsalat, der jetzt im Vollherbst gesetzt wird.

Kälteempfindliche Pflanzen abernten

Die kühlen Temperaturen und die kürzeren Tage im Vollherbst beenden die Saison mancher Pflanzen.

Basilikum abernten

Ernten Sie Basilikum jetzt vollständig ab, bevor es an den Blättern zu Frostschäden kommt. Schneiden Sie dazu die Basilikumpflanze etwa 1 cm über dem Boden ab und zupfen Sie die Blätter von den Stängeln ab. Sie können die zarten Blätter frisch verwenden oder zusammen mit etwas Öl pürieren und dann portionsweise einfrieren.

Endivien entfernen

Endivien gelten als Wintergemüse. Aber nicht alle Sorten sind frostfest. In manchen Fällen ist es ratsam, Endivien im Winter vollständig aus dem Beet zu nehmen. Dazu gehören die 'Glatte Endivie' oder 'Eskariola'. Dies liegt daran, dass diese frostempfindlich sind und bei Frost dazu neigen, Bitterstoffe zu entwickeln. Ernten Sie die Blätter dicht über dem Boden. Die Wurzeln können Sie zerkleinern und entweder im Boden belassen oder auf dem Boden verteilen, was zur Bodenverbesserung beiträgt. Wenn Ihnen der bittere Geschmack nichts ausmacht, lassen Sie auch diese Sorten im Beet. Schützen Sie die Pflanzen mit einer Mulchschicht.
Neben frostempfindlichen gibt es aber auch frostresistente Sorten wie 'Belleville' oder 'Winterking', die leichten Frost problemlos überstehen können. Wenn Sie solche Sorten anbauen, können Sie auch im Winter Endivienblätter ernten.

Basilikum lässt sich in Pestos konservieren.

Nicht frostfeste Endivien sind jetzt zu ernten.

Mangold ernten im Hochbeet

Im Vollherbst geht es mit der Ernte von leckerem Mangold weiter.

In milden Klimazonen können Sie das knackige Blattgemüse bis in den Winter hinein ernten, wenn Sie blattweise von außen nach innen vorgehen. Der herzhaft-bittere Geschmack passt zu warmen Spätherbstgerichten genauso wie in deftige Vollwertsalate. Verwenden Sie Blätter und Stiele gleichermaßen.

Wintersalate ernten im Hochbeet

Knackige Salate sind nicht nur ein Sommergenuss. Doch der herbstliche Frost kann ihnen stark zusetzen.

Auch einige Wintersalate sind schon jetzt erntebereit. Achten Sie aber darauf, dass Frost die Blätter von Salaten schädigen kann. Ernten Sie die Köpfe und Blätter deshalb nicht gefroren, da sie nach dem Auftauen matschig werden. Am besten ist es, Salate in den kalten Monaten mit einem Frostschutz zu versehen. Sollte dennoch mal etwas eingefroren sein, warten Sie, bis sich der Frost am Morgen aufgelöst hat und die Köpfe wieder aufgetaut sind. Ernten Sie den Salat erst dann.

Ein Paletten-Hochbeet bauen

Sicher haben Sie schon einmal rustikal anmutende Gartenmöbel gesehen, die aus Europaletten gefertigt wurden. Auch ein Hochbeet lässt sich aus den genormten Transportpaletten einfach und kostengünstig herstellen.

SIE BRAUCHEN DAFÜR:

- 4 Europaletten, 80 × 120 cm
- 8 Winkel, verzinkt
- 48 Holzschrauben mit Senkkopf
- Akkuschrauber
- Wasserwaage
- Zollstock
- Trittsteine, z. B. Gehwegplatten oder Pflastersteine
- Gummihammer
- Wühlmausgitter, engmaschig, aus rostfreiem Material
- Tacker und Heftklammern für Tacker
- Arbeitshandschuhe
- Teichfolie oder Noppenfolie
- Ölfirnis

Dazu müssen Sie keine neuen Paletten aus dem Baumarkt verwenden, sondern können sich in Kleinanzeigen nach gebrauchten Stücken umschauen, die dort günstig zu haben sind.
Achtung: Die Paletten sind rau. Tragen Sie Handschuhe. Eine zweite Person zum Halten der Paletten kann nützlich sein. Und so gehen Sie vor:

Schritt 1: Ein Fundament erstellen

Legen Sie die Grundfläche für das Hochbeet von 120 × 120 cm etwas größer an, als später das Beet sein wird. Markieren Sie die Fläche und heben Sie die Grasnarbe unter dem späteren Rahmen des Hochbeets ab. Verlegen Sie Trittsteine mittels Wasserwaage und Gummihammer ringsum. Sie bilden später das stabile Fundament des Hochbeets.
Hinweis: Soll das Paletten-Hochbeet erdverbunden sein, müssen Sie die Grasnarbe auf der Grundfläche nicht entfernen.

Schritt 2: Die Paletten verbinden

Positionieren Sie zwei Paletten mit ihren Schmalseiten im rechten Winkel aufeinander, wobei die Palettenfüße nach innen zeigen (→ Tipp). Richten Sie die Paletten an den Ecken bündig aus und

1 Mit Winkeln verbinden Sie die einzelnen Paletten miteinander. Vorbohren ist wichtig, da das Holz reißen kann.

2 Gut gemacht, die Winkel halten! Der Rahmen des Hochbeets ist fertig. Nun geht es an die Inneneinrichtung.

Mit einem Elektrotacker bringen Sie ein feinmaschiges Netz gegen Wühlmäuse auf dem Boden des Hochbeet-Rahmens an.

Auf einen Wühlmausschutz könnten Sie verzichten, auf eine Folie nicht. An den Seiten angebracht, hält sie die Erde im Beet.

Viel geliebt: Paletten-Hochbeete halten einige Jahre. Außen ist Platz für ein Insektenhotel oder beispielsweise für Töpfe mit Kräutern.

verbinden Sie sie mit zwei Winkeln an der Ober- und Unterseite (→ Foto 1).
Achtung: Das unverarbeitete Holz der Paletten neigt zum Reißen. Markieren Sie deshalb zunächst die Löcher und bohren sie vor. Dann drehen Sie die Senkkopf-Holzschrauben ein. Verfahren Sie dann mit den beiden anderen Paletten ebenso.

Schritt 3: Den Rahmen erstellen

Nun werden die beiden L-förmigen Palettenteile so miteinander verbunden, dass sie den Rahmen des Hochbeets ergeben (→ Foto 2). Dazu schrauben Sie wieder je zwei Winkel in die Ecken. Auch hier ist es ratsam, vorzubohren.

Schritt 4: Gitter am Boden anbringen

Nachdem der Rahmen fertig verschraubt ist, verschließen Sie den Boden und evtl. auch die Seiten mit einem engmaschigen Draht. Diesen tackern Sie von innen an die Bretter. Der Draht verhindert, dass Wühlmäuse von unten in das Hochbeet gelangen und dort Schaden anrichten. An den Seiten gibt er der Folie Halt (→ Foto 3).

Schritt 5: Gegen Nässe schützen

Die Innenseiten des Hochbeets verkleiden Sie mit Teich- oder Noppenfolie, die Sie an den oberen und unteren Rändern der Paletten festtackern (→ Foto 4). Das verhindert das Verrotten des Holzes sowie das Ausschwemmen und Ausrieseln von Erde. Auf den Boden des Beets kommt keine Folie, damit Bodenlebewesen von unten eindringen können. Achten Sie darauf, keine Spannung auf die Folie auszuüben. Um zu verhindern, dass das Holz von außen schnell verrottet, imprägnieren Sie es mit Ölfirnis.

Schritt 6: Das Hochbeet befüllen

Stellen Sie den Rahmen auf das Fundament. Nun geht es ans Befüllen. Die Art des Füllmaterials ist bei allen Hochbeet-Varianten gleich, und zwar in dieser Reihenfolge von unten nach oben:

- Baum- und Strauchschnitt
- Pflanzenreste, Laub, Rasenschnitt
- Kompost
- Gartenerde

→ S. 27, Aufbau des Hochbeets

TIPP
Varianten

- Möchten Sie die Zwischenräume bei den Palettenfüßen später ebenfalls bepflanzen, dann sollten Sie die Paletten mit den Füßen nach außen zusammenbauen (→ Bild 5). Die Zwischenräume müssen Sie vor dem Befüllen unten verschließen.
- Sie können das Hochbeet in der Länge erweitern, indem Sie rechts und links noch je eine weitere Palette integrieren.

Troubleshooting

Kleine weiße und schwarz befellte Gartenbesucher können Ihnen im Vollherbst das Gärtnern (vermeintlich) schwer machen. Zusätzlich wird das Wetter rauer. Die gute Nachricht ist, dass Sie mit einfachen Maßnahmen Ihren Garten wieder in den Griff bekommen.

? | Ich habe ein Hochbeet mit verschiedenen Kräutern bepflanzt. Können meine Kräuter draußen überwintern?

Die meisten Kräuter können im Beet, im Hochbeet oder in der Kräuterspirale verbleiben, wenn sie winterhart und mehrjährig sind. Das gilt zum Beispiel für Thymian, Berg-Bohnenkraut, Kümmel oder Schnittlauch. In Regionen mit kalten Wintern brauchen einige mehrjährige Kräuterarten aber einen Winterschutz, etwa Estragon, Ysop, Rosmarin, Oregano oder Lavendel.

Einjährige Kräuter wie Basilikum, Koriander, Dill, Sommer-Bohnenkraut oder Kerbel werden im Herbst vollständig abgeerntet, sie erleben sowieso keinen Winter. Pflanzen Sie frostempfindliche Kräuter wie Majoran, Estragon oder Minze im Topf und holen Sie sie im Herbst mit Einsetzen der ersten Fröste in eine geschützte Umgebung. Eine andere Möglichkeit ist es, diese Kräuter mit Frostschutzfolie abzudecken.

→ S. 50, Kräuter im Hochbeet säen

→ S. 135, 171, Kräuter richtig ernten

→ S. 25, Frostschutzfolie

? | Was mache ich, wenn ich einen Maulwurf im Garten habe?

Maulwürfe können gelegentlich in den Gemüsegarten kommen, wo sie sich unterirdisch von Regenwürmern und Insektenlarven ernähren. An Ihrem Gemüse knabbern die schwarzen Gesellen aber nicht. Wenn Sie die Haufen, die der Maulwurf aufwirft, stören, können Sie versuchen, den Maulwurf mithilfe von Lebendfallen zu fangen oder mit Geruchsstoffen zu vergrämen. Maulwürfe stehen unter Artenschutz und dürfen nicht getötet werden! Im Handel werden Ultraschallgeräte angeboten, die den Maulwurf vertreiben sollen. Solche Geräte sind unwirksam und vertreiben allenfalls nützliche Singvögel aus Ihrem Garten, die ein feineres Gehör haben.

? | An meinen Kohlpflanzen habe ich Heerscharen winziger weißer Insekten entdeckt. Ist das eine Blattlausart oder die Weiße Fliege?

Gut, dass Sie die Tiere jetzt entdeckt haben! Besonders an der Unterseite von Grünkohl zeigt sich dieser Schädling im Herbst, der sich im Zuge der Klimaerwärmung in Deutschland massenhaft ausbreitet. Es handelt sich dabei um Kohl-Mottenschildläuse. Neben den geflügelten Insekten befinden sich auch Schildläuse mit wachsartigem Rückenschild auf den Blättern. Das sind die unbeweglichen Larvenstadien. Sie alle saugen den Pflanzensaft von Kohlpflanzen und hinterlassen dabei klebrige, wachsartige Ausscheidungen. Eine Folgeerkrankung können Rußpilze sein. Kohl-Mottenschildläuse überwintern als Eier auf Pflanzenresten oder im Boden und freuen sich dann im nächsten Frühjahr über Ihre Neupflanzungen.

Die Weiße Fliege, auch Gewächshaus-Mottenschildlaus genannt, gehört ebenfalls zu den Mottenschildläusen. Im Unterschied zur Kohl-Mottenschildlaus hat sie aber reinweiße Flügel.

Bekämpft werden beide Schädlinge ähnlich. Siedeln Sie Nützlinge wie Marienkäfer, Raubwanzen oder Erzwespen an. Oder Sie mischen bei Bedarf 1 l Wasser mit 2 EL Rapsöl, 1 TL unparfümierter Schmierseife und 1 EL Neemöl und geben alles in eine Sprühflasche. Schütteln

Sie die Mischung vor jeder Anwendung gründlich. Sprühen Sie die Blattunterseiten mit dem Öl ein. Bei leichtem Befall verwenden Sie das Spray alle ein bis zwei Wochen, bei mäßigem Befall alle fünf bis sieben Tage, bei schwerem Befall alle zwei bis drei Tage, bis sich die Situation verbessert hat.

Hinweis: Wegen der Schmierseife in der Mischung waschen Sie die Kohlblätter vor dem Verzehr gründlich ab.

? | In meinem Beet sind die Kohlpflanzen, der Sellerie und die Zwiebeln matschig geworden und stinken. Was ist da los?

Hierbei handelt es sich um die Bakterielle Weichfäule, deren Erreger, das Bakterium *Pectobacterium carotovorum*, überall im Boden vorkommt und sich bei Temperaturen um 20 °C und bei feuchtem Wetter vermehrt. Die Krankheit ist für große Ernteverluste verantwortlich. Besonders Kohlpflanzen sind häufig betroffen, wenn sie vorab von Kohlfliegenmaden befallen wurden. Schützen Sie Kohlkulturen deshalb zunächst mit einem Kulturschutznetz vor diesem Insekt. Sollte es zu einem Weichfäule-Befall gekommen sein, können Sie nur noch die Ausbreitung stoppen. Entsorgen Sie die befallenen Pflanzen im Hausmüll. Präventiv ist es wichtig, sich an die pflanzentypischen Pflanzabstände zu halten und auf die Gießempfehlungen zu achten.

→ S. 62, Info Sparsam gießen

? | Es hat viel geregnet und mein Hochbeet steht unter Wasser. Was kann ich jetzt machen?

Wenn Ihr Hochbeet nach einem starken Regen unter Wasser steht, handelt es sich zunächst um einen Konstruktionsfehler, denn normalerweise sollte das Beet mit einer ausreichend dicken Drainageschicht und mit Löchern in der Folie versehen sein, damit überschüssiges Wasser in den Boden umgeleitet werden kann. Durch die Staunässe können die Wurzeln Ihrer Pflanzen faulen.

Deshalb sollten Sie bei Gelegenheit die Konstruktionsfehler an Ihrem Hochbeet beheben. Hochbeete mit Bodenkontakt brauchen in jedem Fall eine ausreichend dicke Drainageschicht von etwa 30 cm Höhe, damit das Wasser auch von starken Regenfällen in den Boden abgeleitet werden kann. Aber auch die Drainageschicht setzt sich mit der Zeit, weshalb Sie die Befüllung regelmäßig tauschen sollten.

Wenn es nun einmal schiefgegangen ist, ist jetzt Schadensbegrenzung notwendig, um Schäden an Ihren Kräuterpflanzen und Ihrem Gemüse zu minimieren. Versuchen Sie, das überschüssige Wasser mit Handtüchern oder ähnlichem saugfähigem Material aufzunehmen oder es vorsichtig mit einer Schmutzwasserpumpe zu entfernen.

Sollten weitere starke Regenfälle bevorstehen, können Sie das Beet vorübergehend mit einer Plane abdecken. Stützen Sie dazu die Plane mit Stöcken oder Ähnlichem ab, damit die Pflanzen nicht erdrückt werden. Wenn der Regen aufgehört hat, lassen Sie das Beet einige Tage abtrocknen. Die Erde sollte sich bis zum nächsten Gießen oberflächlich trocken anfühlen. Kontrollieren Sie die Pflanzen auf Schäden und entfernen Sie abgeknickte Zweige oder anderweitig beschädigte Pflanzenteile. Ein anderer Aspekt: Wasser spült Nährstoffe aus dem Boden. Sie können deshalb, wenn das Beet gut abgetrocknet ist, mit Pflanzenjauche nachdüngen.

Bei kleineren Hochbeeten, etwa auf dem Balkon oder der Terrasse, ohne direkten Bodenkontakt können Sie vorbeugen, in dem Sie perforierte Kästen oder Wäschekörbe verwenden, um das Beet zu bepflanzen. Diese werden in den eigentlichen Hochbeetkasten eingesetzt und können im Fall von starkem Regen im Ganzen entnommen und das Stauwasser vorsichtig abgegossen werden.

SPÄTHERBST

Das Jahr neigt sich unter dem letzten Laubfall der Eichen dem Ende zu. Aus den Hecken leuchten Hagebutten und Schlehen, die wertvolles Futter für daheimbleibende Vogelarten sind. Morgens ist der Garten nun häufig frostüberzogen und die letzten Kulturen müssen mit Vliesen und Mulch geschützt werden.

Regelmäßige Arbeiten im Spätherbst

Im Spätherbst beginnt sich der Jahreskreis aus Wachstum und Abbau zu schließen. Das Aufbereiten der Beete steht jetzt im Vordergrund.

- Fahren Sie im Spätherbst fort, abgeerntete Pflanzen zu entfernen und zu kompostieren.
- Stützen und Rankhilfen sollten gesäubert und trocken eingelagert werden.
- Sollten Sie jetzt noch Unkraut entdecken, jäten Sie es.
- Falls noch nicht geschehen, bereiten Sie die noch bepflanzten Beete mit Kompost oder Stallmist auf, den Sie oberflächlich eingraben oder unterharken.
- Frei gewordene Beete mulchen Sie, um sie vor Erosion im Herbst und Winter durch Regen und Schnee zu schützen und dem Boden Nährstoffe zuzuführen.
- Da die Niederschlagsmengen in dieser Jahreszeit wieder steigen, brauchen Sie bestehende Pflanzungen nur ausnahmsweise zu gießen.
- Ausschau halten sollten Sie auch wieder nach der Kohl-Mottenschildlaus und der Weißen Fliege an Ihren Kohlgewächsen (→ S. 174).
- Im Spätherbst fällt im Garten, etwa beim Heckenschnitt oder beim Säubern der Gemüsebeete, viel organisches Material an. Zerkleinern und häckseln Sie es und geben Sie es auf den Kompost.

Kohl-Mottenschildläuse haben großen Appetit.

Den pH-Wert des Bodens prüfen

Der pH-Wert gibt an, wie sauer oder basisch der Boden ist. Er ist eine entscheidende Kennzahl, um die Bodengesundheit und Fruchtbarkeit im Beet zu messen.

Ein pH-Wert um 7 ist neutral, Werte darüber sind basisch, Werte darunter sauer. Fast alle Gemüsepflanzen brauchen zum Gedeihen einen neutralen bis leicht sauren Boden mit Werten zwischen 6 und 7. Saure Böden behindern die Verfügbarkeit von Phosphor, Kalium und Magnesium, während basische Böden Eisen, Mangan und Bor für die Pflanzen schlechter zugänglich machen. Im Lauf des Jahres kann sich der pH-Wert im Gemüsebeet durch die Entnahme von Pflanzen und durch Niederschläge verändern. Mangelerscheinungen und vermindertes Wachstum sind die Folge von zu sauren oder zu basischen Böden. Auch zu viele Nährstoffe im Boden können die Pflanzengesundheit beeinträchtigen. Nehmen Sie daher regelmäßig eine Bodenanalyse vor.

Der Spätherbst ist eine gute Zeit, um den pH-Wert des Bodens zu prüfen. Das gibt Ihnen genug Vorlauf, um die nötigen Anpassungen vorzunehmen, bevor die Hauptpflanzsaison im Frühjahr wieder beginnt. Sie können den pH-Wert des Bodens mithilfe eines im Handel oder bei Analysezentren erhältlichen digitalen pH-Messgeräts prüfen, das Sie nur in den Boden halten müssen. Oder Sie erwerben ein Kit, einen sogenannten Bodentester, der Teststäbchen enthält, zum Beispiel aus dem Baumarkt. Auch Indikatorpapier ist zum Testen möglich. Für alle Varianten ist destilliertes Wasser notwendig.

Je nach Ergebnis lässt sich der pH-Wert des Bodens anpassen:

- **Boden zu sauer:** Zugabe von kohlensaurem Kalk, reiner Holzasche, zerkleinerten Eierschalen
- **Boden zu basisch:** Zugabe von Schwefel, Kaffeesatz, Kokosfasern, Bokashi-Saft, saurem Humus

→ S. 184, Eine Bodenanalyse durchführen

Den Komposthaufen umsetzen

Da im Spätherbst viel Schnittgut auf dem Kompost landet, ist jetzt eine gute Zeit, den Komposthaufen umzusetzen.

Durch das Umsetzen halten Sie die Zersetzungsprozesse im Komposthaufen in Gang, indem Sie Sauerstoff hinzugeben und noch nicht vollständig verrottetes Material von reifem Kompost trennen. Sie brauchen dazu eine Schaufel, eine Grabegabel und ein Kompostsieb. Beginnen Sie damit, das alte Kompostmaterial Schicht für Schicht mit einer Schaufel abzutragen und durch ein Durchwurfsieb auf eine Schubkarre zu werfen. Der reife Kompost ist feinkrümelig und erinnert an frischen Waldboden. Sollten Sie im übrigen Material Fremdkörper wie Steine, Äste, Wurzelstücke oder Plastiketiketten von Obstschalen und Ähnliches finden, entsorgen Sie diese. Das verbleibende Material häufen Sie auf einen zweiten Haufen. Denken Sie daran, auch hier mit einer Schicht aus Zweigen und lockerem Schnittgut zu beginnen. Geben Sie zwischendurch immer wieder eine feine Lage reifen Humus in den neuen Komposthaufen. Die darin enthaltenen Mikroorganismen wirken als Kompostbeschleuniger.

→ S. 21, Kompostieren

→ S. 36, Komposthaufen anlegen

→ S. 37, Kompost belüften

Mittelmeerkräuter pflegen

Mittelmeerkräuter sind nicht auf feuchtes, kühles Wetter ausgerichtet.

Salbei, Thymian und Rosmarin neigen im feuchten Herbst zu Schimmel und Fäulnis. Schauen Sie die Pflanzen daraufhin nach und vermeiden Sie eine übermäßige Bewässerung, insbesondere im Herbst. Lichten Sie die Sträucher bei Bedarf mit einer scharfen Gartenschere aus. Die Zweige aber nicht zu kurz schneiden! Ein guter Richtwert ist, etwa ein Drittel bis die Hälfte der Pflanze zu entfernen. Das frostempfindliche Basilikum sollten Sie ganz zurückschneiden oder dem Beet entnehmen. Winterharte Kräuter wie Rosmarin oder Thymian befreien Sie von welken oder beschädigten Trieben.
Ernten und Trocknen: Schneiden Sie Kräuter knapp über dem Boden ab, binden Sie sie zu lockeren Sträußen und trocknen Sie sie an einem luftigen Ort. Getrocknete Kräuter behalten ihr Aroma für Suppen, Saucen und andere Gerichte.
Einfrieren: Zerkleinern Sie die Kräuter, füllen Sie sie in Eiswürfelfächer und frieren Sie sie mit Wasser oder Olivenöl ein.
Kräuteröl oder -essig: Füllen Sie ein Glas mit frischen Kräutern und gießen Sie Olivenöl oder Essig darüber. Lassen Sie das Ganze einige Wochen ziehen. Beides schmeckt gut in Salaten, das Öl auch als Dip zu einem guten Brot.

Gemüse einmieten

Von Hobbygemüsegärtnern selten genutzt, kann eine Erdmiete durchaus praktisch sein.

Eine Erdmiete funktioniert wie ein unterirdischer Kühlschrank, in dem lagerfähige Gemüsesorten und Kartoffeln oder Obst aufbewahrt werden können. Das ist praktisch, wenn Sie begrenzte Lagerkapazitäten im Haus oder eine überreiche Ernte haben.
Heben Sie für eine Erdmiete im Garten an einer vor Regen geschützten Stelle eine Grube von 1 m Tiefe, 1,20 m Breite und 1,50 m Länge aus.
Hinweis: Länge und Breite können Sie etwas variieren, die Tiefe sollte aber 1 m betragen, damit es darin kühl genug ist. Kleiden Sie den Boden und die Wände mit einer Mischung aus feuchter Erde und Laub oder Stroh aus. Schichten Sie dann unbeschädigte Kartoffeln, Möhren, Zwiebeln, Kürbisse, Kohl oder Knollensellerie in die Erdmiete. Geben Sie darauf eine Lage Stroh, dann kommt wieder eine Lage Gemüse. Wechseln Sie in dieser Weise ab, bis Ihr Gemüse eingelagert ist. Bedecken Sie das Lager am Ende mit einer 15–20 cm dicken Erdschicht. Die Temperatur in der Erdmiete bleibt das ganze Jahr über stabil bei 7–10 °C. Überprüfen Sie Ihre Schatzkammer regelmäßig auf Schimmel und Fäulnis und entnehmen Sie beschädigte Stücke.

Biodiversität fördern im Garten

Ihr eigener Garten ist mehr als nur ein Ort der Ernte von Kohl, Kartoffeln und Tomaten. Er ist ein lebendiges Ökosystem, in dem Pflanzen, Tiere wie Insekten und Mikroorganismen in einem engen Verhältnis zusammenspielen.

Biodiversität, also die Vielfalt der Arten, ist im Garten nicht nur ein separater Aspekt, sondern der Schlüssel zur Erhaltung der Bodengesundheit, der Widerstandsfähigkeit von Gemüsepflanzen und der Bestäubung von Gemüse, Obst oder Beeren. Sie können Ihren Garten mit wenigen Maßnahmen von einer ökologischen Wüste in eine fruchtbare Oase verwandeln, die sowohl Mensch als auch Natur erfreut.

- **Vielfältige Pflanzenauswahl:** Bereits durch die richtige Pflanzenauswahl können Sie die Biodiversität in Ihrem Garten fördern. Statt sich auf wenige Gemüsearten zu beschränken, die im Handel als Bestseller verkauft werden, können Sie die Augen offen halten nach alten (→ S. 182) oder heimischen Sorten. Diese sind besser an das hiesige Klima angepasst und bieten regionaltypischen Insekten und Tieren Nahrung und Unterschlupf. Dadurch werden nützliche Insekten angelockt und Schädlinge in Schach gehalten, die Bestäubung wird gefördert. Pflanzen Sie nicht nur Gemüse, sondern auch Kräuter, Blumen und Sträucher. Auch die Anlage einer Wildblumenwiese dient der Biodiversität.
- **Nistplätze:** Indem Sie Nistplätze für Vögel in Ihrem Garten schaffen, leisten Sie einen erheblichen Beitrag zur Förderung der Biodiversität. Vogelschutzhecken aus heimischen Heckenpflanzen wie Wildrosenarten, Schlehdorn, Pfaffenhütchen, Weißdorn und Heckenkirsche bieten heimischen Vogelarten Schutz vor Feinden und dienen als Nahrungsquelle.
- **Kein Einsatz von Pestiziden:** Synthetische Pestizide können nicht nur Schädlinge im Garten abtöten, sondern sie schaden auch den Nützlingen. Sie stören das ökologische Gleichgewicht und verursachen langfristige ökologische Schäden. Arbeiten Sie gegen Krankheiten und Schädlinge lieber niedrigschwellig mit Pflanzenjauchen, siedeln Sie gezielt Nützlinge an und beugen Sie vor, indem Sie Ihr Gemüse standortgerecht anbauen.
- **Wasserstellen:** Vögel und Insekten brauchen Wasser, einerseits zum Trinken, andererseits als Brutstätte. Die Anlage von Feuchtgebieten – selbst in Form eines winzigen Teiches – lockt eine Vielzahl von Lebewesen an, darunter Kröten, Frösche, Molche, Libellen und Wasserinsekten. Darüber hinaus bieten Wasserstellen einen Lebensraum für Wasserpflanzen, die wiederum ein reich gedeckter Tisch und ein Versteck für verschiedene Kleinlebewesen sind. Gerade in trockenen Zeiten in städtischen Räumen ist es wichtig, Vogeltränken bereitzuhalten.
- **Totholzecke:** In den aufgeschichteten Ästen und Zweigen findet eine Vielzahl an Insekten und Kleintieren in Form von Asseln, Spinnen, Käfern, Wildbienen und anderen Insekten Unterschlupf und Nahrung. Auch Pilze und Mikroorganismen siedeln sich an. Des Weiteren schlüpfen hier nützliche Igel, Nagetiere und Amphibien unter und Vögel finden Brutplätze. Totholzecken sind nicht nur ökologisch wertvoll, weil sie die Vielfalt erhöhen, sie können auch einen ästhetischen Reiz in Ihrem Garten ausmachen.
- **Kompostierung:** Biodiversität und Kompostierung sind eng miteinander verbunden, nicht nur, weil Sie darauf Ihre organischen Abfälle entsorgen und damit ein kostenloses, wertvolles Düngemittel herstellen können. Kompost zieht auch nützliche Organismen wie Regenwürmer, Bakterien und Pilze an und in der Folge Vögel, Igel und weitere Kleintiere, die nach Insekten und Schnecken suchen.
- **Fruchtfolge und Mischkultur:** Durch die regelmäßige Rotation von Gemüsearten sowie die geschickte Kombination von Kulturen in einem Beet verhindern Sie nicht nur die Auslaugung des Bodens, sondern vermindern auch das Risiko von Schädlingsbefall und Krankheiten. Sie schaffen durch diese Schlüsselpraktiken abwechslungsreiche Lebensräume und Nahrungsquellen für Bodenlebewesen und deren Fressfeinde, wie Marienkäferlarven, Bodenwanzen, Spinnen, Laufkäfer und Asseln.

Aussäen von Wintergemüse

Ähnlich wie im Vollherbst konzentriert sich im Spätherbst die Aussaat nur noch auf wenige winterharte Sorten.

Winterhart sind zum Beispiel Bärlauch, Kresse, Mizuna und Dicke Bohnen. Von Spinat, Erbsen und Zwiebeln sind winterharte Sorten erhältlich.
Wenn Sie ein Frühbeet oder einen Frühbeetaufsatz für das Hochbeet haben, können Sie dort einige Sorten für das kommende Frühjahr aussäen, wie frühe Dicke Bohnen, Erbsen und Blumenkohl.
Für Anzuchten im Haus reichen die Lichtverhältnisse nun nicht mehr aus.

→ S. 25, Frühbeetaufsatz

Kaltkeimer säen

Die Samen einiger Pflanzenarten nutzen eine eingebaute Zeitschaltuhr gegen Frost. Sie legen eine sogenannte Keimruhe ein. Man nennt sie daher Kaltkeimer.

Kaltkeimer sind Pflanzen, die für ihre Keimung eine Kälteperiode benötigen. Diese Anpassung ermöglicht Ihnen eine kontinuierliche Ernte in den kalten Monaten. Um erfolgreich auszutreiben, benötigen die meisten Kaltkeimer mindestens sechs Wochen Ruhezeit in kalter, feuchter Erde bei Temperaturen von 0–5 °C. Die Aussaat kann im Beet oder in Anzuchtschalen erfolgen, indem die Samen leicht mit Erde bedeckt werden. Während der Keimruhe verhindert das Pflanzenhormon Abscisinsäure, dass die Samen keimen. Wenn die Temperatur steigt, baut sich das Hormon ab und löst so die Keimung aus. Das späte Keimen schützt die Jungpflanzen vor dem Erfrieren.
Die meisten unserer heutigen Gemüsekulturpflanzen stammen aus wärmeren Gefilden und keimen deshalb bei warmen Temperaturen. Es gibt nur wenige Ausnahmen wie den Meerkohl oder die Kerbelrübe. Häufiger trifft man Kaltkeimer unter den heimischen Kräutern an. So brauchen Angelika, Anis, Bärlauch, Beifuß, Oregano und Estragon eine längere Kälteperiode, um zu keimen.
Salat ist kein Kaltkeimer, wird aber wegen seiner Neigung zum Schießen in kühleren Monaten angebaut.

Manches Wintergemüse lässt sich jetzt noch im Freiland aussäen.

Winterpetersilie ist ein Kaltkeimer. Sie treibt nach einer Kälteperiode aus.

Beifuß braucht zum Keimen eine Kälteperiode. Das Kraut macht fettes Essen bekömmlicher.

Spätherbst

Pflanzen und ernten im Spätherbst

In der dunkleren Jahreszeit sind wir dankbar für frisches Gemüse aus dem Garten.

- Für die meisten Pflanzen einschließlich vorgezogener ist es im ungeschützten Freiland jetzt zu kalt. Dennoch lassen sich auch im Spätherbst noch Knoblauch und Zwiebeln stecken.
- Auch Rhabarber und Beerensträucher können Sie jetzt noch erfolgreich auspflanzen, damit sie über den Winter gut anwurzeln und im Frühjahr gesund und munter austreiben. Sie wecken die Vorfreude auf das kommende Jahr.
- Auch jetzt lässt sich immer noch ein üppiges Angebot ernten. Kohlrabi und Rote Bete, Möhren, Sellerie und Steckrüben sowie Kürbisse versorgen uns über die kälteren Monate mit Vitaminen und Mineralstoffen. Herbst- und Winterkohl in allen Varianten trägt zusätzlich zur Vielfalt der selbst geernteten Speisen bei.
- Lagerfähige Bohnen, Winterrettich und Topinambur ergänzen den Vorrat an gesundem Gemüse.
- Auch Kopf- und Pflücksalate stehen jetzt noch zur Verfügung, vorausgesetzt, sie wurden mit Vliesen vor Kälteeinbrüchen geschützt. Endiviensalat, Spinat, Asia-Salate und Mangold bringen knackige Frische auf den Tisch.
- Eingelagertes Gemüse sollten Sie auf Fäulnis oder Schimmel kontrollieren.

Winterwurzeln pflanzen und ernten

Wenn die Temperaturen sinken, rücken winterharte Gemüsesorten in den Mittelpunkt des Garteninteresses. Es lohnt sich, die Vielfalt der Wurzelgemüse kennenzulernen, von denen einige früher Grundnahrungsmittel waren.

Kerbelrübe pflanzen

Die Kerbelrübe ist ein Wurzelgemüse mit großartigem Geschmack, der roh an süßliche Pastinaken und gekocht an Maronen erinnert. Sie stammt ursprünglich aus Nordeuropa, gelbschalige Kerbelrüben aus Sibirien. Die Wurzeln sind ca. 10 cm lang und gedrungen mit weißbrauner Schale. Wenn Sie diesen Kaltkeimer im Oktober säen, können Sie die Rüben im zeitigen Frühjahr ernten. Kerbelrüben haben eine schwache Keimrate. Säen Sie deshalb dicht und vereinzeln Sie die Pflanzen später auf 5–10 cm. Reihenabstand 25 cm. Kerbelrüben sind genügsam und brauchen lediglich einen lockeren, humosen Boden.

Topinambur pflanzen

Die »Erdbirne« oder auch »Sonnenblumenartischocke« genannte Pflanze war bis ins 18. Jahrhundert Grundnahrungsmittel in Deutschland, bis sie von der Kartoffel abgelöst wurde. Gegessen werden die knollenartigen Wurzeln, die aufgrund ihres hohen Inulingehalts lange sättigen. Der Anbau von Topinambur ist einfach. Im Spätherbst können die Knollen gesetzt werden, damit sie im zeitigen Frühjahr austreiben. Ernten können Sie die Knollen dann im nächsten Herbst.

Achtung: Topinambur breitet sich unterirdisch fleißig aus und treibt auch aus den kleinsten Wurzelresten wieder aus. Man setzt sie besser im Topf in die Erde, um ihre Ausbreitung zu kontrollieren. Halten Sie einen Abstand von 60–80 cm zwischen den Pflanzen und 1,20–1,50 m zwischen den Reihen ein.

Schwarzwurzeln ernten

Schwarzwurzeln oder Winterspargel sind ein altes, heimisches Gemüse. Die Pfahlwurzel dieser Asternart bevorzugt tiefgründige, lockere, leicht sandige Böden in Sonne oder Halbschatten. Aussaatzeitpunkt ist März bis April. Säen Sie sie in Reihen im Abstand von 25–30 cm und pikieren Sie sie ab Mitte Mai auf 5–7 cm Abstand. Bis zum Herbst hat die Pflanze dann die relativ lange Pfahlwurzel entwickelt, die ab November geerntet werden kann. Als frosthartes Gemüse kann die Schwarzwurzel den Winter über auch im Beet bleiben und bei Bedarf bei nicht gefrorenem Boden geerntet werden. Verbleiben die Wurzeln im Boden, treiben sie im nächsten Jahr Blätter und gelbe Blüten, aus denen Sie selbst Samen gewinnen können. Die Schwarzwurzeln können mehrere Jahre im Boden bleiben und müssen nicht jedes Jahr neu gepflanzt werden.

Pflanzen mit Vlies schützen

Wenn die Temperaturen im Spätherbst in den Keller sinken, sollten Sie Ihre Kulturen im Freiland mit Gärtnervlies oder Frostschutzvlies vor Frostschäden schützen.

Das Vlies isoliert und verhindert, dass Schnee direkt auf Ihre Pflanzen fällt und sie schädigt. Spezielle Vliese, die Sie im Handel kaufen können, lassen Licht und Luft durch, während sie Wind und Frost abhalten. Achten Sie beim Kauf darauf, dass das Vlies ausreichend groß ist, um Ihre gesamten Pflanzen zu bedecken. Pflanzenschutzvliese aus recyceltem Polypropylen oder biologisch abbaubaren Materialien wie PLA (Polymilchsäure) sind umweltfreundlichere Optionen.

So gehen Sie vor

1 | **Pflanzen ausreichend wässern:** Trockene Pflanzen sind frostempfindlich. Gießen Sie Ihre Pflanzen deshalb ausreichend.

2 | **Vlies auslegen:** Breiten Sie das Vlies vorsichtig über Ihre Pflanzen. Beschweren Sie die Ränder des Vlieses mit Steinen, um ein Verrutschen zu vermeiden.

3 | **Luftzirkulation gewährleisten:** Lassen Sie an den Seiten des Vlieses Luftlöcher, damit die Luft zirkulieren kann und sich keine Feuchtigkeit darunter staut.

Chicorée kultivieren

Chicorée ist ein typisches Herbst- und Wintergemüse. Verwendet werden sowohl die grünen Blätter als Salat als auch die weißen Chicorée-Kolben für Salate und Gemüse.

Chicorée steckt voller Vitamine und gesunder Bitterstoffe, die in den kühlen Monaten willkommen sind. Wenn Sie Chicorée ab September ernten möchten, sollten Sie im Vollfrühling mit der Aussaat beginnen. Die Pflanzen benötigen einen lockeren, humosen Boden in der Sonne oder im Halbschatten. Säen Sie die feinen Samen ähnlich wie Möhren dicht in Reihen und dünnen Sie die Pflanzen später auf einen Abstand von 10–15 cm aus. Der Abstand zwischen den Reihen sollte etwa 30 cm betragen. Sorgen Sie also während der ersten Wochen für regelmäßige Befeuchtung der Aussaatreihen. Sie können auch Jungpflanzen direkt ins Beet setzen. Ernten können Sie die zarten Chicoréeblätter, die optisch an Löwenzahn erinnern, etwa drei bis vier Wochen nach der Aussaat. Wenn Sie nur die äußeren Blätter entnehmen, wachsen immer wieder neue Blätter nach. Chicorée sollte nicht länger als vier Jahre am gleichen Ort stehen, damit keine Fäulniserreger übertragen werden.
Um die charakteristischen hellgelben Chicorée-Knospen zu erhalten, müssen die Wurzeln der Pflanze an einem dunklen Ort austreiben. Chicorée können Sie einfach zu Hause im Keller treiben.

So gehen Sie vor

1 | **Wurzelknollen entfernen:** Ab September sollten Sie die Wurzeln ausgraben. Die Pflanzen sollten bis dahin etwa 18 bis 20 Wochen gewachsen sein und die Wurzeln einen Durchmesser von 3–6 cm haben.

2 | **Die Wurzeln ruhen lassen:** Die geernteten Wurzel lassen Sie ein bis zwei Tage auf dem Beet abtrocknen, damit sie Nährstoffe speichern können. Entfernen Sie dann alle Blätter.

3 | **Chicorée treiben:** Setzen Sie die gereinigten Wurzeln eng nebeneinander in einen Eimer mit nährstofffreicher Erde. Wässern Sie die Wurzeln gut und lagern Sie sie in einem dunklen Raum bei 12–18 °C. Nach etwa drei bis vier Wochen können Sie die Chicorée-Knospen ernten.

Chicorée lässt sich an einem dunklen Ort treiben.

Das Hochbeet winterfest machen

Das Hochbeet fällt langsam in den Winterschlaf. Gönnen Sie ihm eine schützende Decke aus Laub, Kompost oder Mist.

Bereiten Sie Ihr Hochbeet auf den Winter vor, indem Sie es mit Stallmist oder mit reifem Kompost aufbereiten. Verteilen Sie beides gleichmäßig auf der Oberfläche und arbeiten Sie das Material oberflächlich in die Erde ein. Das fördert nicht nur die Bodenqualität, sondern schützt auch vor Frost. Herbstlaub ist eine gute Möglichkeit, im späten Herbst und Winter zu mulchen, besonders wenn Sie das Hochbeet dann noch bepflanzt haben.

TIPP

Alles Mist?

- Pferdemist ist nährstoffreich und in vielen Reitställen erhältlich. Achten Sie auf vollständige Verrottung, um keine Unkrautsamen einzutragen.
- Kuhmist, von Landwirten oder Milchbetrieben bezogen, ist ebenfalls nährstoffreich und verbessert die Bodenstruktur.
- Milder, aber nicht so leicht erhältlich sind Schaf- oder Ziegenmist, ideal für empfindlichere Pflanzen.
- Hühnermist ist stark konzentriert. Er eignet sich als Dünger erst nach vollständiger Verrottung und ist in Geflügelbetrieben oder bei lokalen Hühnerhaltern zu bekommen.

Säen und pflanzen im Spätherbst

Nutzen Sie den Spätherbst, um noch einmal Gemüse zu säen und Ihren Kräuterbestand aufzustocken.

Säen von Wintererbsen

Für frische Erbsen im Frühjahr können Sie im Spätherbst Wintererbsen säen. Diese widerstandsfähigen Sorten eignen sich hervorragend für den Anbau im Hochbeet. Ein Frühbeetaufsatz erhöht die Temperatur und lässt die Erbsen besser keimen.

Winterharte Kräuter anpflanzen

Nutzen Sie den Spätherbst, um die Kräuterzone in Ihrem Beet aufzustocken. Thymian, Salbei und Rosmarin bilden verholzende Stauden und ziehen im Winter nicht ein.
Schnittlauch zieht sich zurück und sammelt über den Winter Kraft in seinen Wurzeln, um dann im nächsten Frühjahr kräftig auszutreiben.

TIPP

Bodenanalyse durchführen

Auch den Boden im Hochbeet können Sie im Spätherbst einer Analyse unterziehen. Je nachdem, wie das Ergebnis ausfällt, sollten Sie den pH-Wert mit reifem Kompost oder Kaffeesatz ausgleichen.

→ S. 178, Den pH-Wert des Bodens prüfen

→ S. 203, Info Eine Bodenprobe entnehmen

Pflanzen vor Wind schützen

Im Spätherbst kann der Wind zu einer Gefahr für Ihr Gemüse im Hochbeet werden, besonders für hoch wachsende oder zarte Arten wie Kräuter und Blattgemüse. Der Einsatz von Windschutzwänden aus Netzmaterialien oder stabilen Zäunen hilft, mögliche Schäden durch starke Böen zu minimieren.

Die erste Maßnahme gegen Abknicken, insbesondere für hoch wachsende Pflanzen wie Tomaten oder Paprika, ist es, sie an Spaliere, Stützringe oder Stäbe anzubinden. Subtilere Windschäden sind nicht sofort sichtbar. Konstanter Windstress kann aber zu einer allmählichen Dehydrierung der Pflanzen führen. Dieser Prozess verlangsamt das Wachstum, beeinträchtigt die Nährstoffaufnahme durch die Wurzeln und kann zu subtilen Verfärbungen der Blätter führen. Sollte das Anbinden als Schutz nicht ausreichen, können Sie temporäre Windschutzwände aufstellen, die kräftige Windstöße abfangen. Die Windschutzwände werden am besten auf der windzugewandten Seite des Hochbeets aufgestellt. Sie können aus speziellen Windschutznetzen, stabilen Gitter- oder Kunststoffzäunen, Naturmaterialien wie Holz oder Bambus, Stroh- oder Schilfmatten oder transparenten Kunststoffplanen bestehen, abhängig von der gewünschten Ästhetik. Auch Kulturschutznetze schützen vor Wind.

Ernten im Spätherbst im Hochbeet

Genießen Sie die herbstlichen Schätze aus Ihrem Hochbeet. Vieles schmeckt nach dem ersten Frost sogar noch besser.

Knollenfenchel ernten

Knollenfenchel intensiviert im Spätherbst seinen Geschmack und sein Aroma. Die kühleren Temperaturen lassen ihn mehr Zucker und mehr ätherische Öle einlagern, was ihn süßer, aromatischer und zarter macht. Fenchel ist nicht winterfest und sollte vor den ersten Frostnächten geerntet werden.

Wintersalat, Spinat und Radieschen ernten

Ernten Sie Wintersalat, Spinat und Radieschen, bevor die Temperaturen weiter fallen. Unter einem Frühbeetaufsatz dürfen sie aber noch eine Weile stehen bleiben.

Möhren und Kohlrabi einlagern

Möhren und Kohlrabi sind Gemüsearten, die sich gut für die Einlagerung eignen. Ernten Sie beides und lagern Sie alles, was Sie nicht gleich verarbeiten, in einer kühlen, frostfreien Umgebung, zum Beispiel in einer Miete.

→ S. 201, Das Hochbeet als Erdmiete nutzen

→ S. 179, Gemüse einmieten

Mangoldernte beenden

Die Mangoldsaison ist jetzt auch endgültig beendet. Ernten Sie die Pflanzen, indem Sie die Erde um die Basis herum vorsichtig beiseitegraben. Heben Sie die Pflanze mit der Wurzel dann vorsichtig aus dem Boden und schütteln Sie die Erde ab. Schneiden Sie die Wurzel ab und verwerten Sie die Stiele und Blätter für Gemüse.

Wenn man den Mangold stehen lässt, treibt er nach nicht zu kalten Wintern oder unter Schutz im zeitigen Frühjahr wieder aus und liefert erste Salatblätter, bevor er blüht. Sollten Sie einen Überschuss an Mangold haben, lässt er sich hervorragend fermentieren.

Sprossenbrokkoli und Grünkohl

Sprossenbrokkoli und Grünkohl können nach den ersten Frostnächten geerntet werden. Sprossenbrokkoli darf im Beet stehen bleiben, wenn er etwas Schutz mit Mulch oder einem Vlies bekommt. Grünkohl ist frostfest, er kann auch bis in den Winter hinein ungeschützt im Hochbeet bleiben. Der Frost macht ihn süßer und bekömmlicher.

Auch die prallen Fenchelknollen dürfen jetzt im Spätherbst abgeschnitten werden.

Erste Wintersalate schmecken frisch aus dem Beet. Ernten Sie sie, bevor es zu kalt wird.

Sprossenbrokkoli unterscheidet sich durch viele Seitensprossen vom »normalen« Brokkoli.

Einen Bokashi-Eimer bauen

Bei Bokashi handelt es sich nicht um eine Kompostierung im herkömmlichen Verständnis. Während bei der Kompostierung nährstoffreicher Humus entsteht, werden in einem Bokashi Küchenabfälle fermentiert.

SIE BRAUCHEN DAFÜR:

- **Zwei gleich große Eimer,** die ineinanderpassen und sich mit einem Deckel luftdicht verschließen lassen. Eimer aus dem Baumarkt oder leere 10-l-Joghurteimer (in der Gastronomie nachfragen) eignen sich zum Beispiel.
- Hahn mit Dichtung
- **Abstandshalter** zwischen den Eimern, etwa kleine Blumentöpfe, Steine. Die Abstandshalter sollten 3–5 cm hoch sein.

Der Umsetzungsprozess erfolgt bei Zimmertemperatur innerhalb von etwa zwei Wochen unter Luftabschluss. Dabei entsteht eine Art Vorstufe von Kompost, die aufgrund des sauren Milieus nicht fault oder schimmelt. Bokashi riecht überraschend dezent, angenehm leicht säuerlich und kann daher auch in der Küche aufgestellt und befüllt werden. Der luftdichte Abschluss lässt ohnehin keine Gerüche nach draußen.

Bokashi-Eimer sind mit einem Ablaufhahn versehen, über den Sie überschüssige Flüssigkeit entnehmen müssen, damit der Bokashi nicht »ertrinkt«. Diese Flüssigkeit enthält eine hohe Dichte an aktiven Mikroorganismen und ist ein optimaler Flüssigdünger, der im Verhältnis 1:100 mit Wasser gemischt über die Gießkanne im Beet ausgebracht wird.

Und so gehen Sie vor:

Schritt 1: Eimer passgenau machen

Besorgen Sie sich zwei gleiche Eimer, die genau ineinanderpassen und die mit einem luftdicht verschließbaren Deckel ausgestattet sind (→ Foto 1).

Schneiden Sie den oberen Rand eines Eimers ab, sodass er vollständig in den anderen Eimer passt (→ Foto 2). Beachten

Alles bereitgestellt: Mit wenigen Mitteln kann man einen Bokashi-Eimer selbst bauen. Passende Eimer gibt es im Baumarkt.

Eine Markierung zeigt, wo der innere Eimer abgeschnitten werden muss, damit er nahtlos in den anderen Eimer passt.

Jetzt passt es: Der randlose Eimer kann auf Abstandshaltern in den anderen Eimer gestellt werden.

Denken Sie daran, Löcher zur Drainage in den inneren Eimer zu stechen. So kann der Bokashi-Saft später abgezapft werden.

Etwas erhöht steht der Bokashi-Eimer gut. So können Sie den entstehenden Saft zum Gießen über den Hahn entnehmen.

Sie beim Abschneiden des Rands, dass der innere Eimer auf Abstandshaltern stehen wird, um Raum für überschüssige Flüssigkeit zu schaffen (→ Foto 3).

Schritt 2: Drainage einbringen

Stechen Sie Löcher in den Boden des inneren Eimers (→ Foto 4). Diese Löcher ermöglichen den Abfluss der Flüssigkeit, die während des Fermentationsprozesses entsteht. Platzieren Sie die Abstandshalter auf dem Boden des äußeren Eimers und stellen Sie den inneren Eimer darauf.

Schritt 3: Wasserhahn anbringen und Testlauf

Befestigen Sie den Wasserhahn am äußeren Eimer mit einer Dichtung unterhalb des Bodens des Eimers (→ Foto 5). Dieser Hahn dient dazu, die überschüssige Flüssigkeit abzulassen. Vor dem Befüllen sollten Sie testen, ob der Hahn einwandfrei funktioniert und ob die Löcher im Eimerboden ausreichend für den Flüssigkeitsabfluss sind. Bei Bedarf Löcher vergrößern, da sie verstopfen können.

Schritt 4: Befüllen des Eimers

Geben Sie zerkleinerte, organische Abfälle in den inneren Eimer. Dazu gehören Gemüseschnipsel, Obstreste, Eierschalen, Kaffeesatz und Teebeutel ohne Klammer. Fleisch, Fisch, Milchprodukte und Zitrusfrüchte sollten nicht in den Bokashi. Drücken Sie die Schicht gut zusammen und bedecken Sie sie mit einer dünnen Schicht Bokashi-Startermittel (im Fachhandel als Pulver oder Spray erhältlich). Schließen Sie dann den Deckel des inneren Eimers fest. Alle Seiten sollten gut verschlossen sein.

Schritt 5: Bokashi reifen lassen

Lassen Sie den Bokashi-Eimer an einem geeigneten Ort, etwa in der Küche, stehen. Fügen Sie nach und nach Küchenabfälle hinzu und bedecken Sie jede Schicht mit einer Schicht Mikroorganismen, bis der Eimer voll ist. In der Regel sind etwa 6–8 Nachfüllungen erforderlich, abhängig von der Menge der Küchenabfälle.

→ S. 188, Bokashi anwenden

TIPPS

Gut zu wissen

- Da im Gegensatz zu einem Kompost die Umwandlung anaerob, also ohne Sauerstoff, abläuft, müssen Sie jede Schicht im Eimer gut zusammendrücken. Dazu können Sie einen Plastikbeutel mit Sand füllen, verknoten und als Presse verwenden.
- Setzen Sie gleich zweimal Bokashi im Wechsel an (mit 4 Eimern), dann haben Sie immer frischen Bokashi zur Verfügung, während der andere angesetzt wird.

Troubleshooting

Der Spätherbst bringt erste Fröste, dann wird es Zeit, für den Winter vorzusorgen. Das wollen auch andere! Ungebetene Gäste lassen sich mit kleinen Tricks vertreiben. Andere Besucher sind sehr willkommen.

? | Ich möchte einen Bokashi-Eimer herstellen. Dafür brauche ich Bokashi-Startermittel. Wo bekomme ich diese oder kann ich sie selbst herstellen?

Effektive Mikroorganismen (EM) bekommen Sie online oder im Fachhandel. Sie können sie aber auch selbst herstellen. Dazu mischen Sie eine Tasse Getreidemehl oder Weizenkleie mit einer Tasse lauwarmem Wasser zu einem Teig, fügen dann eine Tasse Melasse oder braunen Zucker hinzu, um den Mikroorganismen Nahrung zu bieten. Impfen Sie den Getreidebrei mit ein paar Tropfen gekaufter EM und verschließen Sie das Ganze in einem luftdichten Beutel. Lassen Sie die Mischung für etwa eine Woche an einem warmen Ort fermentieren. Sobald die Mischung einen sauren Geruch entwickelt, ist die selbst gemachte Starterkultur einsatzbereit. Sie können sie genauso verwenden wie gekauftes EM-Substrat.

? | Wie kann ich Bokashi anwenden?

Wenn der Bokashi fertig ist, wird er nicht zu reifer Komposterde, wie Sie es von der herkömmlichen Kompostierung kennen. Fertiger Bokashi lässt das Ursprungsmaterial immer noch deutlich erkennen. Durch den Fermentierungsprozess ist das Substrat sauer und hat einen hohen Nährstoffgehalt – ähnlich wie Sauerkraut, das fermentierter Weißkohl ist. Den reifen Bokashi können Sie entweder auf den Kompost geben, ähnlich wie Kompost in Ihr Beet oder Hochbeet einarbeiten, Pflanzlöcher damit aufbereiten oder als Nahrung für den Wurmkomposter verwenden. Das Material wird vor Ort rasch umgesetzt und die aufgeschlossenen Nährstoffe kommen damit schnell Ihren Pflanzen zugute.

→ S. 186, DIY-Projekt Einen Bokashi-Eimer bauen

? | Ich habe Rosmarin und Salbei im Beet. Sind die beiden winterhart oder muss ich sie ausgraben?

Sowohl Salbei als auch Rosmarin sind in der Regel winterhart und können den Winter im Freiland bleiben. Beide Pflanzen überstehen Temperaturen bis etwa –10 °C. Im Herbst sollten Sie jedoch auf zusätzlichen Dünger verzichten und abgeblühte Blütenstände entfernen. Mulchen Sie die Pflanzen mit Stroh oder Laub. Kalter Wind entzieht den Pflanzen Feuchtigkeit. Schützen Sie sie deshalb mit einem Jutesack oder einem Vlies. Während des Winters brauchen Rosmarin und Salbei weniger Wasser. Wenn Sie während langer Trockenperioden trotzdem einmal gießen sollten, wässern Sie nicht in den gefrorenen Boden, weil gefrorenes Wasser den feinen Wurzeln schaden und den Boden verdichten kann.

? | Wie kann ich Mäuse fernhalten?

Im Herbst und Winter legen Mäuse, insbesondere Wühlmäuse, Vorräte an und suchen dazu im Garten nach Wurzeln, Zwiebeln und Knollen. Auch Obstbäume und Sträucher sind gefährdet, da die Mäuse deren Wurzeln und Rinde annagen. Vorbeugend können Sie bereits bei der Pflanzung den Wurzelballen von Obstbäumen und Beerensträuchern mit einem Drahtgeflechtkorb gegen die Nager schützen. Baumschutzmanschetten schützen vor Verbiss an der Rinde. Entfernen Sie Fallobst und Pflanzenreste aus dem Beet, um die Nager nicht anzulocken. Wenn Sie keine fangfreudige Katze haben, stellen Sie zusätzlich zu den genannten Maßnahmen Lebendfallen im Garten auf und entlassen Sie die Mäuse in sicherer Entfernung von Ihrem Garten in die Natur.

? | Mein Kompost ist voller Gemüsereste. Lockt das nicht auch die Mäuse an?

In der Tat bietet der Komposthaufen Mäusen nicht nur einen reich gedeckten Tisch, sondern auch eine wohlig-warme Unterkunft für den Winter. Um Mäuse oder gar Ratten vom Kompost fernzuhalten, geben Sie weder Speisereste noch Fleisch auf den Komposthaufen und setzen Sie ihn regelmäßig um, damit die Materialien gut durchlüften. So verleiden Sie außerdem den Tieren den Unterschlupf, bevor sie sich darin heimisch niedergelassen haben. Gegen Wühlmäuse kann ein Drahtgeflecht helfen, das Sie unter dem Kompost anbringen. In einer mäusereichen Gegend ist es eine Überlegung wert, den Kompost mit einem Drahtgeflechtrahmen zu umgeben.

? | Ich habe einen Igel in meinem Garten entdeckt. Findet er von allein genug Futter oder muss ich ihn füttern?

Erst einmal herzlichen Glückwunsch! Igel sind nützliche Tiere im Garten, weil sie viele Schädlinge vertilgen. Igel sind meist in der Lage, selbst ausreichend Futter in Gärten zu finden, besonders wenn Sie naturnah gärtnern. Die stacheligen Gesellen fressen Würmer, Schnecken, Insekten und andere Kleintiere. Dennoch kann es hin und wieder hilfreich sein, Igeln zusätzlich Futter anzubieten – entweder, weil in Ihrem Garten das Nahrungsangebot begrenzt ist oder weil Sie das Tier gern beobachten möchten. Geeignet ist zum Beispiel im Handel erhältliches spezielles Igelfutter, aber Katzentrockenfutter oder Hundetrockenfutter tun es auch. Geben Sie dem Tier aber nur wenig Futter, damit es nicht verlernt, sich selbst zu versorgen.

Achtung! Geben Sie dem Igel keine Milch und kein Brot!

Igel fressen im Spätherbst besonders viel, um sich Winterspeck für den Winterschlaf anzulegen. Während des Winterschlafs fressen sie nichts mehr. Fressen macht durstig; stellen Sie dem Igel auch eine Schale mit frischem Wasser zur Verfügung.

Um dem Igel über den Winter zu helfen, entfernen Sie nicht alle trockenen Blätter unter Büschen und Bäumen oder schichten Sie Totholz in einer Ecke Ihres Gartens auf. Darin bauen sich Igel gern ihr Winterlager.

? | Wie kann ich verhindern, dass sich Schimmel oder sogar Pilze im Hochbeet bilden?

Pilzwachstum im Hochbeet wird oft durch für die Pilze günstige Lebensraumbedingungen verursacht. Staunässe und hohe Feuchtigkeit, bedingt durch undurchlässigen Untergrund und übermäßiges Gießen, begünstigen Pilze, während die Gemüsepflanzen unter Wurzelfäule leiden. Auch schlecht verrotteter Kompost bietet Pilzen einen idealen Nährboden. Ein saurer Boden mit einem pH-Wert zwischen 3,5 und 5 begünstigt ebenfalls das Wachstum von Pilzen im Hochbeet. Achten Sie deshalb darauf, das Hochbeet nicht zu überwässern, und verwenden Sie eine gut durchlässige Erde. Auch der allgegenwärtige Mulch kann in einer dünnen Schicht helfen, die Feuchtigkeit zu regulieren und das Wachstum von Schimmel und Pilzen zu minimieren. Kleine gelbe Pilze mit Fruchtkörpern schaden den Pflanzen nicht. Richtig giftige Pilze kommen im Hochbeet so gut wie nie vor. Bestimmen Sie gegebenenfalls die Art. Ist es ein Giftpilz, gibt er das Gift nicht an Ihr Gemüse weiter. Sollten sich aber Kinder oder andere gefährdete Menschen in der Nähe des Hochbeets aufhalten, entfernen und entsorgen Sie die Pilze über den Hausmüll.

WINTER

Vom letzten Laubfall bis zur Haselblüte liegt der Gemüsegarten im Winterschlaf. Das aktive Wachstum ist eingestellt und das Pflanzenleben verlangsamt sich. Mit einer Stroh- oder Mulchschicht schützen Sie die Beete vor Regen, Wind und Schnee. Spinat, Feldsalat, Portulak und einige Kohlsorten sorgen immer noch für frisches Grün in den Beeten und in der Küche. Nutzen Sie diese Ruhezeit für Vorbereitung, Planung und Vorfreude auf die kommende Gartensaison.

Bewässerungssystem winterfest machen

Frost und kalte Temperaturen können Ihrem Bewässerungssystem Schaden zufügen. Machen Sie es deshalb winterfest.

Schließen Sie alle Ventile und entleeren Sie die Schläuche und Leitungen. Zurückbleibendes Wasser kann Schaden anrichten, wenn es gefriert.
Bewässerungsuhren und Controller sollten Sie abmontieren und an einem frostfreien Ort aufbewahren. Auch Tropfwassersysteme sollten Sie demontieren, danach entleeren und an einem geschützten Ort aufbewahren. Warten Sie alle Teile des Bewässerungssystems, auch Hähne, den Druckregler, Rohre und Ventile. Nicht abmontierbare Teile sollten Sie im Winter isolieren.

Stehendes Wasser in Leitungen kann bei Frost einfrieren. Bauen Sie jetzt alles ab.

Vorbereitung für das nächste Gartenjahr

Auch die Gartengeräte und anderen Helfer dürfen Sie nicht vergessen. Wartung und Pflege erhalten sie über viele Jahre.

Gartengeräte säubern und warten

Im Winter haben Sie Zeit, alle Werkzeuge und Geräte zu überprüfen und, falls nötig, zu reparieren sowie zu pflegen. Reinigen Sie Werkzeuge gründlich, entfernen Sie Schmutz oder Rost mit einer Drahtbürste und mit Schleifpapier. Metallteile ölen Sie; dazu gehören nicht nur Scharniere und Gelenke, sondern auch die Klingen von Axt und Spaten. Griffe und Stiele aus Holz sollten Sie reinigen und danach mit Leinöl einreiben.

Netze und Vliese kontrollieren

Wind und Sturm sowie erster Schnee oder Hagel können Schutznetze und Vliese beschädigen oder verwehen. Überprüfen Sie im Winter hin und wieder, ob die Abdeckungen noch schadfrei sind und sicher auf den Beeten liegen. Reparieren Sie die Vliese und Netze bei Bedarf. Investieren Sie von Anfang an in qualitativ hochwertige Netze und Vliese aus recycelten Kunststoffen. Solche Netze sind langlebig und reißfest und sie sind in der Waschmaschine waschbar.

Eine Saatgutinventur durchführen

Bevor Sie mit Bestellen für das nächste Jahr loslegen, schauen Sie noch einmal Ihre Bestände durch: Welche Samen haben sich im vergangenen Jahr gelohnt? Welche sind nicht gut aufgegangen? Überprüfen Sie die Haltbarkeit angebrochener Saatguttüten. Wenn Sie Ihr Saatgut kühl und trocken lagern, können Sie es normalerweise im nächsten Jahr wieder verwenden. Die individuelle Haltbarkeit der Samen steht auf den Tüten.

Saatgut managen

Wenn Sie Ihr Saatgut sortiert und ausgemistet haben, überlegen Sie, welche Gemüsesorten und Kräuter Sie im kommenden Jahr wieder anbauen möchten. Eine Liste hilft Ihnen dabei, Ihre Wünsche mit dem angebrochenen Saatgut aus Ihrem Bestand abzugleichen. Danach können Sie Ihren Bestand ergänzen. Tauschen Sie sich auch mit befreundeten Gärtnerinnen und Gärtnern aus und teilen und tauschen Sie selbst gewonnenes Saatgut.

HALTBARKEIT VON SAATGUT	
1–2 Jahre	in der Regel Samen von Zwiebeln, Lauch, Spinat und Mais
3–4 Jahre	Samen von Möhren, Erbsen, Radieschen, Sellerie, Roter Bete und Blumenkohl
5 oder mehr Jahre	Samen von Tomaten, Paprika, Bohnen, Gurken, Kürbis, Melonen und verschiedenen Kräutern → S. 57, Keimprobe

Gedanken machen für das nächste Jahr

Die Beete sind abgeerntet, der Garten ist wetterfest gemacht. Nun haben Sie Zeit, um über das Jahr Resümee zu ziehen.

Sie können aus den eigenen Erfahrungen viel lernen, besonders wenn Sie ein Gartentagebuch geführt haben.

Ein Gartentagebuch anlegen

Das Jahr ist gerade zu Ende und das neue Jahr steht mit Aussaaten ab Januar und den allerersten Ernten schon vor der Tür. Nutzen Sie die Überlegungen aus Ihrer Checkliste, um ein Gartentagebuch für das kommende Jahr anzulegen. Das geht auf Papier oder am PC, je nach Vorliebe. Digitale Tools wie Excel-Tabellen und Apps können praktisch sein. Wenn Sie ein Gartentagebuch in Form eines Notizbuchs verwenden, sollte es robust und wetterfest sein, damit Sie es mit in den Garten nehmen können. Ein Ringbuch kann nützlich sein, in das Sie einen Kalender mit Wochenansicht einheften und bei Bedarf auch Seiten umstellen oder nachträglich einlegen können.

- **Dokumentieren Sie den Standort Ihres Gartens:** Wichtig sind dabei die Lage, die Hauptwindrichtung, die Sonneneinstrahlung und die Bodenbeschaffenheit. Nutzen Sie dafür die Ergebnisse aus der Bodenanalyse.

→ S. 184, Bodenanalyse durchführen

- **Aussaaten und Pflanzungen notieren:** Zeichnen Sie einen Grundriss von Ihren Beeten und notieren Sie, wann Sie welche Saaten gelegt oder welche Jungpflanzen gesetzt haben. So vermeiden Sie doppelte Aussaaten und spätere Verwechslungen. Notieren Sie auch, wann die Saat aufgegangen ist. Das erleichtert Planungen für die nächste Aussaatrunde oder das nächste Jahr.
- **Pflege und Bewässerung:** Wann haben Sie Ihre Pflanzen gewässert? Wann gedüngt? Notieren Sie die Daten, dann kommen Sie mit dem Nachdüngen nicht durcheinander. Auch Krankheiten und Schädlinge können Sie eintragen.
- **Wetteraufzeichnungen:** Notieren Sie das Wetter, besonders extreme Wetterereignisse wie Stürme, Frost- oder Hitzewellen. Daraus können Sie für die Planung des nächsten Jahres Schlüsse ziehen.
- **Ernte:** Schreiben Sie auf, wann Sie was geerntet haben. Nach Ihren Erfahrungen können Sie den Zeitplan für die nächsten Pflanzungen besser aufstellen.
- **Zeichnungen und Fotos:** Damit ergänzen Sie Ihre Auswertungen und Beobachtungen. Bilder festigen die Erinnerung und machen obendrein stolz.
- **Ideen und Pläne für die Zukunft:** Nutzen Sie Ihr Tagebuch, um Ideen und Pläne für die nächste Gartensaison festzuhalten. Welche Pflanzen möchten Sie demnächst ausprobieren? Möchten Sie Veränderungen in der Pflege oder in der Anlage der Beete vornehmen?

GEDANKEN ZUM JAHR

- Welche Pflanzen sind nicht wie erwartet gediehen?
- Welche Krankheiten sind aufgetreten?
- Welche Unkräuter waren häufig?
- Wie kann ich effektiver gegen Unkräuter vorgehen?
- In welchen Monaten waren meine Arbeitsspitzen? Wie kann ich meine Gartenarbeit effektiver aufteilen?
- Wann war es besonders feucht und wann besonders trocken? Wie kann ich meine Bewässerung verbessern?
- Welche Pflanzen hatten Platzmangel oder wurden zu stark beschattet? Wie kann ich sie besser anordnen?
- Nach der Bodenprobe: Muss ich Nährstoffe nachfüllen?
- Sind alle Pflanzenreste und Unkräuter aus den Beeten genommen?
- Habe ich alle Hochbeete überprüft und repariert?
- Habe ich die Frühbeete gereinigt?
- Habe ich das Bewässerungssystem winterfest gemacht?
- Habe ich leer stehende Beete gemulcht?
- Welche Gemüsesorten möchte ich im nächsten Jahr anbauen?
- Welche Pflanzen ersetzen welche im Sinne einer geschickten Fruchtfolge?
- Welche Samen möchte ich für die kommende Saison erstehen?
- Habe ich meine Werkzeuge und Geräte gewartet und gepflegt?

Anziehen auf der Fensterbank

Im Winter schließt sich der Jahreskreis aus Aussaat und Ernte und Sie können bereits nach vorn auf die kommende Anbausaison schauen.

Aussaaten im Freien entfallen, da Sie alles, was im Garten überwintern kann, bereits im Herbst gesät haben und es für die Keimung im ungeschützten Freiland jetzt zu kalt ist. Ab Januar wecken Chilis und Paprika aber schon Vorfreude: Sie lassen sich im Haus auf der Fensterbank vorziehen. Ausgepflanzt werden die Setzlinge im frostfreien Vollfrühling oder unter Schutz schon im Erstfrühling. Verwenden Sie gegebenenfalls eine Vollspektrum-LED-Lampe, um das matte Winterlicht auszugleichen.

Sprossen ziehen

Sprossen sind die Keimlinge bestimmter Samenarten.

Sprossen sind reich an Vitaminen, Mineralstoffen und Antioxidanzien, welche die Zellen schützen und das Immunsystem in Schwung halten. Tatsächlich enthalten Sprossen oft höhere Konzentrationen gesunder Inhaltsstoffe als die ausgewachsene Pflanze. Und vor allem sind Sprossen vielseitig und lecker und können sowohl roh als auch gekocht genossen werden. Ob scharfe Senf- oder Kressesprossen, nussige Leinsamensprossen, knackige Mungsprossen, erfrischende Sojasprossen, süße Möhrensprossen, herb-würzige Selleriesprossen, kräftige Grünkohlsprossen, zarte Alfalfasprossen oder violette Rote-Bete-Sprossen – die Vielfalt ist schier unendlich.
In der Anbaulücke im Winter kommen Sprossen gerade recht. Die Keimlinge von Gemüse- und Ölsaaten, Bohnen und Wurzelgemüse lassen sich unkompliziert in speziellen Sprossengläsern oder auf Sprossensieben in der Küche ziehen. Auch manche Kräutersamen, zum Beispiel Basilikum, eignen sich. Schleimbildende Sorten wie Kresse, Rauke, Leinsamen oder Chia keimen dabei am besten auf Sieben oder einem feuchten Küchenhandtuch, alle anderen werden in spezielle Sprossengläser mit Schraubverschluss gegeben. Schon nach wenigen Tagen kommt das knackige Grün (oder Gelb oder Lila) auf den Tisch.
Um Schimmel in der Sprossenzucht vorzubeugen, müssen Sie die Anzucht regelmäßig mit frischem Wasser spülen.

VERSCHIEDENE SPROSSEN – VERWENDUNG UND KEIMDAUER

Sprossenart	Geschmack	Verwendung	Keimdauer
Linsensprossen	erdig, leicht nussig	Salate, Sandwiches, Suppen	3–4 Tage
Mungbohnensprossen	frisch, leicht süßlich	Wok-Gerichte, Pfannengerichte, Wraps	4–5 Tage
Rettichsprossen	pikant, leicht scharf	Sandwiches, Salate, Sushi	4–6 Tage
Alfalfasprossen	mild, nussig	Sandwiches, Salate, Wraps	4–6 Tage
Rotkohlsprossen	würzig, knackig	Salate, belegte Brote, farbenfrohes Topping	4–5 Tage
Sonnenblumensprossen	knackig und nussig	Salate, Sandwiches, Wraps, Smoothies, Topping für Suppen	10–14 Tage
Brokkolisprossen	mild, leicht scharf	Salate, Smoothies, als Topping	5–7 Tage

Im Winter muss man nicht auf Frischkost verzichten. Sprossen machen es möglich.

EINIGE MICROGREENS – VERWENDUNG UND KEIMDAUER

Microgreens	Geschmack	Verwendung	Inhaltsstoffe	Keimdauer
Gersten-/ Weizengras	mild, süßlich, erdig	grüne Säfte und Smoothies	Vitamin C und K, B-Vitamine, Kalzium, Kalium, Magnesium, Aminosäuren	7–10 Tage
Rucola	pikant, leicht scharf	Salate, Sandwiches, Topping	Vitamin C und K, Ballaststoffe, Eisen	7–10 Tage
Spinat	mild, leicht süßlich	Salate, Suppen, Omeletts und Sandwiches	Vitamin A, C und K, Eisen, Kalzium, Karotinoide	7–10 Tage
Koriander	frisch, würzig	besonders beliebt in der asiatischen und mexikanischen Küche	Vitamin K und C, Eisen, Ballaststoffe	7–14 Tage
Mizuna	würzig, pfeffrig	Salate, Suppen, Sandwiches, Topping	Vitamin C und K	10–14 Tage
Basilikum	aromatisch, leicht süßlich	als Garnitur für Pasta, Pizza, Salate und Saucen	Vitamin A, K, C, Eisen, Kalzium	7–12 Tage

Microgreens wie dieses Gerstengras wachsen in Töpfen mit Erde.

Microgreens anbauen

Als Microgreens bezeichnet man zarte Jungpflanzen, die aus Gemüse- und Getreidesamen in Töpfen mit Erde gezogen werden.

Im Gegensatz zu Sprossen erntet man nicht die Keimlinge, sondern wartet ab, bis die Jungpflanzen je nach Sorte etwa 5–15 cm hoch geworden sind. Geeignete Getreide sind Weizen, Hafer, Gerste oder Roggen. Die Halme und Stängel erntet man dann mit der Schere, die Wurzeln werden nicht mitgegessen. Microgreens sind schnell verzehrfertig, 7 bis 21 Tage nach der Aussaat kann man sie in allerlei Gerichten und auf belegten Broten genießen. Sie eignen sich auch perfekt als Garnitur für Suppen und Salate, können in Smoothies gegeben oder als Snack genossen werden. Sekundäre Pflanzenstoffe wie das in den Getreide-Microgreens enthaltene Chlorophyll und die Beta-Glucane sind gesundheitsförderlich. Sie verbessern zum Beispiel die Immunfunktion, senken den Cholesterinspiegel oder wirken entzündungshemmend.

Regelmäßige Gartenarbeiten im Winter

Im Winter wiederholen sich manche Arbeiten aus dem Spätherbst.

- Knoblauch können Sie bis Ende November stecken, für Zwiebeln endet die Saison Ende Oktober.
- Kohlsorten ernten Sie nach und nach zur Lagerung oder zum Sofortverzehr.
- Bestücken Sie Ihre Beete unter Folientunnel und Ihr Frühbeet mit Grünkohl, Spinat oder Radieschen.
- Kompost und Gründüngerpflanzen, die Sie im Frühherbst gesät haben, können Sie auch jetzt noch in den Boden einarbeiten.
- Checken Sie noch einmal Ihre Kohlbeete auf Fäulnis oder Schädlinge und entfernen Sie gelbe Blätter.

Mit reifem Kompost werden dem Boden die Nährstoffe wieder zurückgegeben

So bestückt weckt das Gewächshaus die Vorfreude aufs nächste Jahr.

Wintergemüse ernten

Im Winter fällt die Ernte naturgemäß schmaler aus, wirft aber bei geschickter Pflanzung im Sommer und Herbst immer noch etwas ab.

Besonders Kohlpflanzen stehen weiterhin im Rampenlicht, darunter Grünkohl, Wirsing und Rosenkohl. Auch Feldsalat, Chicorée, Lauch, Pastinaken, Schwarzwurzeln, Topinambur, Petersilie und Schnittlauch trotzen der Kälte im Freien. Kohlsorten ernten Sie nach und nach zur Lagerung oder zum Sofortverzehr. Wintergemüse bieten nicht nur eine Fülle von Geschmacksnuancen, sondern auch eine breite Palette von Nährstoffen, die besonders im Winter willkommen sind.

TIPP!

Gesunder Kohl

Kohlgewächse gibt es in so großer Vielfalt, dass sie das ganze Jahr über angebaut werden können. Die Palette umspannt traditionelle Sorten wie Grünkohl oder Blumenkohl bis hin zu exotischen Mizunasprossen.

Kohlgewächse punkten durch die Vitamine K und C sowie durch sekundäre Pflanzenstoffe wie Glucosinolate und Flavonoide. Letztere wirken antioxidativ und entzündungshemmend und können Krebs vorbeugen und das Herz-Kreislauf-System unterstützen.

Auch kulinarisch lässt sich Kohl vielseitig nutzen: Ob fermentiert für einen probiotischen Kick oder frisch für einen knackigen Salat.

Viele Kohlgewächse sind heimisch in Europa. Um ihre Vielfalt optimal zu nutzen, empfiehlt es sich, verschiedene Sorten anzubauen und sie sowohl im Frühjahr als auch im Herbst zu pflanzen.

EIN GEWÄCHSHAUS IM GARTEN

Ein Gewächshaus öffnet die Tür zu einer weiteren Welt des Gemüseanbaus. Obwohl es auf den ersten Blick komplex erscheinen mag, können Hobbygärtner jeden Niveaus ein Gewächshaus betreiben.

Ein Gewächshaus bietet den Pflanzen ideale Temperaturen von etwa 15–30 °C und eine hohe Luftfeuchtigkeit. Manche Gewächshäuser lassen sich zusätzlich beheizen und sind dann unabhängig von der Außentemperatur. Fenster sorgen für eine gute Belüftung, was wichtig ist, um Pilzbefall an den Pflanzen vorzubeugen.

Gewächshauslicht garantiert vergleichbaren Lichteinfall wie im Freien. Im lichtarmen Winter helfen Pflanzenleuchten. Durch das warme, helle Klima des Gewächshauses verlängert sich die Wachstumsperiode von Gemüsepflanzen im Gewächshaus nach vorn und hinten um einige Wochen. Weil Frostphasen im Gewächshaus entfallen, können Sie im Frühjahr schon vor den Eisheiligen mit dem Aussäen loslegen. Auch die Anbausaison ist im Gewächshaus verlängert. Durch das milde Klima des Gewächshauses wachsen und reifen Pflanzen und Früchte schneller, was eine zeitigere Ernte ermöglicht. Früher abgeerntet, können Sie die Beete schnell wieder neu besäen, was einen weiteren Erntevorteil bietet.

Ein Gewächshaus bietet kontrollierte Bedingungen für einen vielfältigen Gemüseanbau, schützt vor Witterungseinflüssen und ermöglicht die Anzucht sowie die Überwinterung von Pflanzen wie Tomaten, Paprika und Kübelpflanzen. Ideal ist es auch für exotische Sorten wie Mangos, Kiwis, Bananen, Ananas, Zitrusfrüchte oder Feigen.

Der beste Standort für ein Gewächshaus: Ein heller Standort mit vielen Sonnenstunden ist grundsätzlich die beste Wahl. Das heißt, das Gewächshaus sollte nicht auf der Nordseite des Hauses oder im Schatten großer Bäume stehen. Wenn Sie Ihr Gewächshaus hauptsächlich für die Anzucht von Pflanzen oder die Überwinterung von Kübelpflanzen nutzen möchten, empfiehlt sich eine Ausrichtung der Längsachse in Ost-West-Richtung. Dadurch kann die lange Glasfläche möglichst viele Sonnenstunden einfangen, was eine konstante und gleichmäßige Wärme im Gewächshaus gewährleistet. Die Nord-Süd-Ausrichtung des Gewächshauses bietet sich insbesondere an, wenn Sie über das Dach Tageslicht für den Anbau von Fruchtgemüse sammeln möchten.

Was gilt es zu bedenken: Je nach Größe des Gewächshauses benötigen Sie möglicherweise eine Baugenehmigung oder sind bei der Standortwahl eingeschränkt, da bestimmte Abstände zu Nachbargrundstücken eingehalten werden müssen. Einige Gewächshäuser erfordern zusätzliche Baumaßnahmen, wie die Errichtung eines Fundaments.

Ein Gewächshaus kann kostspielig sein, besonders beheizte Modelle und künstliche Beleuchtung erhöhen die Stromkosten. Bei hoher Wärme und intensiver Sonneneinstrahlung kann ein Gewächshaus überhitzen und zu Verbrennungen an den Pflanzen oder Schäden an den Früchten führen. In solchen Fällen ist unbedingt für Schatten, beispielsweise durch Markisen oder spezielle Beschattungsfolien, zu sorgen. Da Gewächshäuser eine geschlossene Umgebung bieten, sind Schädlinge und Krankheiten ein potenzielles Problem, darum besteht Ihre Arbeit im Gewächshaus auch in einer gewissenhaften Schädlingskontrolle.

Der Wasserbedarf im Gewächshaus ist höher, da Pflanzen nicht auf natürlichen Regen zurückgreifen können, die Wärme erhöht die Verdunstung. Regelmäßige Bewässerung ist daher unerlässlich. Auch die regelmäßige Wartung eines Gewächshauses müssen Sie in Ihre Gartenarbeit einkalkulieren.

Wie groß soll das Gewächshaus sein? Gewächshäuser sind in verschiedenen Größen erhältlich. Die Größe richtet sich danach, wie viel Platz Sie zur Verfügung haben und welche Pflanzen Sie anbauen möchten. Die Breite sollte mindestens 2 m betragen, um Platz für Regale, Beete und ausreichend Raum zum Werkeln zu haben.

- **Ein kleines Gewächshaus** eignet sich gut für Anfänger und für Gärten mit begrenztem Platz. Auf einer Fläche von etwa 2–5 m^2 ist es perfekt für den Anbau von Kräutern, Salaten und kleinen Gemüsesorten geeignet. Auch wärmeliebendes Gemüse lässt sich darin vorziehen.
- **In einem mittelgroßen Gewächshaus** können Sie auf einer Fläche von etwa 5–15 m^2 bereits eine breitere Palette von Pflanzen anbauen, einschließlich Tomaten, Paprika, Gurken und Blumen. Ab dieser Größe haben Sie auch Platz für Regale und die Unterbringung von Werkzeug.
- **Ein großes Gewächshaus** eröffnet Ihnen auf einer Fläche von 15 m^2 oder mehr nahezu unbegrenzte Möglichkeiten. Hier können Sie neben Ihrem Lieblingsgemüse auch exotischere Pflanzen, Obstbäume und sogar tropische Gewächse anbauen.

Saatbänder selbst machen

Saatbänder sind praktisch – und das nicht nur für Gartenanfänger. Sie erleichtern die Aussaat und das Einhalten der Abstände, schützen vor Verwehungen oder Vogelfraß.

SIE BRAUCHEN DAFÜR:

- Toilettenpapier oder Küchenrolle
- Kräuter- und Gemüsesamen nach Wahl
- Mehl
- Wasser
- kleiner Pinsel
- Maßband

Wenn Sie das Saatband verschenken wollen:

- Juteschnur, Band, Etiketten und Geschenkpapier nach Wahl

Gerade kleine Saaten wie die von Möhren und Zwiebeln lassen sich mit Saatbändern gut handhaben. Nutzen Sie die langen Winterabende, um solche Saatbänder aus Ihrem eigenen oder aus gekauftem Saatgut herzustellen. Zudem sind selbst hergestellte Saatbänder ein individuelles Geschenk für Gartenliebhaber zu Weihnachten oder zum Geburstag.
Und so gehen Sie vor:

Schritt 1: Vorbereitung

Verrühren Sie Mehl und Wasser im Verhältnis 1:2 zu einem dicken Kleister. Schneiden Sie dann das Küchenpapier oder Toilettenpapier in beliebig lange Streifen (→ Foto 1). Die Breite der Streifen richtet sich nach der Korngröße der verwendeten Samen (→ Tabelle rechts).

Schritt 2: Samen auftragen

Tragen Sie nun eine dünne Schicht des Kleisters mit dem Pinsel auf den Streifen auf (→ Foto 2). Verteilen Sie die Samen auf dem bekleisterten Teil (→ Foto 3). Beachten Sie dabei die empfohlenen Aussaatabstände der Pflanzen (→ Tabelle rechts).
Mit einer weiteren Schicht Kleister halten Sie die Samenkörner sicher auf ihrem Platz (→ Foto 4).

Wird das Toilettenpapier mehrfach gefaltet, entsteht durch das Schneiden ein langer Streifen, den Sie auf Ihre Wunschlänge zuschneiden.

Mit selbst gemachtem Mehlkleister bestreichen Sie dünn das gesamte Band. Das macht auch Kindern Spaß.

Nun bringen Sie mithilfe eines Maßbands die Samenkörner im richtigen Abstand auf das Band. Auf der Saatguttüte stehen die Angaben.

Eine Schicht Kleister auf die Saat aufgetragen hält die Körner an ihrem Platz. Bedecken Sie bei Bedarf diesen mit einem weiteren Streifen.

Verpackt in eine bunte Serviette oder hübsches Geschenkpapier sind die fertigen Saatbänder eine schöne Geschenkidee.

Schritt 3: Saatbänder trocknen lassen

Die Samen sollten nicht beginnen zu keimen. Lassen Sie die Saatbänder deshalb so lange trocknen, bis sie fest und stabil sind. Wickeln Sie die selbst gemachten Saatbänder in Papierservietten oder Küchenrolle ein, um sie vor Feuchtigkeit zu schützen.

Schritt 4: Saatbänder markieren

Beschriften Sie die Saatbänder mit dem Namen der Sorte und dem Datum der Herstellung.

→ S. 128, Eigenes Saatgut gewinnen

Schritt 5: Saatbänder verschenken

Möchten Sie Saatbänder verschenken, dann rollen Sie die Saatbänder auf und binden sie mit bunter Schnur oder Juteband zusammen (→ Foto 5). Wählen Sie die Samen saisongerecht aus, dann muss sich der Beschenkte nicht allzu lange mit der Aussaat gedulden. Den Saatzeitpunkt lesen Sie in den Tabellen auf Seite 208 und 209. Eine ausführliche Aussaatanleitung ergänzt das Geschenk.

DIE SAATBANDBREITE AN DIE SAMENGRÖSSE ANPASSEN

Mit Saatbändern halten Sie immer den richtigen Abstand zwischen den Pflanzen. Das spätere Pikieren entfällt. Der Abstand richtet sich nach der Größe der Samenkörner und nach dem Platzbedarf der ausgewachsenen Gemüsepflanze.

Gemüse	Samenkorngröße	Saatbandbreite	Saatscheibe
Salat, Feldsalat	1–2 mm	2 cm	1–2 Samenkörner pro 2 cm Ø, Abstand 20 cm
Möhren, Asia-Salate	1–3 mm	2 cm	1–2 Samenkörner pro 2 cm Ø, Abstand 15 cm
Tomaten, Paprika	3–4 mm	4 cm	2–3 Samenkörner pro 4 cm Ø, Abstand 30 cm
Radieschen, Spinat	4–5 mm	4 cm	2–3 Samenkörner pro 3 cm Ø, Abstand 10 cm
Brokkoli, Blumenkohl	5–6 mm	6 cm	3–4 Samenkörner pro 6 cm Ø, Abstand 25 cm
Zucchini, Kürbis	6–8 mm	6 cm	2–3 Samenkörner pro 5 cm Ø, Abstand 20 cm

Pflegemaßnahmen im Hochbeet

Im Winter haben Sie im Hochbeet die gleichen Anbaumöglichkeiten wie im Spätherbst – vorausgesetzt, Sie verwenden einen Frühbeetaufsatz.

- Entfernen Sie abgeerntete Gemüsepflanzen.
- Setzen Sie, wenn Sie es noch nicht getan haben, Wintergemüse wie Grünkohl, Winterportulak und Winterrettich.
- Auch Möhren und Spinat können Sie noch säen.

Achtung! Das geht nur noch unter einem Frühbeetaufsatz.

Das Hochbeet auffüllen

Das Auffüllen eines Hochbeets mit Erde und Kompost im Winter kann je nach den Bedingungen Ihres Hochbeets sinnvoll sein.

Sie müssen Ihr Hochbeet nicht jedes Jahr auffüllen. Wenn das Beet jedoch stark abgesackt ist und die Erde darin verdichtet ist, ist es sinnvoll, Erde und reifen Kompost zuzugeben.
Mithilfe einer Bodenprobe können Sie ermitteln, ob ein Nährstoffmangel vorliegt und deshalb eine Kompostgabe notwendig ist.

→ S. 203, Eine Bodenprobe entnehmen

So gehen Sie vor

1 | **Vorbereiten:** Entfernen Sie alle alten Pflanzenreste sowie Unkraut aus dem Hochbeet.

2 | **Auffüllen:** Füllen Sie das Hochbeet um einige Zentimeter mit frischer Gartenerde auf. Verwenden Sie hochwertige Pflanz- oder Gemüseerde, in die Sie gut verrotteten Kompost gemischt haben. Verteilen Sie dazu den Kompost gleichmäßig auf der Erde und arbeiten Sie ihn in die Erde ein.

3 | **Glätten der Oberfläche:** Harken Sie die Oberfläche glatt und decken Sie sie mit einer Schicht Mulch ab, um die Feuchtigkeit zu bewahren und die Erde vor Frost zu schützen.

Im Winter ist reichlich Zeit, um im Garten und Hochbeet aufzuräumen.

Wie sein Name vermuten lässt, ist Winterportulak kältefest. Bis zu –40 °C hält er aus.

Wenn die Erde stark abgesackt ist, sollten Sie das Hochbeet mit Erde und Kompost auffüllen.

Das Hochbeet als Erdmiete nutzen

Das abgeerntete Hochbeet lässt sich im Winter perfekt als Erdmiete nutzen, wenn Sie nur wenig Platz in Keller und Garten haben.

Die Kiste mit Folie und Sand wird in der Grube versenkt. Das Stroh dient zum Bedecken der Ernte.

In der Erdmiete können Sie gesundes Wurzel- und Knollengemüse lagern, wie Rote Bete, Pastinaken, Kartoffeln, Möhren und Sellerie. Die Lagerung im Hochbeet über den Winter hat noch weitere Vorteile. Wenn Ihr Hochbeet auf der Unterseite mit einem Wühlmausgitter versehen ist, bleiben Ihre Kartoffeln und Wurzelgemüse vor den Nagern verschont, die sich sonst gern daran bedienen. Das Hochbeet bietet der Ernte eine gleichmäßige Temperatur und Luftfeuchtigkeit, was dazu beiträgt, dass das Gemüse in der Miete länger frisch bleibt. Frost und extreme Temperaturen werden abgefangen. Dadurch können Sie Ihre Ernte länger lagern und nach Bedarf dem Hochbeet entnehmen. Das Bücken oder Graben im Boden entfällt.

Hinweis: Verwenden Sie für die Erdmiete ein Hochbeet, das nicht in der vollen Sonne liegt.

Zuerst säubern Sie das Hochbeet von Unkraut und Pflanzenresten. Graben Sie dann eine rechteckige Vertiefung von der Größe, die zu Ihrer Ernte passt. Für die Einlagerung im Hochbeet empfiehlt sich eine Tiefe von etwa 60–80 cm. Kleiden Sie den Boden der Grube mit Isolationsmaterial aus. Stroh, trockenes Laub oder Sägespäne sind genauso geeignet wie unbedruckter Karton. Diese Schicht, die etwa 30 cm dick sein soll, dient dazu, die Temperatur und die Feuchtigkeit in der Erdmiete zu regulieren, damit Ihr Gemüse nicht fault oder schimmelt. Verteilen Sie nun eine Lage Kartoffeln oder Wurzeln so auf dem Isolationsmaterial, dass die Stücke nicht übereinanderliegen. Sie können sich jedoch berühren, es sollte aber kein Druck ausgeübt werden. Reinigen Sie das Gemüse zuvor gut mit einer Bürste und überprüfen Sie es auf Krankheiten oder Verletzungen. Schichten Sie nun eine etwa 20 cm dicke Schicht aus Isolationsmaterial über das Gemüse. Verwenden Sie auch dazu trockenes Laub, Stroh oder Sägespäne. Geben Sie darauf eine weitere Schicht Gemüse und fahren Sie in dieser Art fort, bis Sie knapp den Rand des Hochbeets erreicht haben. Zuletzt bedecken Sie die Erdmiete mit normaler Erde und schützen alles mit Pappkarton oder einem speziellen Gartenabdeckvlies vor Frost und Regen.

Sie können sich an Ihrem selbst gebauten Kühlschrank nach Bedarf bedienen. Achten Sie darauf, nach der Entnahme alles wieder gut zu verschließen. Das im Hochbeet eingelagerte Gemüse ist etwa sechs bis acht Monate haltbar.

Achtung: Kontrollieren Sie Ihre Hochbeet-Miete regelmäßig auf Fäulnis oder Schädlinge und entfernen Sie beschädigte Stücke.

Troubleshooting

Im Winter zehren Sie von den Schätzen des Jahres. Damit die Freude erhalten bleibt, kontrollieren Sie hin und wieder die Miete im Hochbeet. Baumärkte werben mit allerlei Produkten rund um Beet und Hochbeet, aber nicht alle davon sind wirklich sinnvoll.

? | Das Gemüse in der Erdmiete schimmelt, weil es dort zu feucht ist. Wie kann ich das Gemüse retten?

Wenn Ihre Erdmiete zu feucht geworden ist, entnehmen Sie das Gemüse und trocknen es gründlich ab. Verschimmelte Teile entsorgen Sie sofort. Schimmelndes Stroh sollten Sie selbstverständlich ebenfalls austauschen. Kontrollieren Sie dann die Abdeckung der Miete. Wenn das Isolationsmaterial oder die Abdeckung verrutscht oder undicht ist, tauschen Sie sie aus oder bessern Sie sie aus. Sollte sich zeigen, dass Sie die Erdmiete an einem feuchtigkeitsanfälligen Platz angelegt haben, können Sie ein mit Lüftungslöchern versehenes Brett über die Erdmiete legen. Geben Sie eine zusätzlich Lage Stroh über das Gemüse.

? | Die Blätter meiner Wintermöhren werden gelb und die Wurzeln sehen unförmig aus. Was könnte die Ursache sein?

Das könnte auf Nematodenbefall hinweisen. Sollten Sie Befall feststellen, wählen Sie beim nächsten Mal nematodenresistente Möhrensorten wie 'Nelson' oder 'Bolero' und verwenden Sie Fruchtfolge und eine gute Bodenbearbeitung, um die Nematodenpopulation zu kontrollieren.

? | Wie kann ich meine Beete im Winter vor Schnee schützen?

Grundsätzlich ist eine Schneedecke für das Gemüsebeet kein Problem. Sie hält sogar Wind ab und der Boden friert nicht stark durch. Liegt viel Schnee, so können durch das Gewicht des Schnees die Stängel von Brokkoli, Rosenkohl und Grünkohl abknicken oder abbrechen. Stützen Sie die Pflanzen mit Hölzern oder Gittern und binden Sie sie gut fest. Auch Netze schützen vor der Schneelast, wenn sie gespannt sind. Insbesondere wenn der Schnee tagsüber schmilzt und das Schmelzwasser dann wieder gefriert, können Frostschäden an den Pflanzen entstehen.

Frostschäden an den Pflanzen äußern sich durch weiche, faul wirkende Stellen und welkende Blätter und Stängel. Gießen Sie die Pflanzen nicht zusätzlich, wenn Frost herrscht, und schützen Sie sie mit einem Frostschutzvlies, um extremen Temperaturschwankungen vorzubeugen. Auch Gewächshäuser und Frühbeete können von Schnee und Eis beschädigt werden. Entfernen Sie Schnee von den Dächern und beugen Sie vor, indem Sie in wetterfeste und belastbare Strukturen investieren.

? | Ich habe noch keinen reifen Kompost, aber im Baumarkt Bodenaktivator entdeckt. Ist es sinnvoll, den im Gemüsebeet anzuwenden?

Bodenaktivatoren sind Produkte, die unterschiedliche Mischungen aus Mikroorganismen, Bakterien, Enzymen, Pilzsporen und feuchtigkeitsspeichernden Substanzen enthalten. Es gibt sie als Pulver, als Granulat oder in flüssiger Form. Und ja, Bodenaktivatoren können Sie auch im Gemüsebeet verwenden, um die Bodenqualität zu verbessern. Es ist aber in jedem Fall ratsam, natürliche Methoden zu bevorzugen, wenn Sie eine ganzheitliche und nachhaltige Selbstversorgung betreiben möchten. Dann sollten Sie nicht zu Bodenaktivatoren greifen. Denken Sie auch daran, dass Bodenaktivatoren teuer sind. Übermäßig angewendet, reichern sich Nährstoffe im Boden an, was letztlich eine Verschlechterung des pH-Werts im Boden bewirkt. Außerdem werden überschüssige Nährstoffe in Gewässer und ins Grundwässer ausgespült, wo sie das ökologische Gleichgewicht durcheinanderbringen.

? | Ich habe immer kräftig gedüngt und meine Pflanzen sind trotzdem nicht gewachsen. Woran kann das liegen?

Wenn Ihre Pflanzen trotz regelmäßiger Düngung nicht gewachsen sind, kann das auch an einer Überdüngung liegen. In vielen Fällen sind die Böden bereits mit Phosphor und Kalium ausreichend versorgt, besonders dann, wenn Sie Kompost verwendet haben oder wenn Sie zusätzlich noch mineralische Dünger einsetzen, die ebenfalls viel Phosphat und Kalium enthalten. Zu viel Phosphor oder Kalium im Boden kann die Aufnahme von Stickstoff, Kalk, Magnesium, Eisen und Spurenelementen blockieren. Überprüfen Sie daher Ihren Boden regelmäßig auf seine Zusammensetzung. Düngen Sie erst nach der Entnahme einer Bodenprobe, um gezielt fehlende Nährstoffe auszugleichen. Starkzehrer können Sie mit Kompost, Pflanzen mit erhöhtem Stickstoffbedarf mit kompostierbarem Mist (in landwirtschaftlichen Betrieben anfragen) oder mit gekauftem Stickstoffdünger düngen.

Achtung: Es ist wichtig, mit Dünger vorsichtig umzugehen. Machen Sie zuerst eine Bodenprobe.

? | Ich möchte mir ein Gewächshaus anschaffen. Was muss ich bezüglich der Größe beachten?

Da Gewächshäuser in verschiedenen Größen erhältlich sind, sollten Sie überlegen, welche Funktion das Gewächshaus erfüllen soll. Wollen Sie beispielsweise nur Pflanzen vorziehen, reichen Frühbeetkästen aus. Besteht Ihr Bedarf nur darin, einige Tomatenpflanzen vor Regen zu schützen, könnte ein einfaches Tomatendach ausreichen. Wenn Sie gern exotische Pflanzen ziehen oder auch noch im Spätherbst Gemüse ernten möchten, ist ein Gewächshaus das Richtige für Sie. Kalkulieren Sie die Größe Ihres Gewächshauses aber nicht zu knapp. Ein ausreichend geräumiges Gewächshaus ermöglicht nicht nur Platz für viele Pflanzen, sondern Ihnen eine gute Bewegungsfreiheit bei der Arbeit. Bei der Anschaffung spielt aber auch die mögliche Lage in Ihrem Garten eine Rolle. Wenn Sie einen kleineren Garten haben, müssen Sie dennoch nicht auf ein Gewächshaus verzichten. Im Handel gibt es Anbaugewächshäuser, die sich an die Hauswand montieren lassen.

→ S. 197, Info Ein Gewächshaus im Garten

EINE BODENPROBE ENTNEHMEN

Mithilfe einer Bodenprobe können Sie die Nährstoffzusammensetzung Ihres Bodens überprüfen lassen. Eine umfassende Analyse kostet 30 bis 50 Euro. Sie brauchen dazu nur eine Schaufel und einen Eimer.

Graben Sie ein 15 cm tiefes Loch und entnehmen Sie daraus Erde aus unterschiedlichen Tiefen. Die gesammelten Proben vermischen Sie dann in dem Eimer. Entfernen Sie Steine und andere Verunreinigungen, wie Plastikteile oder Metall, die manchmal zum Vorschein kommen. Geben Sie die Erdprobe in ein sauberes Behältnis und legen Sie einen Zettel bei mit allen Standortinformationen. Wenn Sie mehrere Beete im Garten testen lassen möchten, müssen Sie von jedem Beet getrennt eine entsprechende Probe entnehmen und einschicken.

Eine Bodenanalyse bieten Landwirtschaftliche Untersuchungs- und Forschungsanstalten (LUFA) an (→ S. 215, Adressen).

Mischkultur

Beim Gemüseanbau in Mischkultur empfiehlt es sich, die positive Wechselwirkung verschiedener Nutzpflanzen zu berücksichtigen und allein dadurch Pflanzengesundheit und -wachstum zu fördern. Negative Wechselwirkungen gilt es zu vermeiden, da sie, manchmal auch nur einseitig, einer

GUTE NACHBARN – SCHLECHTE NACHBARN

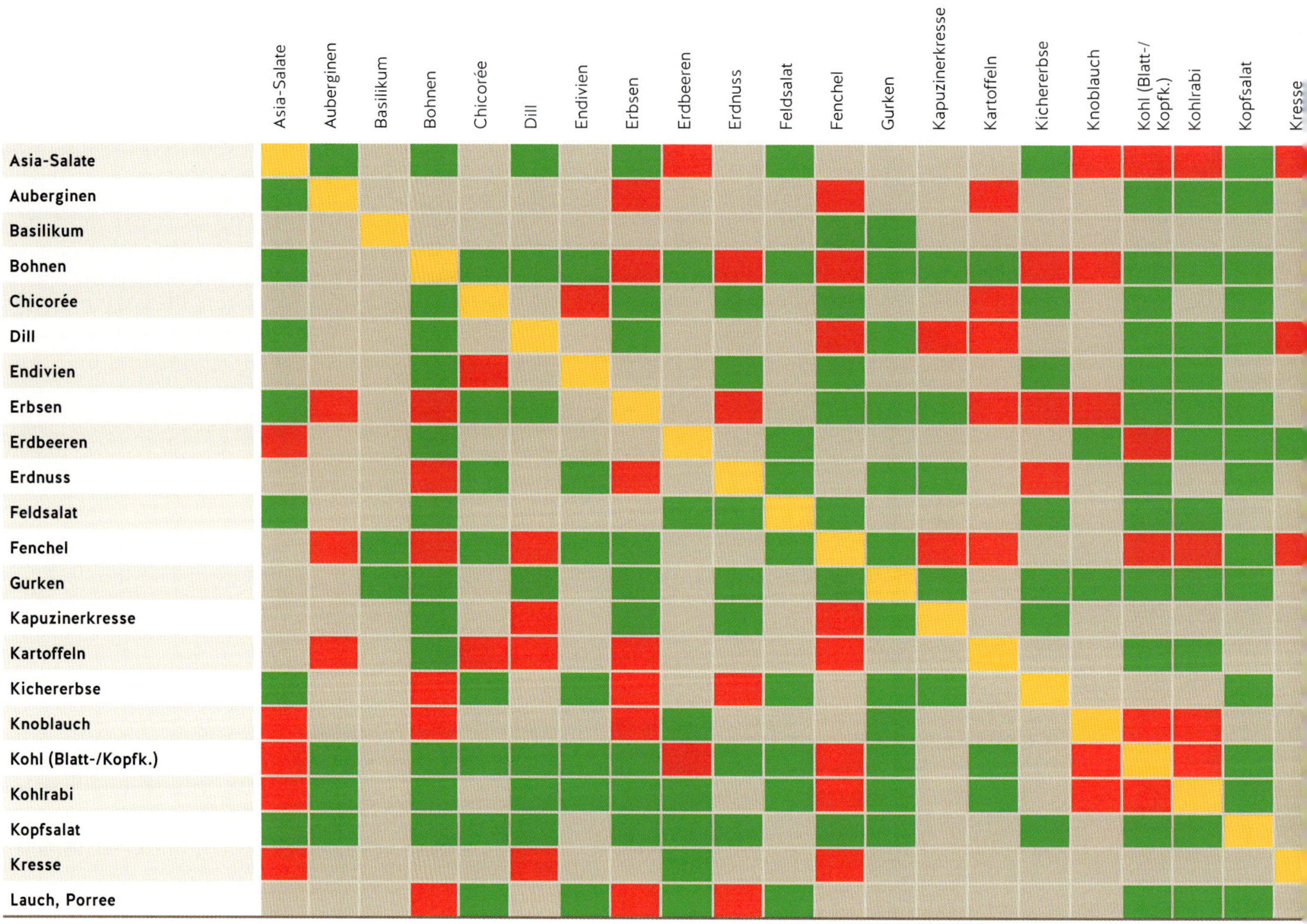

optimalen Pflanzenentwicklung im Wege stehen können. »Gute Nachbarschaften« sind in der Tabelle grün markiert, »schlechte Nachbarschaften« rot. Verhalten sich die Kulturen neutral zueinander, so ist das gemeinsame Feld hellbraun.

GUTE NACHBARN – SCHLECHTE NACHBARN

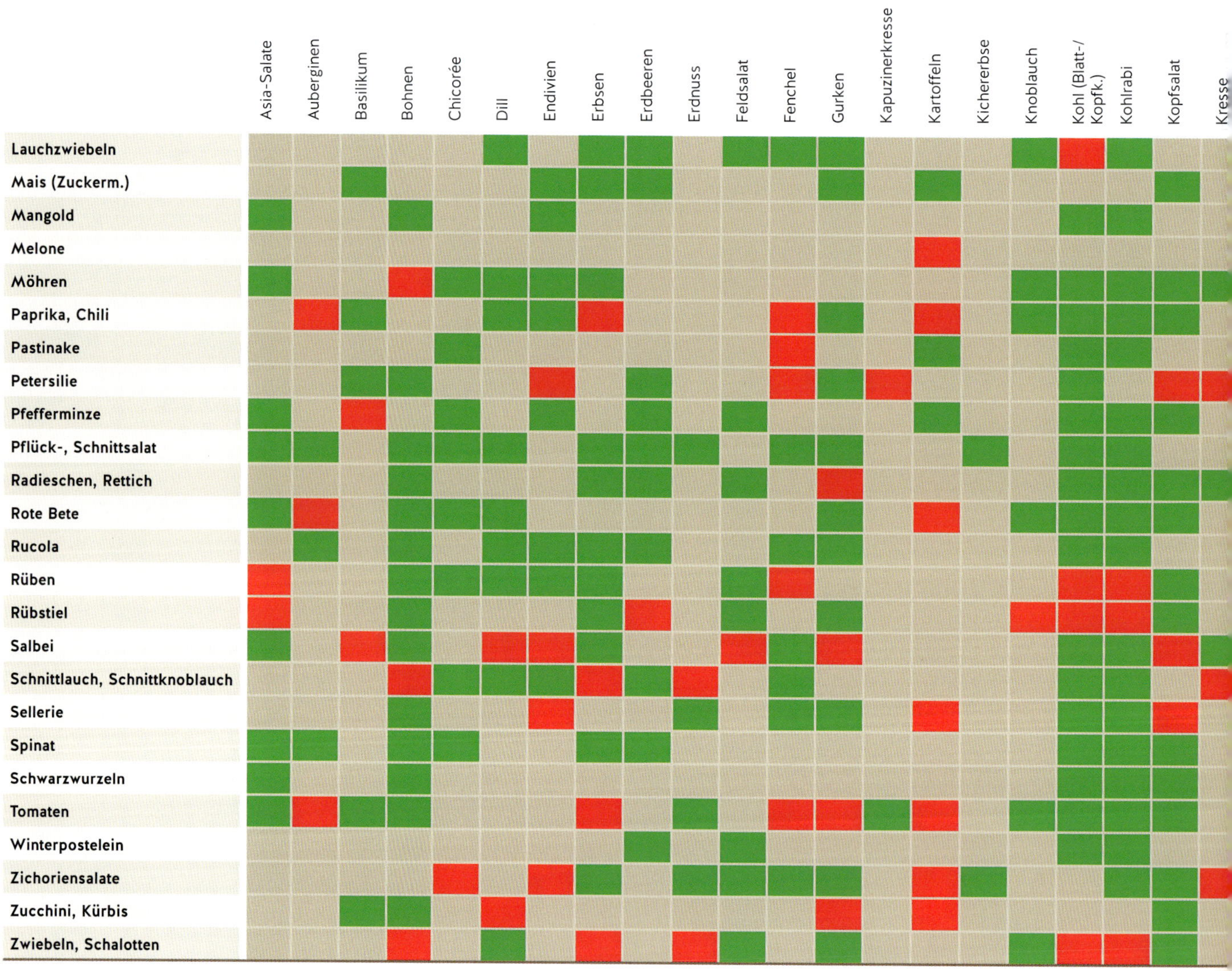

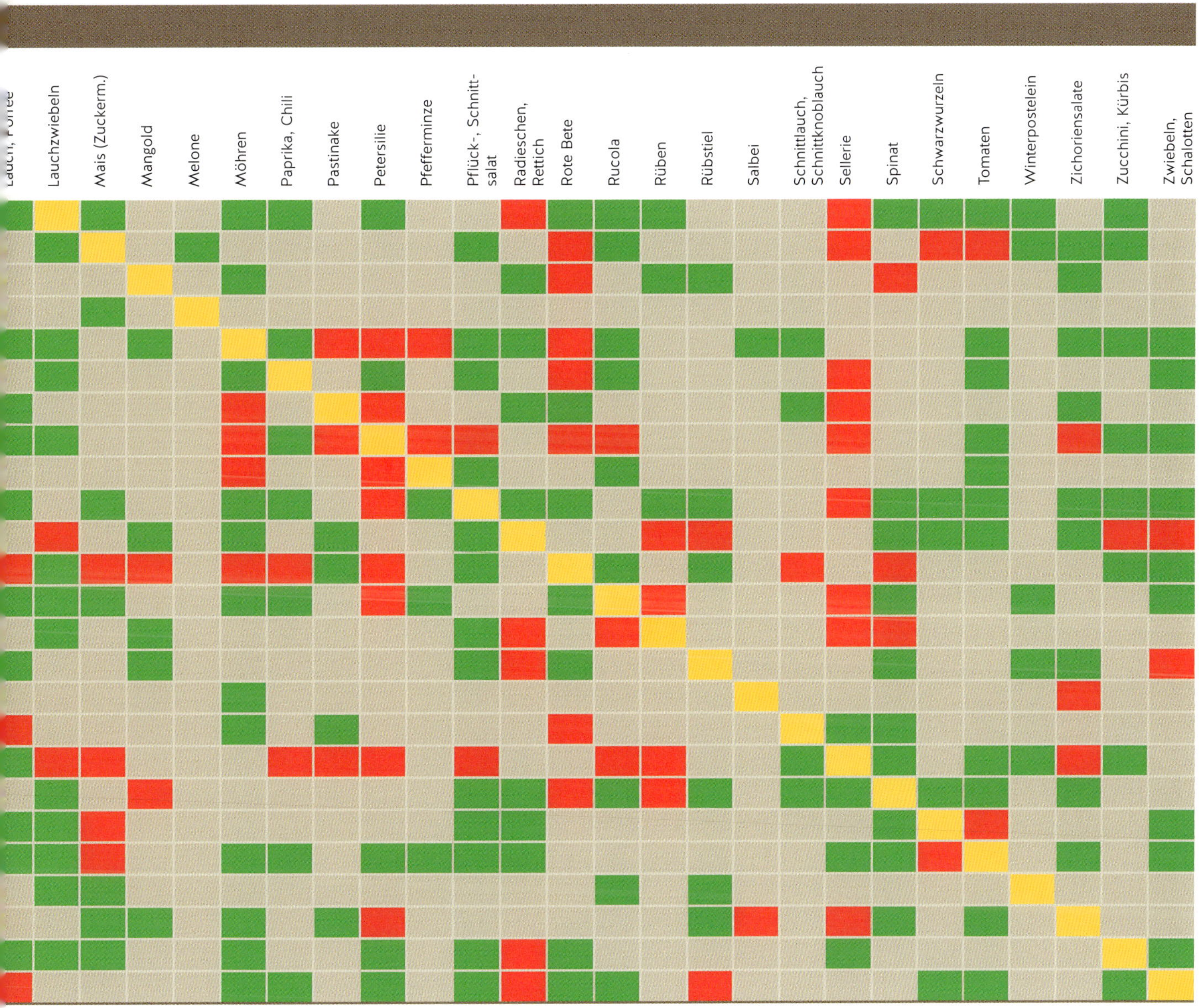
Lauch, Porree
Lauchzwiebeln
Mais (Zuckerm.)
Mangold
Melone
Möhren
Paprika, Chili
Pastinake
Petersilie
Pfefferminze
Pflück-, Schnitt-salat
Radieschen, Rettich
Rote Bete
Rucola
Rüben
Rübstiel
Salbei
Schnittlauch, Schnittknoblauch
Sellerie
Spinat
Schwarzwurzeln
Tomaten
Winterpostelein
Zichoriensalate
Zucchini, Kürbis
Zwiebeln, Schalotten

SAATKALENDER GEMÜSE

Gemüse	Saatzeitpunkt	Aussaattiefe	Reihenabstand	Standort
Aubergine	Frühsommer, Hochsommer	0,5–1 cm	60–90 cm	vollsonnig
Blumenkohl	Erstfrühling, Vollfrühling	0,5–1 cm	30–45 cm	vollsonnig bis halbschattig
Brokkoli	Erstfrühling, Vollfrühling	0,5–1 cm	45–60 cm	vollsonnig bis halbschattig
Buschbohnen	Erstfrühling, Vollfrühling	2–5 cm	40–60 cm	vollsonnig
Endivien	Vollfrühling	0,5–1 cm	20–30 cm	vollsonnig bis halbschattig
Erbsen	Erstfrühling, Vollfrühling	2–4 cm	40–75 cm	vollsonnig
Fenchel	Erstfrühling, Vollfrühling	0,5–1 cm	20–30 cm	vollsonnig
Grünkohl	Erstfrühling, Vollfrühling	1–2 cm	40–50 cm	vollsonnig
Gurken	Frühsommer, Hochsommer	1–2 cm	100–120 cm	vollsonnig
Kapuzinerkresse	Vollfrühling	2–3 cm	20–30 cm	vollsonnig
Kartoffeln	Vollfrühling	10–15 cm	35–40 cm	vollsonnig
Kohlrabi	Erstfrühling, Vollfrühling	0,5–1 cm	20–30 cm	vollsonnig bis halbschattig
Mais	vollsonnig bis halbschattig	2–3 cm	60–75 cm	vollsonnig
Mizuna	Erstfrühling, Vollfrühling	0,5–1 cm	20–30 cm	vollsonnig bis halbschattig
Möhren	Vorfrühling*, Erstfrühling, Vollfrühling	0,5–1 cm	20–30 cm	vollsonnig
Paprika	Frühsommer, Hochsommer	0,5–1 cm	45–60 cm	vollsonnig
Pastinaken	Erstfrühling, Vollfrühling	1–2 cm	20–30 cm	vollsonnig
Pflücksalat	Erstfrühling, Vollfrühling	0,5–1 cm	20–30 cm	vollsonnig bis halbschattig
Radieschen	Erstfrühling, Vollfrühling	1–2 cm	10–15 cm	vollsonnig
Rote Bete	Erstfrühling, Vollfrühling	2–4 cm	20–30 cm	vollsonnig
Rotkohl	Erstfrühling, Vollfrühling	0,5–1 cm	30–40 cm	vollsonnig bis halbschattig
Salat	Vorfrühling*, Erstfrühling, Vollfrühling	0,5–1 cm	20–30 cm	vollsonnig bis halbschattig

SAATKALENDER KRÄUTER

Kräuter	Saatzeitpunkt	Aussaattiefe	Saat-/Pflanz-abstand	Standort	Eignung für Hochbeet
Basilikum	Vollfrühling bis Frühsommer	0,5 cm	0,5 cm	vollsonnig	gut geeignet
Bohnenkraut	Vollfrühling bis Frühsommer	0,5–1 cm	0,5 cm	vollsonnig	gut geeignet
Dill	Vollfrühling bis Frühsommer	0,5–1 cm	0,5 cm	vollsonnig	geeignet
Kerbel	April bis Mai, Frühherbst	0,5 cm	0,5 cm	vollsonnig bis halbschattig	gut geeignet
Koriander	Erstfrühling, Vollfrühling	0,5–1 cm	0,5 cm	vollsonnig	gut geeignet
Liebstöckel	Frühsommer bis Spätsommer	1 cm	0,5 cm	vollsonnig bis halbschattig	bedingt geeignet bei genug Platz, weil die Pflanze ausladend und hoch wächst
Majoran	Vorfrühling bis Vollfrühling, Spätsommer	1 cm	0,5 cm	vollsonnig	gut geeignet
Minze	Vollfrühling bis Frühsommer	0,5–1 cm	0,5 cm	halbschattig bis vollsonnig	bedingt geeignet, verbreitet sich stark, besser samt Topf pflanzen
Oregano	Vorfrühling bis Vollfrühling, Spätsommer	1 cm	0,5 cm	vollsonnig	gut geeignet
Petersilie	Vorfrühling bis Vollfrühling, Spätsommer	0,5–1 cm	0,5 cm	vollsonnig bis halbschattig	gut geeignet
Rosmarin	Vorfrühling bis Vollfrühling, Spätsommer	2 cm	0,5 cm	vollsonnig	geeignet bei ausreichend Platz, regelmäßig beschneiden, damit die Pflanze nicht zu groß für das Hochbeet wird
Salbei	Vorfrühling bis Vollfrühling, Spätsommer	1 cm	0,5 cm	vollsonnig	geeignet bei ausreichend Platz, regelmäßig beschneiden, damit die Pflanze nicht zu groß für das Hochbeet wird
Schnittlauch	Vorfrühling bis Vollfrühling, Spätsommer	0,5–1 cm	0,5 cm	vollsonnig bis halbschattig	geeignet, Mehrjährigkeit beachten
Thymian	Vorfrühling bis Vollfrühling, Spätsommer	1 cm	0,5 cm	vollsonnig	gut geeignet

ANZUCHT IM HAUS/PFLANZKALENDER

Gemüse	Anzucht im Haus	Auspflanzen ins Freiland	Pflanztiefe im Topf	Anzahl Samen pro Topf	Reihenabstand	Standort
Auberginen	früher Vorfrühling	Frühsommer, Hochsommer	0,5–1 cm	2–3 Samen	60–90 cm	vollsonnig
Blumenkohl	Erstfrühling	Erstfrühling	0,5–1 cm	2–3 Samen	30–45 cm	vollsonnig bis halbschattig
Brokkoli	Erstfrühling	Erstfrühling	0,5–1 cm	2–3 Samen	45–60 cm	vollsonnig bis halbschattig
Gurken	früher Vorfrühling	Frühsommer, Hochsommer	1–2 cm	2–3 Samen	100–120 cm	vollsonnig
Kürbis	früher Vorfrühling	Frühsommer, Hochsommer	2,5–5 cm	2–3 Samen	90–120 cm	vollsonnig
Paprika	früher Vorfrühling	Frühsommer, Hochsommer	0,5–1 cm	2–3 Samen	45–60 cm	vollsonnig
Sellerie	Erstfrühling	Erstfrühling	0,5–1 cm	2–3 Samen	30–40 cm	vollsonnig bis halbschattig
Tomaten	früher Vorfrühling	Erstfrühling, Vollfrühling	0,5–1 cm	2–3 Samen	45–60 cm	vollsonnig
Zucchini	früher Vorfrühling	Frühsommer, Hochsommer	2,5–5 cm	1–2 Samen	90–120 cm	vollsonnig

ZU ERWARTENDE ERTRÄGE AUS DEM GEMÜSEGARTEN

Es wird von 2–3 Beetreihen ausgegangen.

Gemüse	Pro-Kopf-Verbrauch im Jahr	zu erwartende Erträge aus dem Garten
Auberginen	6 Stück	25 Stück
Blumenkohl	2 kg	5–8 Köpfe
Brokkoli	2 kg	5,5 kg
Erbsen	1 kg	9 kg Schoten
Kartoffeln	59 kg	12 kg
Kürbis	2 kg	8–12 kg
Kopfsalat	7 Stück	15–20 Stück
Lauch	2 kg	25 Stangen

Gemüse	Pro-Kopf-Verbrauch im Jahr	zu erwartende Erträge aus dem Garten
Landgurken	17 Stück	30–40 Stück
Möhren	11 kg	3,6 kg
Paprika	3 kg	4 kg
Spinat	1,5 kg	4,5 kg
Stangenbohnen	15 kg	2 kg pro Reihe (2–3 m)
Tomaten	27 kg	9 kg
Zucchini	1 kg	4 kg
Zwiebeln	8 kg	4 kg

Arten- und Sachregister

Halbfette Seitenzahlen verweisen auf Fotos

BILDNACHWEIS

Cover: Shutterstock/barbastudio

Illustrationen: Bella Illenberger: 33, 54, 86, 122, 156 und Icons: Gießkanne, Schaufel in Erde, Samentüte, Keimling im Topf, Erntekorb, Hochbeet; Shutterstock: Strukturfond und Icon Zirkel; the noun project: Icon Gartenschere;

Fotos: AdobeStock: 2-1, 2-2, 34, 39, 41, 49-1, 49-2, 51, 52, 53, 58, 64, 66-1, 67-1, 67-3, 67-4, 69-2, 69-3, 72, 78-1, 78-2, 81, 82-1, 82-2, 82-5, 82-7, 84, 90, 93-1, 96, 101-1, 101-2, 101-3, 102-1, 102-2, 103-1, 103-2, 103-3, 106, 113, 114, 117, 118, 119, 126, 129-1, 132, 135-1, 135-2, 151-1, 151-2, 152-2, 152-3, 153, 160, 165-1, 165-2, 166, 171-2, 176, 178, 181-3, 185-2, 185-3, 190, 192, 195-1, 196-1, 200-3; Alamy: 25-1, 25-2, 44, 50, 67-5, 74-1, 82-4, 82-6, 148-1, 154, 155-1, 155-2; Dorothea Baumjohann: 43, 49-3, 201; Biosphoto: 149, 152-1, 170-2; FloraPress: 29, 60, 69-1, 76, 97, 129-2, 130, 147-2, 181-2, 183, 185-1, 200-2; Friedrich Strauss: 30, 47-1, 47-2, 47-3, 48-1, 48-2, 99, 147-1, 170-1, 171-1, 196-2, 200-1; GAP Photos: 162; Getty Images: 142; iStock: 93-2, 181-1; mauritius images: 168; meine ernte GmbH/ Waldemar Eisenbeis: 45-1; /Wanda Ganders: 40; /Steffen Hammer: 139-2, 139-3; /Natalie Kirchbaumer: 45-2, 63-1, 63-2, 63-3, 172-1, 172-2, 173-1; /Stefanie Neuhaus: 23, 65, 66-2, 67-2, 74-2, 75-1, 75-2, 75-3, 98, 133, 144, 214-1, 214-3, 214-4; /Anton Niemann: 120, 173-2, 173-3, 198-1, 198-2, 199-1, 199-2, 199-3; /Ina Remmel: 138-1, 138-2, 139-1, 186-1, 186-2, 187-1, 187-2, 187-3, 195-2; /Lisa-Marie Rosenberger: 214-2; MMGI/Marianne Majerus: 148-2; Nova-Photo-Graphik GmbH: 2-3, 82-3, 104; Shutterstock: 62, 100, 163; Westend61/ Deyan Georgiev: 77 ;/Nabiha Dahhan: 110.

Syndication: www.seasons.agency

2009 gründeten Natalie Kirchbaumer und Wanda Ganders *meine ernte.* Aufgewachsen mit großen Gemüsegärten fanden sie sich nach dem Studium im Stadtleben nur halb zu Hause. Die Frage nach der Herkunft der Lebensmittel und ihrer tatsächlichen Gesundheit beschäftigte sie. Schnell wurde ihnen klar, dass der Eigenanbau von Gemüse, Kräutern und Obst der gesündeste und nachhaltigste Weg der Ernährung ist. So entwickelte sich die gemeinsame Vision: Jeder Mensch soll sich mit *meine ernte* einfach selbst versorgen und gesund ernähren können. Seit 2009 bringen die beiden zusammen mit dem *meine ernte*-Team die Selbstversorgung in Küchen, Gärten und auf Balkone.

Natalie Kirchbaumer

Das Teilen von Wissen über Natur und Landwirtschaft ist für sie bei ihrer Arbeit von unschätzbarem Wert. Die Freude und Verbundenheit von Menschen und Natur sind ihre größte Motivation, um die Welt zu einem gesünderen und glücklicheren Ort zu machen. Im eigenen Garten baut Natalie ganzjährig verschiedene Gemüsesorten in mehreren Hochbeeten an. Alte Tomatensorten dürfen nicht fehlen, Äpfel von Spalierbäumen und eine Vielzahl von Beeren in der Obstecke sorgen für gesunden Nachtisch und eine Steinmauer beherbergt Vitamine und Vitalstoffe in Form winterharter Kräuter wie Sauerampfer, Rosmarin, Minze, Pimpinelle, Salbei, Frauenmantel, Oregano und Zitronenmelisse.

Wanda Ganders

ist Selbstversorgerin aus Leidenschaft. Im eigenen Garten wachsen neben Pfirsichen und Pflaumen auch Kirschen, Physalis, Erdbeeren und noch einiges mehr an Obst. Kräutertöpfe und Salatkübel auf der Terrasse vervollständigen dieses grüne Paradies. Die Ernte gelangt oft von der Hand in den Mund, wird frisch zubereitet oder mit Freunden und Nachbarn geteilt. Für Wanda ist nichts Erfüllender, als diese Liebe zur Selbstversorgung über ihr Herzensprojekt *meine ernte* mit Tausenden Menschen zu teilen. Dabei ist ihr eins besonders wichtig: Selbstversorgung ist kein Hexenwerk und für alle Menschen möglich.

Daniela Haferkorn

hat als gelernte Gärtnerin in ihrer Ausbildung die Methoden des konventionellen Gartenbaus erlernt: synthetischer Dünger und Pestizide. Privat gärtnert sie lieber nach ökologischen Grundsätzen ohne chemische Dünger oder synthetische Pflanzenschutzmittel auf 40 m^2 hauptsächlich Gemüse. Ihre Freude gilt dabei lieber vielen unterschiedlichen Sorten als Menge oder Masse und sowieso allem, womit ihre Familie und sie gerne kochen. Ihre Überzeugung lautet dabei: Ohne Schädlinge keine Nützlinge und umgekehrt. Diese ganzheitliche Betrachtung der Natur vermittelt sie nicht nur im *meine ernte*-Team, sondern auch im Ehrenamt Kindern und Jugendlichen in einer Naturschutzgruppe.

Birgit Brüggemann-Niemann

ist bei *meine ernte* als Texterin tätig. Ihre große Verbundenheit zu den Themen Selbstversorgung und Lebensmittel motiviert sie, Wissen und ein besseres Verständnis für nachhaltigen Konsum und eine gesunde Ernährung vieler Menschen zu fördern. Die Pflanzen wachsen, gedeihen und reifen zu sehen, ist für sie dabei Teil einer ganzheitlichen kreativen Erfahrung, die von der Gestaltung der Beete bis zur Zubereitung einer Mahlzeit aus den Geschenken der Natur reicht. Dabei inspiriert sie die unglaubliche Vielfalt alter, heimischer oder seltener Kräuter, Pilze und Beeren. Vögel, Amphibien und Insekten sind im Garten immer an den reich gedeckten Tisch eingeladen.

Nützliche Adressen und Literatur

BEZUGSQUELLEN SAATGUT

Meine ernte GmbH
Homepage der Autorinnen. Saatgut, Pilze, Mietgärten und Content zum Thema Selbstversorgung
www.meine-ernte.de

Bingenheimer Saatgut GmbH
Bio-Samen zertifiziert nach Demeter, Bioland oder EU-Bio
www.bingenheimersaatgut.de

ReinSaat
Samenfestes Bio-Saatgut
www.reinsaat.at

Magic Garden Seeds
Saatgut-Raritäten und Samen von besonderen Kultur und Nutzpflanzen und alten Sorten
www.magicgardenseeds.de

Dürr Saatgut
Rund 850 Sorten an Gemüse-, Kräuter- und Blumensamen, zum Großteil auch in Bio-Qualität
www.duerr-samen.de

Hawlik Pilzbrut
Pilzanzuchtsets und alles rund um Speisepilze
www.pilzbrut.de

Kräuter-und Wildpflanzen-Gärtnerei Strickler
www.gaertnerei-strickler.de

HOCHBEET

Siebengebirgsschule Bonn
Förderschule im Verbund LES
Winterstraße 53,
53177 Bonn
Individuelle Hochbeete aus Holz auf Kundenwunsch samt Lieferservice.
kontakt@siebengebirgsschule.de

Stima Hochbeet
Hochbeete und Zubehör aus Holz
www.stima-hochbeet.eu

Schroth-Paletten GmbH
Paletten aller Art zum Eigenbau von Hochbeeten
www.schroth-paletten.de

Robinia24
Hochbeete und Zubehör aus Robinienholz
www.robinia24.de

GEWÄCHSHÄUSER

Halls
Gewächshäuser und Zubehör
www.juliana.com

BERATUNG

Aid Infodienst
Ernährung, Landwirtschaft, Verbraucherschutz e. V.
www.aid.de

Hortipendium
Das grüne Lexikon Wiki für die grünen Berufe und für Freizeitgartenbau
www.hortipendium.de

Mikrolandwirtschaft e. V.
Plattform für gemeinschaftlichen Gemüseanbau und lokale Landwirtschaft
www.mikrolandwirtschaft.org

Permakultur Institut e. V. und Permakultur Akademie
Bildungsarbeit, Vernetzung, Informationen zum Thema Permakultur
www.permakultur.de

Raiffeisen Laborservice
Genossenschaftliches Unternehmen
www.raiffeisen-laborservice.de

Bodenanalysen
Verband deutscher Landwirtschaftlicher Untersuchungs- und Forschungsanstalten e.V.
www.vdlufa.de

LITERATUR

Arnold, A.: **Quickfinder Artenvielfalt im Gartenjahr.** GU-Verlag, München

Barlage, A./Goss, B./Schuster, T.: **Quickfinder Gartenjahr.** GU-Verlag, München

Baumjohann, D.: **365 Tage Hochbeet.** GU-Verlag, München

Hudak, R.: **Obst & Gemüse selbst anbauen.** GU-Verlag, München

Hudak, R.: **Kräuter selbst anbauen.** GU-Verlag, München

Kirchbaumer, N./Ganders, W./Remmel, I.: **Gemüse für alle!** GU-Verlag, München

Kirchbaumer, N./Ganders, W.: **365 Tage Selbstversorgung.** GU-Verlag, München

Kluth, S.: **Selbstversorgt**. GU-Verlag, München

Kullmann, F.: **Gärtnern mit dem Hochbeet.** GU-Verlag, München

Loreley, H.: **Wintergemüse**. Ulmer Verlag, Stuttgart

Mayer, J.: **Gemüse biologisch anbauen.** GU-Verlag, München

Rupp, C.: **Reiche Ernte.** GU-Verlag, München

Schwarzhölzl, D.: **Das Gewächshausbuch für Anfänger.** Incredibilis Libri

Seymour, J.: **Selbstversorgung aus dem Garten.** Urania Verlag im Verlag Kreuz, Freiburg i. Br.

Vogt, T.: **Gemüse-Glück.** GU-Verlag, München

QUALITÄTS G|U GARANTIE

LIEBE LESERINNEN UND LESER,

wir wollen Ihnen mit diesem Buch Informationen und Anregungen geben, um Ihnen das Leben zu erleichtern oder Sie zu inspirieren, Neues auszuprobieren. Wir achten bei der Erstellung unserer Bücher auf Aktualität und stellen höchste Ansprüche an Inhalt und Gestaltung. Alle Anleitungen und Rezepte werden von unseren Autoren, jeweils Experten auf ihren Gebieten, gewissenhaft erstellt und von unseren Redakteur*innen mit größter Sorgfalt ausgewählt und geprüft.

Haben wir Ihre Erwartungen erfüllt? Sind Sie mit diesem Buch und seinen Inhalten zufrieden? Wir freuen uns auf Ihre Rückmeldung. Und wir freuen uns, wenn Sie diesen Titel weiterempfehlen, in Ihrem Freundeskreis oder bei Ihrem Online-Kauf.

Sollten wir Ihre Erwartungen so gar nicht erfüllt haben, tauschen wir Ihnen Ihr Buch jederzeit gegen ein gleichwertiges zum gleichen oder ähnlichen Thema um.

KONTAKT ZUM LESERSERVICE

GRÄFE UND UNZER VERLAG
Grillparzerstraße 12
81675 München
www.gu.de

GRÄFE UND UNZER

Ein Unternehmen der
GANSKE VERLAGSGRUPPE

IMPRESSUM

G|U

GU ist eine eingetragene Marke der GRÄFE UND UNZER VERLAG GmbH, www.gu.de

ISBN 978-3-8338-9251-6
2. Auflage 2024

Projektleitung: Cornelia Nunn
Lektorat: Angelika Lang
Korrektorat: Andrea Lazarovici
Bildredaktion: Hannah Crawford; Petra Ender, Natascha Klebl (Cover)
Umschlaggestaltung und Layout: ki36 Editorial Design, Bettina Stickel
Herstellung: Susanne Fuhrmann
Satz: Ludger Vorfeld
Reproduktion: Longo AG, Bozen
Druck & Bindung: Dimograf, Polen

UMWELTHINWEIS

Nachhaltigkeit ist uns sehr wichtig. Der Rohstoff Papier ist in der Buchproduktion hierfür von entscheidender Bedeutung. Daher ist dieses Buch auf PEFC-zertifiziertem Papier gedruckt. PEFC garantiert, dass ökologische, soziale und ökonomische Aspekte in der Verarbeitungskette unabhängig überwacht werden und lückenlos nachvollziehbar sind.

WICHTIGER HINWEIS

Die Gedanken, Methoden, Anregungen und Tipps in diesem Buch basieren auf den Erfahrungen der Verfasserinnen. Sie wurden von den Autorinnen nach bestem Wissen erstellt und mit größtmöglicher Sorgfalt geprüft. Jede Leserin, jeder Leser ist für das eigene Tun und Lassen auch weiterhin selbst verantwortlich. Weder Autorinnen noch Verlag können für eventuelle Nachteile oder Schäden, die aus den im Buch gegebenen praktischen Hinweisen resultieren, eine Haftung übernehmen.